TRAITÉ DES EMPÊCHEMENTS

DU MARIAGE.

✻

LYON,

IMPRIMERIE TYPOGRAPHIQUE ET LITHOGRAPHIQUE
DE LOUIS PERRIN,
Rue d'Amboise, 6, quartier des Célestins.

TRAITÉ

DES EMPÊCHEMENTS

DU MARIAGE,

OU

Commentaire sur le ch. 1ᵉʳ du tit. 5 du Code civ.,

CONTENANT

LES DÉCISIONS DU DROIT ROMAIN, DU DROIT CANONIQUE, DU DROIT ÉCRIT ET COUTUMIER, DES LÉGISLATIONS ÉTRANGÈRES, L'ANALYSE DES ARTICLES DU CODE, LA DISCUSSION DES QUESTIONS, LA JURISPRUDENCE DES ARRÊTS, ET LA DOCTRINE DES AUTEURS ;

Par J. A. PEZZANI.

Μὴ τοῦτο βλεψῇς εἰ νεώτερος λέγω
Ἀλλ' εἰ φρονοῦντος τοὺς λόγους ἀνδρὸς ἐρῶ.

MENANDRE.

Ne considérez pas si c'est un jeune homme qui parle, mais si ses discours sont d'un homme bien pensant.

PARIS,

VIDECOQ, PLACE DU PANTHÉON, 6.

—

1838.

PRÉFACE.

De toutes les matières traitées dans le Code civil, la plus importante, sans contredit, celle qui emporte avec elle le plus d'intérêt, c'est celle qui a pour objet l'état de la personne, qui considère les citoyens dans toutes les positions où ils peuvent se trouver, et toujours cherche à les garantir des piéges tendus à leur faiblesse et à leur inexpérience.

Chose vraiment remarquable et bizarre , c'est précisément cette partie du Code que l'on a le plus négligée , quoiqu'elle se rapporte directement à l'ordre public et qu'elle soit féconde en procès. Nous trouvons la raison de ce fait dans l'importance même et la fréquente application des lois sur la personne; plus ces matières nous touchent de près , plus nous pensons les connaître , et nous rougirions d'avouer là-dessus notre ignorance. De là vient que

les jurisconsultes même les plus distingués que n'ar-
rêteront aucunes des questions épineuses du titre du
contrat de mariage, par exemple, ou de celui des
priviléges et hypothèques et de la prescription,
viendront échouer sur beaucoup de questions qui ont
trait à l'état des personnes. Cette indifférence, presque générale, nous a fait concevoir le projet de
développer les lois relatives à la personne et de faire
pour elle ce que plusieurs auteurs célèbres ont fait
pour d'autres parties du droit (1). Nous n'ignorons
pas toutes les difficultés qui nous attendent dans une
carrière encore peu frayée et où presque tout est à
créer; nous ne visons donc point à une perfection
qu'il ne nous serait pas donné d'atteindre, il nous suffira d'avoir ouvert la route aux commentateurs qui nous
suivront; nous ne revendiquons que la seule gloire
d'avoir entrepris une si noble tâche, et dussions-nous
faire naufrage, *Etiam tentasse decorum est* (2).

(1) Nous voulons parler de l'excellent *Traité des Obligations*, de
M. Toullier, que nous ne saurions trop recommander aux élèves; du
Traité de l'Usufruit, de M. Proudhon, qui est au dessus de tous les
éloges que nous pourrions lui donner, et enfin des *Traités des Hypothèques, de la vente et de la prescription*, par M. Troplong.

(2) Si les suffrages du public accueillent les essais de l'auteur, il pu-
bliera, plus tard, la suite de son travail. Le 2ᵉ vol. contiendra les formalités relatives à la célébration du mariage, les oppositions et les
nullités. Le 3ᵉ vol., les obligations qui naissent du mariage et le titre de
la séparation de corps, et successivement seraient publiés un Traité sur
l'Absence; un autre, sur la Paternité et la Filiation, l'Adoption et la
Puissance paternelle; un 4ᵉ, sur les Tutelles et l'Emancipation. et l'Interdiction. Les matériaux sont déjà prêts, il n'y a plus qu'à les mettre en

Nous avons commencé notre travail par un Traité sur le Mariage, et nous donnerons plusieurs raisons de notre choix. Imbu dès notre enfance de l'amour de l'ordre et de la morale, ennemi juré de toute innovation dangereuse, et bien persuadé que le bonheur de la société et l'intérêt général sont attachés à tout principe conservateur (1), nous avons dû, en nous adonnant à l'étude des lois, examiner plus particulièrement tout ce qui se rapporte aux notions de bon ordre et de morale sociale ; or, le mariage est le fondement de l'ordre ou plutôt c'est l'ordre lui-même.

Celui qui commence à écrire sur une science quelconque doit, dans la partie qu'il s'est proposé d'étudier, choisir de préférence un sujet déjà plus ou moins élaboré et où il n'est pas sans guides et sans devanciers.

ordre et à les classer. Enfin, de nouveaux Traités sur les Actes de de l'Etat-civil, sur le Domicile, sur la Jouissance et la Privation des Droits civils, et une Théorie des lois viendraient compléter ce grand ouvrage sur l'état des personnes.

(1) Je pourrai développer, plus tard, mes idées sur les formes politiques et sociales. La pensée fondamentale de cette œuvre qui serait dirigée contre les anarchistes et les hommes rétrogrades des temps modernes ; c'est qu'il n'y a pas de progrès possible sans conservation, ni de conservation sans progrès. C'est l'oubli de ces deux idées qui cause toutes les catastrophes qui bouleversent les empires. Ou les gouvernants veulent conserver en restant toujours stationnaires, et ils sont entraînés par le mouvement nécessaire, en quelque sorte, et fatal des peuples, et ils disparaissent souvent dans la tourmente ; ou le peuple prend en main le pouvoir, détruit ce qui existe sans le remplacer d'une manière durable, et l'Etat est ébranlé par de fortes secousses, et il est puni d'avoir voulu hâter ses destinées. Conserver en améliorant, c'est le parti le plus sage ; or, améliorer c'est être en progrès.

viij

De toutes les matières dont se compose l'état des personnes, celle du mariage a été, jusqu'à présent, le
plus complètement traitée, quoique aucun des ouvrages auxquels nous faisons allusion n'ait prévu toutes
les questions intéressantes de ce vaste sujet. Ajouterai-
je que pour remplir dignement la mission d'un jurisconsulte, il faut appeler, de tous ses efforts, les réformes que l'on croit utiles aux mœurs et ne point
transiger avec l'opinion ; il faut, en quelque sorte, ne
s'être mêlé aux autres hommes qu'autant qu'il est nécessaire pour connaître leurs travers et leurs vices,
mais point assez pour être corrompu comme eux ; il
faut que l'ame soit vierge encore de tous les préjugés,
de tous les faux principes du monde. L'individu a son
âge d'or comme chaque peuple a le sien, comme l'humanité entière a eu le sien. Sachons profiter d'un
instant si court.

Voici le plan que nous avons suivi :

Quel que soit l'objet d'une science, trois choses
sont à faire pour arriver à la connaissance complète
de cet objet : 1º l'étudier en lui-même, tel qu'il est ;
en faire une description exacte et détaillée ; 2º remonter à son origine, se demander ce qu'il était avant
d'arriver à l'état présent ; 3º prédire ce qu'il sera
dans l'avenir ; en un mot, tout objet peut être étu-

dié sous le triple point de vue de l'actuel, du primitif et de l'objectif qui embrasse le futur et le résume. L'ordre logique consiste à aller du connu à l'inconnu, et comme dans la plupart des sciences le primitif est inconnu, il faut commencer par l'actuel. L'ordre chronologique est de commencer par le primitif, c'est l'ordre de l'histoire, c'est aussi celui que nous suivrons dans la partie historique du droit.

Ainsi, à chaque disposition de notre Code nous avons joint, 1° les décisions du droit romain, 2° celles de l'ancien droit français, 3° celles du droit canonique et quelquefois celles des législations étrangères. On ne peut bien comprendre la portée et l'esprit d'une loi qu'en remontant à son origine. C'est fort souvent le seul moyen d'en trouver la véritable raison.

On doit, en second lieu, envisager les lois dans leur existence actuelle, en expliquer clairement le sens, en déduire les conséquences. Mais le texte le plus explicite et le plus formel peut donner lieu à beaucoup de doutes et de difficultés dans l'application.

Ce résultat est inévitable, si nous considérons l'imperfection du langage actuel, bien éloigné des formes pures et simples du langage primitif. Nous avons donc discuté les questions qui peuvent naître de l'application de la loi ; c'est-à-dire, exposé le pour et le contre, en nous décidant pour l'affirmative ou pour la négative, et évitant, autant que possible, de rester dans le doute, car si le doute est la condition indispensable de toute science, il ne doit pas en être le résultat définitif. Pour la solution des questions, nous avons consulté tous les auteurs dont nous avons pu prendre connaissance sur la matière, mais nous ne nous sommes laissé entraîner par aucune autorité, à défaut de bonnes raisons; toutes les fois qu'il s'agit, dans les sciences, d'idées déduites, d'application de principes, c'est la raison individuelle qui doit l'emporter sur la raison générale, c'est le *moi* qui doit se poser juge *absolu* de ce qui est; le contraire a lieu pour toutes les idées principes, soit dans l'ordre du dogme et du mythe, soit dans l'ordre moins élevé des croyances rationnelles. Peu nous importera ce qu'ont pensé d'une question les Cujas, les Pothier, les Merlin, cela nous engagera, sans doute, à mieux examiner les choses. Mais les décisions de ces grands hommes ne seront point capables de faire changer notre conviction quand nous serons persuadés de la justice et de la moralité de nos opinions. L'application des lois doit être plus ou moins sévère et rigoureuse, plus ou moins extensive selon l'état des mœurs, et si les jurisconsultes les plus célèbres des temps passés étaient nos contemporains, peut-être s'empresseraient-ils eux-mêmes de réformer leurs décisions. Ah! s'ils revenaient à la vie, s'ils assistaient aux audiences de nos Tribunaux, s'ils entendaient citer leurs textes à tous propos, s'ils étaient témoins des injustices qui se commettent en leur nom, pleins d'une noble et généreuse indignation; ils s'écrieraient : « Détruisez ces monuments « de nos travaux et de notre génie, anéantissez ces « livres dépositaires de notre science et de nos pen- « sées, nous aimons mieux renoncer à la gloire que « de servir de voile et de prétexte à l'iniquité, que « de voir nos opinions que justifiait l'état des mœurs « antiques, appliquées à des usages différents, à « des mœurs opposées : ces compositions que nous « avions faites dans le but d'être utiles , vous « les avez rendues inutiles et même nuisibles, par « de dangereuses interprétations. Il fallait choisir « dans nos œuvres ce que le cours des âges avait « épargné, ce que les circonstances et les mœurs « autorisaient encore. Adorateurs imprudents et « insensés, n'attendez pas que nous soyons recon- « naissants de vos hommages serviles; que de faux « principes, que d'erreurs vous avez perpétués en « notre nom; de combien d'abus ne nous avez « vous pas faits garants et responsables envers la « postérité! Deviez-vous tout adopter sans exa- « men ? et l'infaillibilité était-elle donc notre « partage? »

Nous avons fait preuve de la même indépendance d'opinions en ce qui touche la jurisprudence des arrêts ; et nous avons toujours dit avec liberté ce que nous pensons de chaque arrêt. Il ne faut pas conclure de cette profession de foi, que nous nous soyons écartés sur presque tous les points des idées généralement reçues ; si l'on excepte la théorie des conditions de se marier, de ne pas se marier et de leur accomplissement, nous sommes presque partout d'accord avec la plupart des auteurs et des arrêts, mais cela n'a été pour nous qu'une considération subsidiaire. Nous avons constamment embrassé le parti de la morale et de la religion. Tant de livres sont publiés dans un but contraire, que tous les gens sensés applaudiront à l'apparition de notre ouvrage, quelque faible qu'il soit d'ailleurs.

En troisième lieu, nous avons indiqué les avantages et les inconvénients de chaque loi et les réformes que réclament impérieusement les bonnes mœurs et les intérêts sociaux.

Dans l'Introduction, nous exposons quelques considérations morales, politiques et religieuses sur le mariage, et nous invitons nos législateurs à corriger certaines parties de notre droit qui sont contraires au mariage et qui en détournent.

Nous examinons la condition de la puberté dans son origine, dans son essence et dans les conséquences qui en dérivent ; arrivant de là à la nécessité du consentement et de la capacité des parties qui contractent mariage, nous passons en revue l'erreur, la violence physique et morale, le dol, l'incapacité judiciaire et légale, la défense de la polygamie.

La nécessité du consentement des parents, ou de leur conseil, nous occupe ensuite, et nous terminons la série des empêchements au mariage, par ceux de la parenté, de l'adultère et du divorce.

Il nous reste à dire quelques mots sur les auteurs qui nous ont précédé dans l'explication du titre du mariage. Le plus complet de tous les ouvrages publiés sur le mariage, depuis notre Code civil, est le Traité de M. Vazeille. Cet auteur prévoit un grand nombre de questions, mais il ne se livre pas à leur examen, avec cet esprit de discussion qui caractérise le véritable jurisconsulte ; il n'a point non plus appuyé ses décisions sur les considérations morales et religieuses qui abondent en cette matière ; et il place une trop grande confiance dans la jurisprudence des arrêts, qu'il est souvent dangereux de prendre pour guide exclusif. Cependant nous avons profité quelquefois des recherches de cet auteur.

Le deuxième volume du *Cours de Droit français* par M. Duranton, ne contient que le titre du mariage, et celui de la séparation de corps. Ce jurisconsulte a pensé, à juste titre, que la partie de l'état des personnes, qui comprend le mariage, demandait un développement spécial ; le chapitre des nullités et le titre de la séparation y sont bien traités, mais le chapitre des empêchements, qui forme notre premier volume, y est un peu négligé. Nous devons dire, toutefois, que cet ouvrage consciencieux nous a été souvent utile, et on en trouvera plusieurs citations.

M. Nougarède est l'auteur d'un traité remarquable intitulé *Jurisprudence du Mariage*. Nous avons vu avec plaisir quelques-uns de nos aperçus confirmés par cet écrivain. Nous regrettons de n'avoir eu que très tard connaissance de cet ouvrage, nous aurions pu mettre à profit une partie des idées qu'il renferme.

La fin du 1er volume de M. Toullier contient quelques pages sur le mariage; les questions n'y sont qu'effleurées, et l'on n'y reconnaît pas toujours l'immortel auteur des Obligations.

M. Proudhon n'a presque fait que mettre en ordre le Code civil, et le titre du mariage n'a obtenu de la plume de ce jurisconsulte célèbre qu'une mention courte et succincte.

M. Delvincourt n'a aussi qu'effleuré la matière qui fait l'objet de ce volume. Cependant nous avons remarqué dans cet auteur une grande portée d'esprit et des idées morales d'un ordre élevé. Aussi est-ce avec indignation que nous avons lu dans une brochure, publiée par un avocat de Paris (1), l'ouvrage de M. Delvincourt flétri de l'épithète de Code

____

(1) *L'avocat interdit au sujet du Mariage des Prêtres*, par M. Duverne. Paris, 1829, pag. 72.

travesti. Sans doute, ce jurisconsulte a quelquefois fait lui-même la loi, mais il a toujours pris le parti de la morale, et il serait à souhaiter que la plupart de ses opinions fussent consacrées par des lois interprétatives (1).

(1) Voyez § 23, de l'Introduction, § 26 et plusieurs parties de notre ouvrage.

NOTIONS DE DROIT.

Le droit est la science du juste et de l'injuste absolu ou relatif, considéré soit dans l'état primitif et traditionnel; c'est-à-dire sous le point de vue de son origine, soit dans l'état actuel, sous le point de vue de son existence dans le présent, soit dans le point de vue de l'objectif auquel se rattache la contemplation de l'avenir. Le droit peut aussi être défini : la collection , l'ensemble des lois; c'est en ce sens qu'on dit le droit romain , le droit français.

Les lois sont l'expression des rapports qui existent entre les êtres. Cette définition s'applique, à la fois, à l'ordre physique et à l'ordre moral.

Les lois du monde physique sont nécessaires et fatales ; aucun être ne peut s'y soustraire , pas même l'homme. Ces lois sont la condition de l'univers; elles existaient avant le monde, car elles dérivent de Dieu; c'est-à-dire de l'ordre éternel et immuable.

Les lois du monde moral sont éternelles, et leur existence est dans la durée , non dans le temps. Elles étaient avant l'homme , car l'homme était dans la pensée de Dieu. Elles sont nécessaires et fatales en ce sens, qu'elles ne sauraient être violées sans qu'il y ait mal absolu , désordre moral, et non point en tant que s'opposant à la liberté de l'homme ; il peut transgresser les lois de la conscience ; mais il ne le peut sans crime, et c'est ce libre arbitre de l'homme qui est l'origine du devoir, des droits, et de la sanction légale, idées corrélatives et inséparables, qui se résument, en définitive, dans la notion de mérite et de démérite.

Les lois morales ont deux éléments distincts, l'un invariable et fixe, l'autre essentiellement variable et mobile, et cette conséquence résulte de la nature de l'être qu'elles régissent. L'homme a deux principes en lui, l'un absolu, l'autre relatif, l'un persistant malgré les influences du climat, des habitudes et des mœurs ; l'autre variant suivant ces mêmes influences, et suivant les exigences des temps et des lieux.

De là cette distinction admise par tous les moralistes, philosophes et publicistes, entre un droit naturel et positif, immuable et arbitraire.

Le droit naturel peut être défini, celui qui règle les rapports de l'homme identique avec l'homme identique, de l'homme dans son élément immobile, avec l'homme dans son élément immobile. Le droit positif est celui qui règle les rapports de l'homme dans son élément mobile, avec l'homme dans son élément mobile.

Le droit naturel se divise en primaire et en secondaire. Le droit naturel secondaire n'est autre chose que le droit naturel primaire, en tant que celui-ci s'est réfléchi dans les institutions des peuples.

Le droit se divise encore en droit international, en droit public, et en droit privé, selon qu'il règle les rapports des états entre eux, de l'état et des citoyens de cet état, ou des citoyens entre eux.

Le droit international se subdivise lui-même en droit politique, droit public, et droit privé, selon qu'il règle les rapports de nation à nation, des étrangers de tel ou tel état, avec tel ou tel état, et des membres d'une nation avec les membres d'une autre nation.

Le droit international et le droit public ont, comme le droit privé, leur côté permanent et leur côté éphémère, car les nations ressemblent aux individus dans leur essence constitutive, et dans les phases de leur développement. Les lois qui sont l'expression des rapports qui existent entre elles peuvent donc aussi être divisées en lois immuables, et en lois arbitraires.

Nos codes ont leurs principes dans le droit naturel, leur développement est de droit positif.

Puisque les lois positives varient selon les climats, les temps et les mœurs, il ne peut y avoir de véritable droit, de véritable science des lois, sans l'histoire et la connaissance des mœurs des peuples.

Ainsi, dans un amour exalté et ridicule du droit romain, plusieurs auteurs modernes veulent souvent appliquer à nos lois, les solutions des jurisconsultes de Rome; sans s'informer si ces solutions étaient spéciales et faites pour les circonstances, et si les mœurs n'ont pas changé sur le point dont il s'agit. C'est s'exposer à de singulières bévues; c'est ce qui a fini par déshonorer le droit romain qui, en lui-même, est un chef-d'œuvre de la raison humaine, et par faire penser sérieusement à des hommes de mérite, que l'on devrait le proscrire de l'enseignement des écoles.

L'histoire est aussi nécessaire au jurisconsulte, pour lui faire comprendre l'enchaînement et la succession des lois, et les transformations qu'elles ont subies, avant d'arriver à l'état où elles sont actuellement. C'est par ce moyen qu'il se pénétrera de leur véritable esprit, et qu'à travers la série des âges, il remontera jusqu'à la source commune de toutes les lois, de toutes les législations.

Le rôle du jurisconsulte ne consiste pas seulement à commenter des textes, à les rapprocher entre eux, et à les appliquer aux espèces qui se présentent. Sa mission est plus haute et plus élevée, il doit se rendre compte de toutes les notions législatives, soumettre toutes les lois au tribunal de la raison, se demander d'où elles viennent, ce qu'elles sont, où elles vont. Quand une loi est mauvaise, il doit la condamner, la flétrir, et préparer ainsi les voies d'amélioration aux législateurs ; son influence non-seulement s'exerce sur le présent, mais encore sur l'avenir. Le Code civil serait bien plus imparfait, bien plus incohérent, que dis-je, il n'aurait peut-être pas été possible sans l'esprit généralisateur de Pothier. Le jurisconsulte a donc besoin de la morale et de la philosophie pour apprécier la valeur des lois.

Sans l'histoire, le droit n'est qu'une pure abstraction ; sans la philosophie, qu'un amas de préjugés qui ne sont peut-être pas tous des erreurs, mais dont la vérité n'est ni certaine ni démontrée.

Voilà pour le fonds de l'enseignement ; les idées que nous venons d'émettre ne sont en quelque sorte qu'en germe. Nous les livrons aux méditations des professeurs, qui trop souvent négligent la partie historique et philosophique du droit. De là vient cette réputation qu'ont les études législatives de rétrécir le cercle des idées et même de les fausser. Ce reproche est juste, si on considère l'état actuel de l'enseignement : raisonner sur des textes plus ou moins fondés en raison, concilier des lois opposées, se livrer à des discussions interminables sur le sens de tel ou tel article, et se borner à cela, c'est ne pas comprendre la véritable science du droit.

Quant à la forme, nous pensons que l'on devrait faire aussi de notables changements à l'enseignement des lois. C'est un axiome reçu dans toutes les écoles, et appliqué bon gré mal gré, à un grand nombre d'espèces, que l'ignorance du droit est une honte : *Turpe est ignorare leges.* Mais cette honte doit-elle rejaillir sur les ignorants ou sur les interprètes des lois ? Ne doit-on pas plutôt rechercher les causes de cette indifférence presque générale, pour ce qu'on appelle la chicane ? et cette cause n'est-elle pas dans la sécheresse des commentateurs, et dans l'aridité et le peu d'intérêt que présentent les œuvres des docteurs ? Se traînant terre à terre, jamais, ou du moins rarement, s'élèvent-ils à des considérations morales et religieuses, et cependant on ne peut avoir du droit que des idées mesquines et étroites en l'étudiant lui seul et dans lui seul. Que dans l'étude de la procédure, des formules d'actions et de jugements, on ne se livre pas à ces jeux sublimes de l'esprit, à ces écarts de l'imagination, nous le concevons facilement; mais lorsqu'il s'agit, par exemple, de développer les lois qui régissent la personne, qui ont pour objet de prévenir les mauvais effets des passions, d'assurer à chacun ses droits et sa liberté, si votre style ne s'élève pas avec le sujet, si quelquefois un saint enthousiasme ne s'empare pas de vous, vos ouvrages seront lus et compris par les jurisconsultes; mais il ne dépasseront pas les limites du barreau, et votre influence ne sera pas populaire.

Pour l'ordre des matières, deux méthodes se présentent, la méthode exégétique, qui consiste à suivre l'ordre indiqué par les législateurs; la méthode dogmatique plus généralement suivie, et qui consiste à mettre en ordre les dispositions de nos codes. Cette dernière méthode est beaucoup plus logique que la première, mais elle est moins facile, et convient plutôt à des personnes déjà versées dans la connaissance des lois, qu'à celles qui n'ont encore aucune notion de jurisprudence. Aussi, comme nous voulons nous mettre à la portée de tout le monde, nous avons adopté la forme de commentaire; ayant appris par notre expérience d'étudiant, que les élèves aiment mieux cette méthode, et qu'elle leur évite beaucoup de peine et de travaux rebutants, surtout dans le commencement de leurs études.

※

INTRODUCTION.

❋

SOMMAIRE.

§ 1. Et Dieu dit, au commencement des siècles, il n'est pas bon que l'homme soit seul.

Et par la toute-puissance de Dieu, la compagne de l'homme fut tirée de l'homme lui-même ; et cette séparation ne nuisit point à son unité, il n'y avait toujours qu'un seul être.

Et leur amour était pur, car ils ignoraient le mal, mais ils transgressèrent les lois de la Providence, et voulurent dépasser la sphère de leur pouvoir.

Et ils connurent le mal, et l'univers en gémit.

Et l'amour des sexes prit naissance, et la femme enfanta avec douleur.

Et la race du premier homme fut nombreuse, condamnée à souffrir sur la terre, pour reconquérir le rang qu'elle a perdu.

Et cette loi n'était pas injuste ; les fils ayant été conçus par le péché du père.

Et les filles de l'homme, s'unirent aux fils de l'homme, pour se consoler les uns les autres, et s'aider à porter le poids de la colère divine.

Et la femme fut maudite par le genre humain, car la première elle avait péché.

Et cette malédiction explique deux faits, la pluralité des femmes, et leur état d'esclavage.

Mais une femme sauva le monde qu'une femme avait perdu ; de là date la réhabilitation de la femme.

Longtemps les mariages avaient été sans règles fixes, mais les passions des hommes devenaient de plus en plus mauvaises, les chefs des peuples, et les législateurs des nations, firent des lois sur le mariage.

Et du droit divin nous passons au droit positif.

§ 2. Considéré sous le point de vue de la propagation de l'espèce, le mariage est le conservateur de la société, la force morale des états, l'objet le plus digne de l'attention des législateurs. Ce ne sont pas ces unions vagues et illicites, qu'un instant voit naître, et que l'instant d'après voit finir ; ce ne sont pas ces voluptés illégitimes d'un amour délirant, qui décident le plus l'accroissement de la population. Que de milliers d'individus étouffés dans leur germe par de coupables et hideux stratagêmes !...Et supposons même que les lois de la nature triomphent, et qu'un être naisse à la vie ; que deviendra-t-il ? Sa mère elle-même le repoussera de son sein ; la crainte du déshonneur l'emportera sur son amour, et cet enfant qui n'a pas demandé à venir au monde, et qui y est cependant, cet exemple vivant de sa honte, elle l'abandonnera, destiné à passer sa vie dans ces asiles, où la charité recueille les malheureuses victimes de la débauche et du vice. Livrés au soin des étrangers, leurs cœurs seront fermés aux doux épanchements de la vertu et de l'amitié. Rarement aussi, a-t-on vu un de ces enfants abandonnés, parcourir avec gloire la carrière de la vie, et payer son tribut à la société, et cela vient peut-être de cette proscription significative qui frappe le bâtard, et dont il ne peut se relever, que par le mariage de ses parents, ou par un talent vraiment hors de ligne ; et cependant les fautes sont personnelles ; est-il juste que l'innocent subisse la conséquence d'un crime qui lui est étranger ? non sans doute. Mais la société a dû, même en consacrant une injustice apparente, traiter avec rigueur le fruit d'un amour illégitime. L'environner des mêmes honneurs, le doter des mêmes droits, des mêmes avantages, que l'enfant du mariage, c'eût été, par là même, effacer toute ligne de séparation, entre une union fortuite et illégale, et celle qu'ont approuvée les lois civiles et religieuses.

§ 3. Le mariage a encore sur le bien-être des états, des effets non moins directs, non moins importants. L'individu qui était naguères un membre isolé de la nation, qui n'avait peut-être d'autre mobile de ses actions, que ses intérêts et son ambition personnelle, se trouve attaché à la conservation de la paix et de l'ordre public, par les liens de sa nouvelle famille ; des pensées graves et élevées, viennent remplacer dans son esprit la frivolité des soins qui l'assiégeaient ; c'est un voyageur longtemps errant, qui a enfin fixé sa place sur le sol. Plus de ces vains caprices, de ces désirs fugitifs, de ces amours de jeune homme ; plus de ces passions qui ne laissent après elles que le vide et le dégoût ; il va dans les charmes d'une union solide et durable, chercher des motifs à ses travaux, des consolations à sa vieillesse. Ils croîtront, s'il plaît à Dieu, ces rejetons chéris ; celui-ci saura défendre au barreau l'honneur de ses clients, celui-là consacrera ses veilles au soulagement de l'humanité souffrante, et la gloire des fils rejaillira sur leur père, et le vieillard emportera en mourant la consolation de laisser après lui de dignes continuateurs de sa vie.

§ 4. Considéré sous le point de vue de l'assistance mutuelle que se doivent les époux, le mariage est une nécessité de l'homme social. Il n'y a personne

qui n'ait sa part d'affliction; le malheur est le creuset
où l'homme se purifie; c'est par lui qu'il reprend dans
la création la place dont son orgueil l'avait fait descendre. Dans ces peines continuelles, dans cette
épreuve de tous les jours, qui le soutiendra? qui
affermira son ame chancelante? ce sera cet être de
prédilection, uni à ses destinées par une chaîne éternelle, et qui doit tout partager avec lui, et souf-
frances et plaisirs. Est-il heureux, sa joie se doublera;
est-il malheureux, sa tristesse sera allégée par le
partage.

§ 5. La loi civile proclame et assure la liberté
des mariages; elle n'a pas voulu que l'on pût être
contraint à un acte qui a tant d'importance dans la
vie, à un acte qui entraîne l'aliénation des facultés
naturelles. Mais aussi, quand le choix est fait, quand
le mariage a été consommé par la volonté libre et
réfléchie des parties, le lien est indissoluble. Il faut
donc, avant de se décider au mariage, consulter ses
goûts et ses penchants, son caractère et ses habitudes,
ses travers et ses vices; il faut, avant de s'engager
irrévocablement, soumettre à un contrôle sévère l'état
que l'on va quitter et celui qu'on se propose d'embrasser. Êtes-vous vraiment homme? avez-vous la
fermeté nécessaire d'un chef de famille? vous sen-
tez-vous capable de remplir les obligations du mariage, d'élever dignement vos enfants? alors choi-
sissez une compagne que vous aimiez et qui vous
aime, et vivez avec elle une nouvelle vie, à laquelle
la mort seule pourra mettre un terme. Les plaisirs du
monde commençaient à vous devenir insipides; depuis
longtemps vous étiez mort au siècle, et dans un état
d'abattement et de langueur indéfinissable; une indifférence presque complète avait remplacé cette ardeur juvénile, cette imagination brûlante que vous
aviez à vingt ans : en choisissant une épouse, vous
renouez les chaînes brisées de votre existence; vous
n'éprouvez pas pour elle cet amour violent fondé sur

l'unique impression des sens, et qu'éteindra la possession de l'objet aimé; mais un sentiment particulier et inconnu prendra naissance dans votre ame. C'est moins que de l'amour, plus que de l'amitié. C'est tous les deux à la fois. Et, de ce mélange, naît une affection qui ne peut être décrite que par ceux qui l'ont ressentie; il n'y a plus deux êtres séparés et distincts, mais un seul être renfermant deux êtres; et c'est cette dualité qui se résout en unité, et cette unité qui absorbe la dualité, qui est le symbole de nos cérémonies civiles et religieuses; c'est ce qu'indique surtout cette identité de nom, qui fait des deux époux la même personne civile.

§ 6. Si, en rentrant en vous-même, vous trouvez des passions encore vivantes dans votre cœur, et que votre penchant à la colère et à la jalousie soit encore dans toute sa force, mieux vaut renoncer aux charmes du mariage, que de s'exposer à rendre malheureuse celle qu'un lien légitime vous attachera pour compagne. La ferme résolution de renoncer à tous les vagues amours, de borner ses désirs au seul lit conjugal, la douceur de caractère et la confiance en celle que l'on épouse, sont les préliminaires indispensables du mariage; sans cela, on s'expose à de grands malheurs.

§ 7. Le célibat n'est pas d'ailleurs par lui-même une chose immorale et contre nature; il ne faut pas croire aux rêveries de certains philosophes et moralistes, qui ont pensé que le célibat était une infraction directe des lois de Dieu. L'immoralité du célibat est relative à l'individu, et on ne saurait prétendre, absolument parlant, que c'est un mal. Si le célibataire préfère sa position à celle de l'homme marié, par des raisons tirées de la froideur de son tempérament, et de la presque nullité chez lui du sens de l'amour, il n'y a rien là d'illicite; il n'y aurait immoralité qu'autant qu'il préférerait le célibat pour avoir plus de liberté dans ses passions et ses désordres. Par rapport à la société, le célibat n'est encore qu'un mal relatif; peut-être le célibataire a renoncé au mariage, pour avoir plus de temps à donner à l'étude et à l'instruction de ses semblables; il serait absurde de soutenir qu'on ne peut servir l'humanité qu'en travaillant à la propagation de l'espèce. Si donc vous n'avez pas les dispositions morales nécessaires pour le mariage, demeuréz dans le célibat, sans vous inquiéter du tort que votre réputation de bonnes mœurs pourra en souffrir; il suffit que vous ayez pour vous le témoignage de votre conscience, et que vous soyez persuadé que la vertu n'est incompatible avec aucun état, avec aucune condition.

§ 8. Le mariage convient à presque toutes les positions sociales et intellectuelles, au riche comme au pauvre, à l'ignorant comme au savant.

Les plaisirs de l'amour ne sont pas comme presque toutes les autres commodités de la vie, le partage exclusif d'un petit nombre d'hommes privilégiés; les dons de la naissance et de la fortune n'ont point été répartis entre tous dans une mesure égale; les uns sont destinés à vivre par le travail, les autres à jouir de leurs richesses dans une douce oisiveté; il n'est pas donné à tous les hommes d'habiter des appartements somptueux, de prodiguer l'or à pleines mains, de posséder de vastes domaines; mais ces biens extérieurs à l'homme ne sauraient constituer qu'un bonheur factice; c'est au dedans de nous-mêmes qu'est la source de notre félicité. Aussi, par l'inappréciable bienfait de l'auteur de notre être, les plaisirs de l'amour ont été accordés aux pauvres comme aux heureux du monde. L'artisan, épuisé par le travail de la journée, retrouve ses forces dans les bras de sa compagne, et le baiser de sa bouche est le charme qui guérit son cœur : vraie baguette de fée, l'amour transforme un obscur réduit en palais, et le jardin étroit de l'arrière-boutique en bosquets délicieux.

L'amour est peut-être la seule distraction du pauvre, les instants qu'il passe près de son épouse, sont les seuls où il goûte un bonheur sans mélange. Le riche est porté au mariage par d'autres motifs ; il ne veut point que sa fortune passe dans les mains d'é-trangers ou d'avides collatéraux, il se marie pour avoir des héritiers, à qui il ne regrette pas de laisser ses biens à sa mort.

§ 9. Il arrive quelquefois que, pleins d'amour pour l'étude et rêvant de glorieux travaux, le savant et l'homme de lettres renoncent au mariage. Les soins d'une famille, les embarras de la paternité, les char-mes mêmes d'une heureuse union sont incompatibles avec une vie d'études et de dévoûment scientifique ; et d'ailleurs dans quel but contracteraient-ils ma-riage ? pour jouir des douceurs de l'amour ? La science et la poésie leur offrent des plaisirs intellectuels plus purs, plus nobles et plus grands. Leur fiancée, à eux, c'est la gloire ; pour présent de noce, elle ornera leur front de couronnes immortelles. Se marieraient-ils pour perpétuer leur nom par le moyen de nom-breux enfants ? Ah ! ce n'est point ainsi qu'ils espèrent vivre dans la mémoire des hommes ; ces œuvres, objet de toutes leurs pensées, où ils ont laissé une empreinte vivante de leur ame, voilà quelle sera leur postérité !

§ 10. Ces réflexions sont générales ; mais les excep-tions sont nombreuses. On rend rarement jus-tice, pendant leur vie, aux hommes remarquables. L'envie, qui s'attache à tout ce qui est grand, réunit contre eux ses efforts, et très souvent le mérite ne saurait étouffer l'envie ; la louange, même la plus juste, déplaît toujours par son air d'adulation. Ajoutez à cela que, par un certain orgueil de nous-mêmes, nous n'aimons pas entendre les éloges des autres ; élever autrui, c'est en quelque sorte nous rabaisser. Au contraire, le blâme nous charme par un faux air d'indépendance ; avant même que le calomniateur ait parlé, tous les suffrages sont déjà pour lui ; les pré-ventions contre l'accusé.

Si celui-ci est assez heureux pour rencontrer une femme qui comprenne son ame, qui, tandis que les autres hommes à qui il a confié ses pensées l'ont traité de fou et d'insensé, partage les sentiments qui l'inspirent, à l'ardeur qui le dévore, que son avenir est beau! C'est pour elle qu'il travaillera, pour elle qu'il composera ses ouvrages, et si le monde revient de son injuste jugement, si le suffrage de ses contemporains accueille ses compositions, c'est aux pieds de sa compagne qu'il déposera ses couronnes.

§ 11. Le mariage convient donc à presque tous les états, car dans toutes les positions sociales l'homme, a besoin d'amour; et l'amour n'est légitime que par le mariage.

Quant aux femmes, nous leur conseillerons à toutes le mariage; être faible, elle a besoin d'un soutien; douée d'une sensibilité exaltée et d'une imagination vive, il lui faut un guide pour prévenir ses écarts, et un objet sur lequel elle puisse reporter le fonds inépuisable d'affection et d'amour que renferme son cœur. Dans nos mœurs actuelles, les femmes sont exposées à des épreuves de tous les jours, à des dangers sans cesse renaissants. Il est tout simple qu'un voyageur prenne un compagnon fidèle avant de s'engager dans une route peu sûre. Oublier les périls qu'on va courir, serait dangereux, les mépriser c'est folie.

§ 12. Dans le choix d'une femme, ne considérez pas trop les richesses et la beauté; attachez-vous plutôt aux qualités solides, à la bonté du cœur, à l'agrément du caractère, aux dons précieux de l'esprit. Le plus beau visage paraît bientôt monotone quand on le contemple à chaque instant; on s'ennuie à la longue, des contours harmonieux d'un beau sein, et le charme qui nous avait séduit, cesse par la possession; si donc la beauté seule a guidé votre choix, après deux mois de mariage, l'ennui envahira jusqu'au lit conjugal; le dégoût suit de près la satisfaction de l'amour. Les femmes connaissent instinctivement cette vérité ; aussi quand un homme les environne de soins et d'hommages, et qu'elles ont agréé ses vœux, elles reculent, autant que possible, l'instant où elles se donneront à lui ; elles savent, par expérience ou par ouï dire, ou, comme je l'ai dit, par un instinct particulier, que la possession de l'objet aimé n'augmentera pas l'amour de leurs adorateurs empressés, que leur pouvoir ne pourra qu'y perdre ; et cependant, dans ces liaisons fugitives et passagères, dont j'entends parler, l'amour trouve encore des aliments dans les difficultés et les obstacles qui s'opposent à la réunion des deux amants ; il n'y a pas jusqu'à ce plaisir de goûter un fruit défendu, qui n'entretienne longtemps peut-être leur passion réciproque.

Dans le mariage, au contraire, l'extrême facilité des plaisirs de l'amour, la pensée qu'ils sont irrévocablement unis l'un à l'autre, ne contribuent pas peu au refroidissement inévitable des deux époux. S'ils se sont décidés au mariage, plutôt par convenance de caractère et d'esprit, que par la considération des avantages physiques, ils ne s'étonneront pas de ne plus avoir l'un pour l'autre des sentiments aussi vifs, aussi passionnés. Ils trouveront dans leur société mutuelle le même charme qu'auparavant ; et cela ne suffit-il pas au bonheur ?

§ 13. Que les femmes aussi se défient de ces dehors brillants, de ces apparences trompeuses qui les éblouissent et les captivent ; il existe, de nos jours, une classe de jeunes gens, qui, sauf de rares exceptions sont tous d'une complète nullité. Vous les reconnaissez dans ces cercles où se réunissent les oisifs du jour, à leur air fier et dédaigneux, à l'apprêt de leur mise, à l'afféterie de leur langage. Ils n'ont, pour la plupart, ni religion, ni amour ; ils insultent par leurs sarcasmes et leurs railleries, à tout ce qu'il y a de grand, de noble et de beau. Leur insolence est sans égale, leur ton tranchant et décisif, soit qu'en se vantant de faveurs qu'ils n'ont point reçues, de triomphes qui ont été pour eux de véritables défaites, ils calomnient le sexe entier, sans croire même à la vertu de leurs sœurs ou de leur mère ; soit qu'ils essaient d'ébranler nos institutions sociales par les grands mots de liberté et de progrès, et que peu instruits par les leçons du passé, ils rêvent le rétablissement d'un état de choses dont la France n'a déjà que trop subi les fatales conséquences (1). Et cependant leur langage séduit, leur assurance persuade ; ils ont un certain aplomb qui est souvent un indice de l'ignorance, mais que l'on prend pour du mérite ; ils ont sans cesse à la bouche des phrases banales propres à toutes les circonstances, vraie monnaie courante des salons. Mais sortez-les de la sphère de leurs raisonnements journaliers, et bientôt vous vous convaincrez qu'il y a en eux beaucoup plus de brillant que de solide, plus d'esprit que de véritable talent. Ne soyez pas dupe d'un bel extérieur. Quand le moral est peu développé, il est tout naturel de chercher à se distinguer par ses qualités physiques, à en imposer par son air, à briller par le côté qu'on a seul brillant ; mais c'est en vain qu'ils se font passer pour ce qu'ils ne sont pas, le riche et magnifique cadre

____

(1) Certes, nous ne prétendons pas dire que la généralité des femmes soient vertueuses et que le crime soit l'exception ; nous voudrions qu'il en fût ainsi et nous serions heureux de le proclamer, mais nous pensons qu'on a singulièrement exagéré la dépravation des mœurs en mettant même en doute la vertu. La vertu n'est pas un vain nom, elle se rencontre encore fréquemment dans les différentes relations du monde, dans tous les états, dans toutes les conditions.

De même aussi nous ne lançons pas l'anathème contre toute théorie progressive ; le progrès est la loi de l'humanité ; et nous ne pourrions nous élever contre lui qu'en abdiquant notre nature d'homme, mais tout avancement progressif, pour être durable, doit être longuement préparé par des mutations successives ; tout ordre de choses qui s'établit violemment et par des catastrophes imprévues et soudaines a peu de stabilité. Contentons-nous de préparer les voies d'amélioration à nos descendants, et ne prenons pas par anticipation, dans la série des événements, un rôle qu'il ne nous est pas donné de remplir.

qui entoure un mauvais tableau, empêche-t-il le connaisseur de prononcer un juste jugement.

§ 14. Les meilleures lois sont celles qui tendent à favoriser les mariages. Mais comment les législateurs peuvent-ils favoriser les mariages ?

On peut assigner au mariage deux buts principaux et essentiels, le besoin d'amour et le désir des enfants ; flétrir autant que possible toutes les unions illégitimes qui répondent à ce besoin d'amour, et rendre impossibles hors mariage les avantages de la paternité, ce serait l'office de bonnes lois.

Nos lois remplissent-elles cette fin, ou bien au contraire, sont-elles imparfaites et trop douces ? C'est ce qu'il s'agit d'examiner.

§ 15. Et d'abord, un des vices les plus communs de notre époque, l'adultère, est-il puni par des peines assez sévères. Il n'y a peut-être pas de crimes qui entraînent après eux d'aussi graves conséquences.

Une nation se compose de tribus, les tribus de familles, et le fondement, la source des familles, c'est le mariage.

La violation de la foi conjugale est donc en définitive un crime de lèze nation. Les scènes de la vie privée ont plus d'influence qu'on ne le croit généralement sur le bien-être d'un état ; et les querelles et les catastrophes domestiques ont souvent leur retentissement et leur contre-coup dans l'ordre social et politique. C'est la décadence des mœurs, qui amena celle de la Grèce et de Rome ; c'est aussi au même écueil que se brisera notre belle civilisation européenne.

Si la femme adultère a des enfants de son mari, le résultat de son crime effraie la pensée ; des héritiers légitimes se verront dépouillés d'une partie de leurs biens par le fruit de coupables amours ; et cet étranger frauduleusement introduit dans la famille, leur ravira peut-être la tendresse paternelle : on a vu souvent, celui que la rumeur publique désignait comme l'enfant du crime, devenir l'objet de prédilection de l'aveugle mari, et traité mieux que les autres dans toutes les circonstances de sa vie. L'adultère, considéré sous ce point de vue, est donc un vol odieux.

Si l'époux désabusé, apprend la faute de son épouse, dans le doute, il se détournera de ses enfants avec horreur, même de ceux qui lui appartiennent. Privés de l'amitié de leur père, et forcés de mépriser leur mère, que deviendront-ils ? Est-il une position plus malheureuse ? Une mère bien-aimée ne leur donnera pas les premiers principes de la vertu et de la religion, leçons précieuses qui restent longtemps gravées dans l'ame du jeune homme et qui souvent décident de son avenir, de ses destinées. Heureux, mille fois heureux, celui à qui le Ciel donne une sainte mère !!! Ce sont les parents vertueux qui forment les bons citoyens. Si, oubliant un crime, qu'elle voudrait racheter au prix de sa vie, leur mère essaie de les instruire sur les devoirs qu'ils sont appelés à remplir dans la société, quel poids auront des paroles auxquelles une conduite honteuse viendra donner un démenti éclatant et formel ? Et le malheur des enfants ne sera point borné au sanctuaire de la famille; le monde, si souvent injuste dans ses jugements, les rendra responsables d'une faute étrangère, et les filles de la femme adultère trouveront difficilement des époux ; et les fils entendront parfois sur leur passage des railleries insultantes, des outrages amers à l'honneur de leur mère. Pleins d'une noble indignation, ils courront à leurs armes..... et voici là-bas une femme qui arrose de ses larmes le cadavre sanglant d'un jeune homme. Pleure, pleure, mère infortunée, non pas sur lui, mais sur toi-même, car tu as assassiné son fils.

Pour l'époux innocent quel outrage! Cette femme de son choix, en qui reposaient ses plus chères espérances et les consolations de sa vie, cette femme à qui il

avait confié son honneur et son nom , qui lui avait
juré un constant amour en face des autels , a brisé
par son crime les nœuds les plus saints ; la vie devient odieuse au malheureux ; encore , s'il lui restait
des enfants pour le consoler et le plaindre. Mais non,
au moment où il les presse sur son cœur , où il leur
prodigue ses caresses , une pensée amère , insupportable , vient empoisonner les joies de la paternité.
Ces enfants qui portent son nom , qui sont ses représentants dans la société , peut-être..... Ah ! ce
doute est le supplice des damnés....

Ce n'est pas tout, et l'histoire en fait foi, l'adultère n'est souvent pour l'épouse sacrilége qu'un degré à l'empoisonnement et à l'assassinat.

§ 16. L'adultère résume en lui seul tous les crimes ,
il appelle donc sur lui toute la sévérité des lois.
Voyons, quelles peines nos législateurs ont infligées à
l'épouse coupable , et surtout à l'infâme qui l'a séduite.
La femme , convaincue d'adultère subira la peine de
l'emprisonnement pendant trois mois au moins et deux
ans au plus. (Art. 337 du Code pénal). Le complice de la
femme adultère sera puni de l'emprisonnement pendant le même espace de temps ; et en outre d'une
amende de cent francs à deux mille francs. Un emprisonnement de quelques mois, voilà toute la satisfaction donnée à la juste vengeance d'un époux outragé ; et vous lui défendez de se faire justice à
lui-même (1) , de punir sur l'heure du délit , et sa

---

(1) L'art. 324 déclare excusable le meurtre de la femme et de son
complice surpris en flagrant délit, mais le mari doit toujours être condamné à un an au moins, ou à cinq ans d'emprisonnement (326). D'a-
près une ancienne loi de Solon, rapportée par Aulugelle, il était permis
au mari de tuer sa femme et son complice s'il les surprenait en flagrant
délit. Quant à la femme, elle ne pouvait pas toucher son mari du bout
du doigt quand bien même elle l'aurait surpris avec une concubine dans
la maison conjugale. (Voyez aussi le célèbre plaidoyer de Lysias pour le
meurtrier d'Eratosthènes.) En droit romain, il était permis au père de
tuer l'adultère de sa fille ; pourvu qu'il les trouvât tous deux ensemble,
et qu'il les surprit dans la maison de son gendre ou dans la sienne. *Non
ubicumque deprehenderit pater permittitur ei occidere sed domi suœ ,
generis ve sui tantum , illa ratio redditur quod majorem injuriam*

femme et son complice, et vous voulez aussi proscrire de nos usages, le duel comme un reste de l'antique barbarie (1). Savez-vous ce qui entretient le

putavit legislator, quod in domum patris aut mariti ausa fuerit filia adulterum inducere. (*L.* 23 *ff.* § 2. *ad leg. jul. de adult*).

Quant au mari il ne pouvait pas tuer tout complice de sa femme, mais seulement une personne de basse condition et de mauvaises mœurs, et si l'adultère était commis dans sa propre maison. *L.* 24 *ff. eod titul. Eum qui leno fuerit, qui ve artem ludicram ante fecerit, in scenam saltandi cantandi ve causâ prodierit, judicio ve publico damnatus nec in integrum restitutus fuerit*........ Enfin, dans le droit des Novelles, Justinien permet au mari de tuer un adultère suspect, après l'avoir averti par trois fois. (*Nov.* 117, *Cap. ultim.*) Dans l'ancien droit français, on suivit le droit canon, et il n'était pas permis au mari de tuer l'adultère, selon la doctrine de saint Augustin (*De Adult. Conjug.* lib. XII) ; mais le mari qui se trouvait dans ce cas, obtenait facilement des lettres de graces, et ne subissait aucune peine; il fut même jugé par arrêt du 7 juillet 1615 que le mari qui avait tué sa femme, n'était point déchu de ses droits sur la succession de sa femme. (*Brodeau sur Louet, et Troncon, sur l'art.* 311 *de la Coutume de Paris*).Voyez cependant un arrêt contraire du 16 avril 1603. (*Bacquet, du droit de Bâtardise*, cap. XII, n. 26.) Enfin, quelques coutumes permettaient au mari le meurtre du complice de sa femme. Nous citerons l'article 89 des coutumes de la ville de Bargerac, faites en 1322. *Si uxorem suam suspectam de adulterio credidit de aliquo homine aut hominibus certis, dictus maritus in primis debet interdicere dictis suspectis, seu suspecto introitum domus suæ, in præsentiâ bonarum personarum fide dignarum, et cum publico instrumento; et si post interdictionem prædictam, dictus maritus inveniat aliquem de suspectis prædictis in domo suâ cum uxore suâ, solus cum solâ, aut nudus cum nudâ femoraliis tractis et dicta mulier sit de præmissis publice diffamata, dictus maritus talem suspectam in domo suâ occidat seu interficiat; hoc facere potest sine culpâ.* (*Coutumier général*, tom. V, pag. 1026.)

(1) Je suis loin de blâmer la décision récente de la Cour de cassation, je l'ai lue avec plaisir, le premier pas est fait, mais ce n'est point assez encore. Que l'on applique la loi dans toute sa rigueur à de jeunes éventés qui pour une querelle de jeu ou de théâtre tiennent à honneur d'aller vider leur différend les armes à la main ; c'est bien, tous les gens sensés y applaudiront. Mais mettre sur la même ligne le mari offensé qui veut tirer vengeance du sanglant outrage qui lui a été fait, c'est bouleverser toutes les notions d'équité : juré, j'acquitterais cet homme et je le soustrairais par mon vote au glaive de la justice. Il faut donc une loi sur le duel, ou, ce qui serait bien mieux encore, une loi qui appliquerait à l'adultère une peine proportionnée au crime, et qui donnerait à l'époux les moyens de demander aux lois une vengeance qu'il lui est défendu d'obtenir de ses propres mains. Presque toutes les législations se sont appliquées à punir sévèrement l'adultère. Chez les Juifs, la loi était formelle. « Quant à l'homme qui aura commis « adultère avec la femme d'un autre, parce qu'il a commis adultère « avec la femme de son prochain, on fera mourir de mort l'homme « et la femme adultères. » (*Deutéronome*, chap. XX, v. 10.) Les cou-

duel parmi nous, c'est qu'il est des crimes que vos
lois n'atteignent pas ou punissent par des peines dé-
risoires, c'est que vous n'offrez à celui qui a soif *de*

pables étaient lapidés par le peuple. Sous l'ancienne loi, on brûlait la
femme adultère. « Or, il arriva qu'environ trois mois après on fit un
« rapport à Judas, en disant : Tamar, ta belle fille, a commis adultère,
« et voici elle-même est enceinte et Judas dit : fais-la sortir et qu'elle
« soit brûlée. » (*Genèse*, chap. xxxviii, v. 24.) » Les anciens Saxons
brûlaient la femme, et sur les cendres du bûcher ils élevaient un
gibet où son complice était étranglé. Les Sarmates punissaient par la
mutilation la femme adultère et son complice. Chez les Germains,
Tacite nous apprend quelle était la peine de la femme adultère, dans
ce passage remarquable : *Accisis crinibus, nudatam coram propinquis
expellit domo maritus ac per omnem vicum verbere agit; publicatæ
enim pudicitiæ nulla venia : non formâ, non ætate, non opibus maritum invenerit ; nemo enim illic vitia ridet, nec corrumpere aut cor-
rumpi sæculum vocatur.* « Les cheveux coupés, nue, devant ses pa-
« rents le mari la chassait de sa demeure, et par tout le canton la pour-
« suivait à coups de verges. Pour ce déshonneur public, point de
« pardon : ni sa beauté, ni sa jeunesse, ni sa fortune ne lui trouveraient
« un époux. Là, personne ne rit des vices. Corrompre, être corrompu
« ne s'appelle point suivre l'usage du siècle. » En Angleterre, ancienne-
ment, la même peine était appliquée à la femme adultère, et son séducteur était pendu. A Sparte, à Athènes, aucunes lois ne furent portées contre l'adultère ; mais, comme nous l'avons déjà dit, une loi
de Solon permettait au mari le meurtre du complice de sa femme.
Longtemps on s'abstint à Rome de porter une loi contre l'adultère ; la
femme criminelle était jugée par un tribunal composé de son époux et
de ses parents ; la peine était arbitraire et la mort pouvait être prononcée. Auguste publia la loi Julia *de adulteris.* La peine était la reléga-
tion ; depuis, Constantin prononça la peine de mort contre ceux qui se
rendraient coupables d'adultère. (*L.* 30 *C. ad leg. jul., de Adult.*)*Sacri-
legos enim nuptiarum gladio puniri oportet.* Justinien changea cette
peine à l'égard des femmes, par sa Novelle 134, ainsi que nous le verrons plus bas. Suivant les Capitulaires de Charlemagne et de Louis le
Débonnaire, la peine de l'adultère était la peine capitale et la confisca-
tion des biens meubles et immeubles. *Sub pœnâ capitali adulteria in
regno nostro a quibus cumque fieri prohibemus ita ut, si voluntarie
quis ex his unum vel aliquid fecerit de vitâ componat, et omnes res
ejus tam mobiles quam immobiles fisco nostro socientur.* (*Baluz,*
tom. I, p. 1009, cap. lib. sext. cdxxxi.) Plus tard, la peine de l'adultère était de courir nu dans la ville où le crime avait été commis, ou de
donner une certaine somme au prince ; c'est ce qui résulte de la presque
universalité des textes de priviléges donnés aux différentes villes. (*Voyez
Code Matrimonial,* édition de 1770, p. 197-198 et suivantes.) Voici
deux de ces textes : *Adulter et adultera si deprehensi fuerint in adulterio, si inde factus fuerit clamor, vel per homines fide dignos, super
hoc convicti fuerint, vel confessi in jure, quilibet in centum solidis
pro justitiâ puniantur, vel nudi currant villam.* (Lettres de Charles,
régent de France, en faveur des habitants de Villefranche en Périgord.)
*Si qui deprehensi fuerint in adulterio, sit in electione viri, divites
tantum viginti quinque florenos, et pauperes solvant decem florenos*

vengeance aucune perspective qui satisfasse sa haine. En vain rendrez-vous des arrêts solennels, en vain publierez-vous des circulaires contre les duellistes, c'est plus haut qu'est la source du mal, elle est dans les mauvaises lois. Les orateurs du gouvernement se sont exprimés ainsi qu'il suit sur l'adultère de la femme. « Placé dans tous les Codes au nombre « des plus graves attentats aux mœurs, à la honte de « la morale, l'opinion semble excuser ce que la loi doit « punir, une espèce d'intérêt accompagne la coupable, « les railleries poursuivent la victime. Cette contradic- « tion entre l'opinion et la loi, a forcé le législateur à « faire descendre dans la classe des délits ce qu'il « n'était pas en sa puissance de mettre au rang des « crimes. » Et depuis quand, les législateurs doivent-ils se laisser guider par les préjugés de l'opinion ? Depuis quand leur rôle est-il de faire des concessions à l'immoralité ? A tout mal extrême, il faut un remède extrême ; il n'appartient pas aux mœurs de faire changer les lois ; ce sont, au contraire, les lois qui doivent exercer un empire utile et salutaire sur les mœurs. Eh quoi ! le vol d'une somme modique est puni des travaux forcés s'il est accompagné de circonstances aggravantes, et la séduction d'une

tantum, vel fustigari per villam nudus cum muliere inductâ camisiâ usque ad mamillas, ne appareant naturalia. (Priviléges accordés par Charles V.) Enfin, on adopta en France l'authentique *sed hodie.* La femme adultère était placée dans un couvent pendant deux ans ; si le mari ne la réclamait dans ce délai, elle était rasée et ensevelie dans le couvent pour le reste de ses jours. Quant aux hommes, la peine était arbitraire, selon la gravité du délit et la condition du coupable. Il était ordinairement puni par le bannissement à temps. Les valets, serviteurs, facteurs, domestiques ou métayers, qui avaient séduit la femme de leur maître, étaient punis de mort. (*Papon,* liv. XXII, titre VI, *Coutumes de Bordeaux,* art. 106, *Arrêt du Parlement de Bordeaux du mois de septembre 1614, rapporté par Automne dans son commentaire.*) La loi du 20 septembre 1792 a fait cesser la disposition des lois romaines et de l'authentique *sed hodie,* et n'a prononcé aucune peine contre la femme adultère et son complice ; cette loi immorale est le digne pendant de celle sur les enfants naturels et sur le divorce. (Voyez le n° 184 de notre Traité.)

femme mariée, qui cause à l'époux un préjudice irré-
parable dans ses affections, n'est punie que de quelques mois de prison, et vous appelez cela de la
justice. Que résulte-t-il de votre douceur vraiment
paternelle ? que l'adultère demeure presque toujours
impuni, que le mari préfère abandonner sa vengeance, plutôt que de livrer son nom au scandale
d'un procès fameux. La condamnation qu'il obtiendrait, ne compenserait pas assez la honte qui, selon
le préjugé du monde retomberait sur sa tête, et lorsque le mari se tait, peut-être dans une coupable
connivence (1), le ministère public n'a pas d'action,
ni contre l'épouse assez infâme pour être l'objet d'un
pareil trafic, ni contre le mari assez lâche pour avoir
mis à prix son honneur : et voici comment l'orateur
du Gouvernement justifie cette injustifiable disposition du Code pénal. « Si la femme n'est coupable
« qu'envers son mari, lui seul est en droit de se
« plaindre ; l'action doit être interdite à tout autre,
« parce que tout autre est sans qualité et sans intérêt. »
Et dans quel crime verrez-vous, je vous le demande,
une violation plus manifeste des lois constitutives de
la société ? Quel crime mérite plus que l'adultère des
punitions exemplaires ? En vain le meurtrier et le vo-
leur échappent-ils souvent à la rigueur des lois, la conscience publique ne peut être pervertie là-dessus ; mais,
dans un temps où l'on entasse sophismes sur sophismes, pour établir l'innocence d'un amour adultère, où l'on rejette la faute, si du moins il y en a

---

(1) Quoiqu'il n'y eût régulièrement que le mari qui pût accuser
sa femme d'adultère, néanmoins, dans le droit romain, en cas de connivence de la part du mari, les père, frère ou oncle de la femme pouvaient intenter l'action (L. 26, *ff. ad Leg. Jul. de Adult.*), et sous
l'ancienne Jurisprudence française, le procureur fiscal pouvait intenter
l'accusation d'adultère.(Arrêt du Parlement de Paris, du 1er juillet 1606,
cité par Despeisses, tom. II, pag. 738.) C'est ce qui est énergiquement
exprimé par Loysel. (*Inst. Coutum.*, livre VI, tit. I, n° 16.) « L'on
« ne peut accuser une femme d'adultère, si son mari ne s'en plaint
« point, ou qu'il en soit le maquereau. » (Voyez aussi un arrêt conforme,
Paris, 1er février 1647, dans Soefve, centurie II, chap. II.)

une , sur la faiblesse humaine , sur le penchant des femmes à aimer; où l'on présente la violation de la foi conjugale sous les couleurs les plus séduisantes et les plus passionnées , n'est-il pas à craindre que la douceur de la loi n'amène de fâcheux résultats ? Allons donc, à l'œuvre , nobles pairs et députés , et au lieu de discuter dans de longues et pénibles séances, si la morve et la pousse sont des vices rédhibitoires dans les ventes d'animaux ; songez à faire des lois que réclame impérieusement la morale publique ; occupez-vous de la révision de notre Code , et surtout de la partie la plus importante et la plus négligée, celle qui règle l'état des personnes. Puisque les malheurs d'autrui ne peuvent rien pour vous tirer de votre apathique sommeil ; puisque vous m'y forcez , je vous dirai la vérité tout entière. Ne croyez pas, agents du pouvoir , mécaniciens illustres de la machine gouvernementale , que les calamités du commun des hommes ne vous atteignent pas dans votre position élevée. Tandis que vous dormez dans vos larges fauteuils, pour le bien de la France , vos femmes vaquent à d'autres soins , aussi pour le bien de la France, et à votre retour dans les départements , aux clameurs bruyantes de vos partisans, aux sifflets de vos adversaires , se mêleront, pour saluer votre arrivée, les cris perçants d'un nouveau-né. Pour arrêter , si faire se peut , cette contagion de l'adultère , il faudrait, 1° punir la femme adultère d'une peine plus forte que celle qui est prononcée par le Code de 1810 (1); 2° le séducteur étant plus coupable que la personne séduite , il serait juste autant que moral de proportionner la peine au délit, et de ne pas mettre sur la même ligne la femme adultère et son complice ; 3° dans l'ancienne jurisprudence, la femme perdait sa dot et tous ses avantages

(1) Par exemple, de la réclusion.

matrimoniaux. Dans notre siècle d'égoïsme et d'argent, cette disposition serait capable d'arrêter bien des femmes. On y regarde à deux fois, avant de s'exposer à perdre sa fortune et son aisance (1).

§ 17. En vain dirait-on que l'adultère est une faiblesse plutôt qu'un crime, que souvent celui qui s'en rend coupable, n'est pas pour cela d'un naturel odieux, que c'est l'effet d'une sensibilité trop exaltée, qu'il peut s'allier avec la bonté du cœur, et en est peut-être un résultat immédiat. Les conséquences de l'adultère sont trop graves, pour que l'on allègue de semblables excuses. Cette femme a violé le plus saint des devoirs, c'est pure faiblesse ! elle court le risque de dépouiller ses enfants de leur patrimoine, pure faiblesse : elle condamne son époux au désespoir et à la honte, c'est faiblesse encore ; mais en raisonnant ainsi, il n'est pas de crime qu'on ne trouvât excusable. Un domestique trompe la confiance de son maître et détourne son argent, c'est pure faiblesse ; un homme, dans un accès de colère et de vengeance, tue son ennemi, c'est encore faiblesse. Et depuis quand les choses ne s'appellent-elles plus par leur

(1) Voyez *Renusson*, *Traité du Douaire*, chap. xii, n° 6. « La « femme adultère, dit-il, doit être privé de son douaire, de sa dot et « autres conventions matrimoniales. » Il cite, à l'appui de cette décision, un arrêt du 23 décembre 1622, rapporté par Brodeau sur Louet ; ce même arrêt est rapporté par Rebuffe, à la date du 23 décembre 1522, (Lettre L, n. 4.) Voyez aussi Lebrun (*Succession*, liv. II, chap. v. sect. 1, dist. 1, n. 6). Il se fonde sur ce texte : *Si mulier ob causam fornicationis...... a viro recesserit dotem repetere non valebit* (L. IV, *de Donat inter virum et uxorem*). Cette décision des lois romaines se retrouve dans la coutume du Maine (art. 327) ; dans celle de Normandie (art. 377) ; dans celle d'Anjou (art. 314) ; et dans celle de Bretagne (art. 451). Larocheflavin, au mot *Adultère*, rapporte un arrêt du Parlement de Toulouse du 29 juin 1558, qui juge de même. (*Despeisses*, tom. I, n. 537, tit. xv, sect. iii, n. 89.) Quant aux biens paraphernaux, Boérius pense qu'elle les perdait aussi (Décis. 338, n. 2) ; il y avait exception à cette perte de la dot en quatre cas ; 1° quand le mari était de connivence, 2° quand il y avait eu viol (L. 13 § 7 *ff Ad Leg. Jul. de Adult.*) ; 3° quand la femme avait des enfants, le mari alors avait seulement l'usufruit du douaire, et des autres conventions matrimoniales. (Arrêt du 29 mars 1673 au *Journal des Audiences*) ; 4° si le mari avait été lui-même convaincu d'adultère. (L. 13, § 5 *ff. Ad Leg. Jul. de Adult.*)

nom ? depuis quand la perfidie, la trahison, et l'assassinat sont-ils décorés du nom de faiblesse ?

Remarquez-bien d'ailleurs que ce n'est pas innover que d'infliger à l'adultère une punition sévère. Les lois romaines nous en offrent des exemples frappants. Sous la loi d'Auguste, la femme et son complice étaient bannis de cette société dont ils avaient violé le pacte fondamental ; sous Constantin, ils furent punis de mort. Justinien condamne aussi la femme à être retranchée de la société et enfermée dans un cloître le reste de ses jours, pour y expier sa faute ; et dans l'ancienne Jurisprudence française, meilleure en cela que notre législation, on suivit la décision de Justinien. Je prévois ici une objection que l'on me fera peut-être, c'est que ces lois si rigoureuses n'ont pas empêché la corruption des mœurs. Pourquoi Rome ne fut-elle pas sauvée de sa décadence et de sa ruine ? c'est que le remède venait trop tard au moment où le mal avait déjà fait d'immenses progrès, et que plusieurs causes favorisaient cette corruption, et en première ligne le divorce, dont nous démontrerons les vices.

§ 18. L'excessive douceur des lois actuelles sur l'adultère a son origine dans les lois de 1792, qui ne prononçaient aucune peine contre les coupables de ce crime. On a compris l'immoralité de ces lois, mais on n'a point osé remettre les anciennes dispositions en vigueur. On a, en quelque sorte, transigé avec l'opinion.

Il faut en convenir aussi, l'opinion du monde est singulièrement pervertie sur ce point. La faveur, l'intérêt s'attachent aux coupables ; les railleries et les sarcasmes poursuivent la victime ; dans les cercles, dans les réunions nombreuses, on rit du malheur de l'époux ; sa disgrace vole de bouche en bouche ; les épigrammes ne lui sont point épargnées. D'où vient donc ce honteux oubli des lois de la morale et du devoir ? d'où vient que l'innocent paie pour le coupable! On peut encore rendre raison de ce fait inconcevable au premier coup d'œil : il arrive souvent que l'adultère de la femme a été préparé par l'abandon et les vices de l'époux, et qu'une femme d'ailleurs vertueuse a été entraînée au crime par la mauvaise conduite de celui à qui elle a uni son sort. Il est possible que le mari ait donné à son épouse l'exemple et le signal de la trahison. On a observé, plusieurs fois, que la femme ne s'était écartée de ses devoirs que par la faute de son époux, et on a généralisé ce fait particulier; de sorte que la honte qui retombait justement sur plus d'un mari, s'est étendue à tous, à ceux-mêmes qui n'avaient jamais eu, à l'égard de leur femme, que de bons procédés (1). Secouons enfin

(1) Il n'y a point d'erreur absolue, il serait impossible de trouver un préjugé généralement répandu, qui n'ait son côté vrai, sa raison d'existence. L'erreur vient d'une synthèse prématurée et d'une analyse inexacte.

Cette opinion du monde, dont nous avons essayé de rendre compte, a fait douter que l'adultère soit un crime contraire au droit naturel. Néanmoins, il résulte de plusieurs textes que les jurisconsultes romains regardaient l'adultère comme une chose naturellement déshonnête. *Ut puta furtum, adulterium naturâ turpe est.* (*De Verb. signif.* l. 42.) Selon Lactance, l'adultère est contraire au droit commun de tous les peuples : *Quod etiam communi gentium jure damnetur.* Et c'est en définitive à l'opinion de Lactance que nous nous arrêterons. En vain, argumente-t-on en soutenant l'opinion contraire des mœurs de certaines îles, où, dit-on, les habitants offrent aux étrangers leurs femmes, leurs filles, et tiendraient à grand déshonneur de voir refuser leurs offres. Cela provient d'autres idées qui, se mêlant au droit naturel l'ont plus ou moins altéré, par exemple, à cette idée que les étrangers sont des personnes surhumaines, des divinités. On pourrait encore expliquer ce fait avec plus de vraisemblance par un sentiment exalté des devoirs de l'hospitalité, si naturel à plusieurs peuples, et par lequel ils se croyaient obligés de mettre tout en commun avec leurs hôtes. Enfin, ces faits seraient-ils incontestables et inexplicables d'autre part, que prouveraient-ils contre l'universalité des législations ? On peut encore citer l'exemple des Spartiates qui, si l'on en croit un texte célèbre de Plutarque, permettaient l'adultère ; mais le vol aussi était toléré sous la législation de Lycurgue ; en est-il moins contraire au droit naturel, et puis les enfants étaient en quelque sorte en commun à Sparte, l'adultère n'avait plus alors d'inconvénients.

« Ne fais pas à autrui ce que tu ne veux pas qui te soit fait. » Ce principe de droit naturel, que le Christianisme a seulement mis en pratique, se trouve chez tous les peuples, et il est la condamnation de l'adultère ; car la jalousie et le désir de posséder seul la femme aimée sont communs à tous les hommes.

45

le joug de ces préjugés ! que l'infamie atteigne qui de droit, et en accueillant par des risées la violation de la foi du mariage, n'imitons pas la folie d'un homme, qui se réjouirait en apprenant que sa maison menace ruine par ses fondements ébranlés. Que les maris gardiens intéressés des mœurs de leurs épouses, ne leur permettent pas l'approche de la femme adultère; que les parents défendent à leurs filles de s'entretenir avec elle, car sa langue distille un poison qui corrompt les cœurs. Et vous, femmes vertueuses, qui tenez à votre réputation, si vos parents ou vos maris sont assez aveugles, assez insensés pour ne point vous donner là-dessus de conseils; éloignez-vous de votre propre mouvement de la coupable, comme l'homme sain s'éloigne du pestiféré; alors peut-être verrons-nous diminuer le nombre des adultères; et du jour où ce crime sera flétri dans l'opinion, il deviendra de plus en plus rare, et la morale publique ne pourra qu'y gagner.

§ 19. L'adultère du mari est, par la nature même des choses, moins grave que celui de la femme. Néanmoins, comme il peut y donner lieu par la contagion, de l'exemple et par le désir naturel de vengeance, et que, du reste, la trahison et la perfidie ne sont jamais excusables, nous pensons que l'on devrait infliger une peine corporelle au mari, et non point seulement une peine pécuniaire (1).

(1) Le mari qui aura entretenu une concubine dans la maison conjugale et qui aura été convaincu sur la plainte de la femme, sera puni d'une amende de cent francs à deux mille francs. (Art. 375 Cod. pén.)
En Allemagne, sous le règne d'Henri l'Oiseleur, des statuts et réglements furent portés sur les joutes et tournois. On y lit : « Quiconque « sera convaincu d'adultère, étant marié; s'il est veuf, d'entretenir « une femme mariée, une religieuse femme ou fille dévote....... qu'il « soit banni à jamais de la noble assemblée des joutes et tournois, « privé de son cheval et mis en jacquemart. » (*Théâtre d'Honneur et de Chevalerie, par André Flavin, avocat*, p. 1747.) L'art. 14 des statuts de Philippe de Valois fut conçu dans les mêmes termes. (Voyez le *Théâtre d'Honneur et de Chevalerie, par Vulson de la Colombière*).

§ 20. L'immoralité et l'imprévoyance de la loi ne s'arrêtent pas là. Selon l'article 902 du Code civil, toutes personnes sont capables de recevoir qui ne sont pas déclarées incapables par une disposition formelle. Or, comme l'on ne voit nulle part les personnes qui ont vécu en concubinage, même adultérin, frappées de l'incapacité de recevoir les unes des autres, il faut en conclure que quand bien même le commerce criminel serait notoire ou prouvé par un jugement, le concubinaire pourrait recevoir une donation de sa concubine, et réciproquement. C'est ce qu'ont plus d'une fois jugé les différentes cours du royaume, en se fondant sur les raisons que nous venons de donner, et c'est aussi l'opinion des jurisconsultes les plus graves (Grenier, t. 1er, n. 148; Toullier, t. V, p. 235; Merlin, t. XVI; v° *Concubinage*). Dans l'ancien droit, on décidait avec justice que le concubinage, entre le donateur et le donataire, annulait la donation. C'est ce qui résulte des auteurs les plus recommandables. Furgole le dit expressément (1), et Ricard en donne des motifs, dont l'équité est évidente. « S'il « y a lieu, dit-il, d'appréhender que toutes per- « sonnes unies par le mariage ne puissent modérer « leurs libéralités, combien n'y a-t-il pas lieu de « le craindre, lorsque la passion du donateur et du « donataire, l'un pour l'autre, est illégitime. » Il argumente donc *a fortiori* de la loi 1 ff. *de donat. int. vir. et ux.* (2). Plusieurs arrêts le décidèrent de même (3), et quelques coutumes en avaient des dispositions expresses (4). On jugea, à plus forte raison, que les donations, dans le cas d'un concubinage adultérin, étaient radicale-

---

(1) Chap. vi, sect. ii, n. 88, édit. in-4°, tom. I, p. 415.
(2) Ricard, *Traité des Donations*, n. 409.
(3) 16 Mars 1663, tom. II du *Journal des Audiences et Arrêt du 15 février* 1665, dans le même journal. Voyez aussi les arrêts rapportés par Charondas sur l'article 272 de la Coutume de Paris.
(4) Anjou 342. Lodunois, tit. xxv, art. 11. Touraine, art. 247. Grand Perche, art. 100. Cambray, tit. iii, art. 7.

ment nulles (1). C'est aussi l'opinion de Ricard et de Furgole (2).

§ 21. En déclarant capables de recevoir tous ceux que la loi n'excepterait pas, le Code civil a dérogé à l'ancienne jurisprudence, et de là dérivent des contradictions manifestes, et même d'évidentes absurdités.

L'article 1098 défend de donner à une seconde femme plus que la part d'un enfant légitime le moins prenant. On a redouté, pour les enfants d'un premier lit la puissante influence d'une marâtre et les effets d'une affection désordonnée, et on permettra à une concubine de recevoir plus qu'une épouse légitime, et le mariage se verra préférer une union condamnée par les lois.

Que résulte-t-il de ce système déplorable? c'est qu'une jeune femme, qui tiendra plus à l'argent qu'à l'honneur, se contentera d'être la concubine de celui dont elle est aimée, et pourra recevoir, quel que soit le nombre d'enfants, un quart de l'hérédité. C'est ainsi que nos lois, loin de favoriser les mariages, en détournent au contraire. C'est ainsi que l'on blesse à la fois les intérêts de la religion, de la morale et de l'Etat.

L'application d'un autre article du Code présente la même immoralité. L'article 1094 étend, il est vrai, en faveur du conjoint la quotité disponible, quand il y a deux ou trois enfants, mais il la restreint quand il n'y a qu'un seul enfant, et tandis qu'un étranger pourrait, dans ce cas, recevoir la moitié des biens, une femme légitime ne peut obtenir que le quart de l'hérédité en pleine propriété, et le quart en usufruit. Admettra-t-on une concubine à recueillir une part plus grande dans la succession de son amant, que celle qu'une épouse peut recueillir dans la succession de son mari?

Enfin, et cette dernière considération n'est pas

(1) Arrêt du 7 septembre 1617 dans *Dufresne*, liv. **I**, chap. LXIII, arrêt du 26 juin.
(2) Furgole, *Lieu cité*. Ricard, n. 403, *Traité des Donations*.

48

neuve (1), si la concubine a un enfant, elle sera incapable de recevoir un legs universel du père de l'enfant; car, d'un côté, l'enfant naturel ne peut rien recevoir au-delà de ce qui lui est accordé au titre des successions irrégulières ; et de l'autre, sa mère est présumée personne interposée (911); la capacité de la concubine, dépendra donc de l'existence ou de la non-existence d'un enfant. Qui ne voit dans ce système une exhortation à un crime qui se présente si souvent dans les cours d'assises, je veux dire l'infanticide. Ajoutez à cela que la loi traite sévèrement les enfants naturels et adultérins, puisqu'elle n'accorde aux uns qu'une part bornée dans la succession de leurs parents, aux autres que de simples aliments ; et cependant ils sont innocents de la faute qui leur a donné le jour. La loi atteint donc les innocents et ne frappe point les vrais coupables; quoi de plus monstrueux !

§ 22. Pour justifier l'imprévoyance (2) des législateurs, on a dit qu'établir en principe l'incapacité des concubins, serait chose fort morale et fort juste ; mais que l'application en serait dangereuse, pour ne pas dire impraticable. En abolissant la recherche de la paternité (3), de l'impuissance naturelle (4), du concubinage et de l'adultère, nos législateurs ont bien mérité de la morale publique, qui ne pourrait qu'être corrompue par les débats scandaleux qui en résulteraient; qu'on verrait souvent des collatéraux avides attaquer la mémoire de leurs parents, pour faire tomber leurs libéralités.

Nous répondrons à cette objection, que nous ne savons pas qui est-ce qui est le plus dangereux pour la morale publique, de voir une personne qui a notoirement vécu en concubinage avec le testateur, dépouillée du prix de son crime, ou bien jouir en paix

(1) Delvincourt, tom. II , p. 210 et 211.
(2) Je crois que ce mot est le plus doux qu'on puisse leur appliquer.
(3) Art. 340.
(4) Art. 313.

de ce qu'elle a obtenu comme récompense de son libertinage. Quant à l'avidité des collatéraux, elle serait réprimée par la crainte d'être condamnés à de forts dommages-intérêts, si leur accusation est calomnieuse (1).

Mais comment pourra-t-on prouver le concubinage et l'adultère? admettra-t-on la preuve testimoniale que l'on défend dans le cas où la somme en litige dépasse 150 fr.? aura-t-on plus de foi dans des témoins, quand il s'agira de déshonorer la mémoire du défunt, que l'on en aurait s'il s'agissait d'une somme modique? Et, d'ailleurs, le résultat définitif du procès est une succession. Eh bien! défendez, si bon vous semble, la preuve testimoniale; mais permettez la preuve par écrit et celle qui résulte d'une condamnation judiciaire. Car alors vous n'aurez plus les mêmes abus à prévenir, les mêmes inconvénients à redouter. Il y a une grande immoralité à permettre, par exemple, à une femme qui a été condamnée comme adultère, de recevoir de celui dont l'instruction du procès et les faits de la cause ont prouvé la complicité. On allait plus loin dans l'ancien droit, et l'on permettait aux héritiers de prouver le concubinage ou l'adultère par témoins. Furgole ne fait aucun doute sur l'admission de la preuve testimoniale pour établir le concubinage (2), malgré l'ordonnance de Moulins et celle de 1667. Quant à la preuve par témoins de l'adultère, il expose des raisons de douter (3); mais il se décide pour l'affirmative. « Cette opinion, dit-il, est, sans

______

(1) Delvincourt, pag. 112, lieu cité. Cet auteur ayant remarqué quelques-unes des contradictions que nous avons exposées plus haut prétend que l'incapacité des concubins résulte des articles 1131 et 1133, mais il est évident que l'art. 902 est une exception formelle à ces articles, d'autant plus qu'il serait difficile d'établir que le concubinage ou l'adultère a été la seule cause de la donation, et, dans le doute, on doit supposer une cause honnête. Il faudrait donc un article qui établît en présomption légale que des concubins ne peuvent recevoir l'un de l'autre.

(2) Furgole, chap. VI, sect. III, n. 194.

(3) Furgole, lieu cité, n. 195.

« contredit, préférable à celle des auteurs qui ont
« pensé que le fait d'adultère ne peut pas être prouvé,
« ni opposé lorsque le mari de la femme soupçonnée
« ne s'est pas plaint; car cette opinion tend à favoriser
« le désordre et à récompenser le crime (1). » Plusieurs arrêts sont intervenus sur cette matière, et
presque tous ont admis les héritiers à faire la
preuve (2).

Toutes ces autorités me font penser que si, écou-
tant un vœu formé par les jurisconsultes les plus
graves et les plus moraux, les chambres votaient une
loi interprétative, et déclaraient le concubinage et
l'adultère causes de nullité dans une donation, sans
spécifier le genre de preuves, on devrait admettre la
preuve testimoniale, parce qu'elle est de droit commun, et que, quoique le but du procès soit un intérêt
pécuniaire, néanmoins il s'agit de prouver un fait,
dont les héritiers n'ont pas pu avoir de preuves par
écrit. Ce n'est pas, comme nous l'avons dit, une
opinion nouvelle et dénuée d'autorités à l'appui. Furgole s'en explique en termes exprès : « Il faut, dit-il,
« que la preuve du concubinage puisse être faite par
« témoins, nonobstant les ordonnances de Moulins et
« de 1667, qui ne peuvent pas recevoir une juste ap-
« plication aux simples faits qui n'ont aucun rapport
« avec les contrats et les transactions (3). »

Toutefois, il serait sage de ne recevoir cette preuve
qu'autant que le concubinage ou l'adultère serait de
notoriété publique. Il ne faut pas que l'on puisse,
pour des intérêts pécuniaires, flétrir la mémoire d'une

____

(1) N. 196.
(2) Arrêt du 5 avril 1599, rapporté par Lonet, lettre D, n. 43;
arrêt du 1er mars 1625, rapporté par Loisel, du 16 avril 1656, dans
Soefve, du 6 novembre 1673; dans le *Journal du Palais,* tom. I, pag. 457.
Voyez, dans ce dernier recueil, la discussion très étendue de cette question
et les autorités pour et contre, ainsi qu'un grand nombre d'arrêts qu'il
serait trop long et superflu de rapporter. Voyez aussi *Charondas, en
ses Réponses,* liv. XIII, chap. LXXX; Papon, liv. XXII, tit. IX, art. 11.
(3) Lieu cité, n. 194.

personne qui, pendant sa vie, a joui de la considération et de l'estime de ses concitoyens. On ne devrait
admettre dans ce cas que la preuve par écrit, et celle
qui résulte d'une condamnation en justice.

§ 23. Voyons maintenant si la loi est meilleure dans
ce qui a rapport aux enfants qui naissent d'unions illicites.

L'enfant naturel ne prend, dans la succession de
son père, qu'une part modique ; mais ces sages dispositions du Code ne peuvent-elles être éludées dans
aucun cas ?

Un père ne reconnaîtra pas son enfant naturel et
lui fera des donations d'une grande partie de ses biens.
Or, comme l'art. 340 défend la recherche de la
paternité sans aucune distinction, il pourra lui donner
tout ce dont il lui est permis de disposer en faveur
d'un étranger (1).

§ 24. Dans le cas même où l'enfant adultérin ou incestueux aurait été reconnu par ses parents, cette reconnaissance étant nulle et de nul effet aux yeux de la
loi, cet enfant du crime ne serait frappé d'aucune
incapacité de recevoir, et dépouillerait ainsi les héritiers de la loi.

M. Delvincourt, choqué par ces conséquences, décide que l'enfant adultérin, reconnu par ses père et
mère, ne peut pas être institué leur légataire, ni rien
recevoir d'eux, qu'à titre d'aliments. Selon lui, la
généralité des termes de l'art. 340, est modifiée
par l'art. 342 ; le Code proscrit bien la recherche
de la paternité par les enfants contre le père, mais
non point celle qui aurait lieu contre les enfants.
L'art. 1131 du Code civil porte que toute obligation,
sur une cause illicite, ne peut avoir aucun effet, et,
selon l'art. 1133, la cause est illicite quand elle est
contraire aux bonnes mœurs et à l'ordre public. Or,
une libéralité faite, au profit d'un enfant adultérin,

____

(1) Cour de cassation, 14 mai 1810, 17 septembre 1816.

lorsqu'elle a pour cause évidente cette qualité d'enfant adultérin du donateur, est incontestablement contraire aux bonnes mœurs. Faire résulter de la prohibition portée dans l'art. 325 la capacité pour l'enfant de recevoir de ses parents, ce serait établir une contradiction manifeste dans l'esprit général du Code, qui apparaît par plusieurs dispositions; entr'autres, par l'art. 762, qui n'accorde que des aliments à l'enfant adultérin légalement reconnu (1).

Cette opinion, quelque morale qu'elle soit, ne peut point être adoptée dans l'état présent de nos lois. En vain veut-on chercher à concilier l'art. 340 avec l'art. 342 : l'art. 340 pose une règle générale, et l'art. 342 n'est qu'une application de l'art. 340, et une exception à l'art. 341, qui permet la recherche de la maternité. Donner quelque effet à la reconnaissance du père, serait contrevenir directement à la disposition formelle de l'art. 335, ce serait une véritable recherche de la paternité (2).

Cependant, s'il apparaissait, d'après les faits du procès, que la qualité d'enfant adultérin, donnée par le testateur au légataire, a été la seule cause déterminante de la libéralité, le legs pourrait être annulé pour fausse cause; car l'art. 335 annulant toute reconnaissance d'enfant adultérin, on en conclut que, par une présomption absolue, il n'y a point de filiation adultérine aux yeux de la loi, à moins qu'elle ne résulte de la force même des choses. Donc, dans le sens légal, la libéralité a eu une fausse cause, et ne peut avoir d'effet, aucune exception à ce principe ne se rencontre au titre des donations et testaments, et l'on ne peut appliquer ici les dispositions du droit romain, puisque dans les cas qui sont prévus par les textes mêmes du Digeste et du Code, il s'agit d'une

____

(1) Ces mots, *légalement reconnu*, s'appliquent à la reconnaissance qui provient d'un jugement.

(2) Cour de Paris, 13 août 1813. Cassation, 28 juin 1815; 1er avril 1818; 11 novembre 1819; 9 mars 1824.

qualité donnée au légataire et à l'héritier *demonstra-tionis causâ*, et qu'il ne faut pas étendre cette solu-tion, au cas où la qualité, donnée faussement à l'héritier, a été la cause évidente de la libéralité.

Il serait nécessaire, pour faire l'application des principes exposés, que la fausse qualité attribuée au légataire, se trouvât dans le testament lui-même; et en supposant cette circonstance, il serait encore difficile d'établir que la qualité d'enfant adultérin a été la seule cause de la donation (1). Pour éviter cette fluctuation dans la jurisprudence et toutes ces incertitudes, il faudrait déclarer, 1° que la recher-che de la paternité pourra avoir lieu contre les en-fants donataires, par les héritiers du défunt, et qu'il sera permis de leur opposer des actes privés émanés de leur père, et constatant la filiation naturelle; 2° que la reconnaissance d'un enfant adultérin ou incestueux, impuissante, pour lui concéder aucun droit, pourra lui être opposée.

§ 25. En un mot, il est moral d'empêcher que l'en-fant naturel puisse recevoir, par aucun moyen détour-né, au delà de ce qui lui est accordé au titre des successions irrégulières.

Ainsi, une loi interprétative devrait défendre for-mellement l'adoption d'un enfant naturel légalement reconnu, puisque l'adoption confère sur la succes-sion de l'adoptant, les droits d'enfant légitime.

Mais, dans le silence de la loi, cette adoption est-elle permise? Il n'y a pas de question qui ait été plus controversée entre les auteurs, et qui ait donné lieu à plus d'arrêts contradictoires.

---

(1) Le système que je préfère a été implicitement consacré par un arrêt de la Cour royale de Riom, du 6 août 1821. (Voyez *Grenier*, tom. I, pag. 312 et 313.) Voici un des considérants de l'arrêt : « Con-« sidérant qu'il est impossible d'assurer que la qualité d'enfants du dis-« posant que celui-ci a donné à ceux au profit desquels il a disposé, « ait été l'unique cause, la cause impulsive et finale des dispositions. » Si donc il eût été prouvé que cette qualité était la cause de la donation, peut-être la Cour l'aurait-elle annulée.

Contre l'adoption, on a allégué que l'art. 908 , en défendant aux enfants naturels de rien recevoir au-delà de ce qui leur est accordé par la loi, a implicitement prohibé l'adoption, dont l'effet direct serait de donner à l'enfant naturel les droits d'un enfant légitime , que l'incapacité qui frappe l'enfant naturel, résulte de la nature de l'adoption et des dispositions législatives , soit sur l'adoption, soit sur le mariage et la condition des enfants naturels. L'adoption est une fiction ; or, la fiction est-elle nécessaire là où se rencontre déjà la vérité ? L'ensemble de la loi prouve que le législateur n'a pas admis l'adoption d'un enfant naturel, l'enfant adoptif doit rapporter le consentement de ses père et mère naturels (art. 346), et ajouter à son nom celui de l'adoptant (art. 347), il reste dans sa famille naturelle (348). On voit par là qu'on n'a prévu que le cas d'adoption d'un étranger. La légitimation d'un enfant ne peut avoir lieu que par le mariage subséquent de ses père et mère, mais l'adoption serait une véritable légitimation quant à ses effets. Il y a une impossibilité radicale et substantielle qui n'est point écrite dans la loi , mais qui dérive de la nature des choses (1).

On répond que l'art. 908 défend bien de recevoir plus que la loi ne lui accorde, à l'enfant qui a la qualité de naturel, mais cet article ne dit pas que le vice de la naissance ne puisse pas être effacé par l'adoption , et alors, si l'enfant a les droits d'un enfant légitime , c'est que sa qualité a été changée, qu'il est devenu enfant adoptif. Si c'est de l'art. 908 seul que l'on tire le principal argument contre l'adoption, lorsque cet article ne sera pas applicable, l'adoption sera donc possible ? Ainsi , dans le cas où l'enfant naturel a droit à la totalité de la succession paternelle,

____

(1) Toullier, n. 988. Delvincourt, p. 99 , n. 1. Merlin , v° Adoption , § 3 et 4. Favard de Langlade, v° Adoption. Paris, 15 germinal an XII. Nîmes, 18 floréal et 3 prairial an XII. Besançon, 5 pluviôse an XIII. Pau , 1er mai 1826. Bourges, 22 mars 1830.

ou déciderait que l'adoption peut avoir lieu, car les motifs de la proscrire n'existent plus ; l'état civil de l'enfant dépendrait donc de l'existence ou de la non existence d'autres successibles. Enfin, appliquer l'art. 908 au titre de l'adoption, c'est confondre l'effet et la cause. L'adoption modifie l'état de la personne, et c'est au titre de l'adoption qu'il faut chercher les incapacités qui s'y rapportent (1). Quant aux art. 346, 347, 348, il est évident qu'on ne saurait en tirer parti contre l'adoption, ou autrement il faudrait décider que l'enfant, qui n'a ni père ni mère, ou qui porte déjà le nom de l'adoptant, ou celui dont la famille est inconnue ne peut être adopté. Quoi de plus absurde ! C'est précisément parce qu'un enfant est abandonné et sans famille, qu'il a le plus besoin qu'une fiction légale vienne au secours de la triste vérité. On ne peut donc rien dire de décisif contre l'adoption, et même suivant la discussion rapportée par M. Locré, la question a été résolue en faveur de l'adoption par le Conseil-d'Etat, qui a supprimé un article contraire proposé par la section de législation (2).

Aussi, un grand nombre d'auteurs ont soutenu cette dernière opinion (3), et la majorité des arrêts s'est prononcée en ce sens (4).

Et cependant, l'adoption d'un enfant naturel est contraire à l'intérêt des mœurs et de l'état, puisqu'elle crée une filiation légitime hors mariage. Nous croyons devoir rapporter ici l'opinion d'un célèbre jurisconsulte, M. Odillon-Barrot, ses pensées ont trop de relation avec les nôtres, pour que nous passions sous

(1) Voyez ces motifs longuement développés dans le *Traité de l'Adoption*, par M. Odillon-Barrot, *Encyclopédie du Droit*, tom. I, p. 267.

(2) Locré, *Législ. civ.*, tom. V, pag. 378 et suiv. Voyez aussi Fénet, *Trav. prép. du Code civil*, tom. I, pag. 319 et suiv.

(3) Proudhon, tom. I, p. 13*-139. Locré, lieu cité. Grenier, *Adopt.* n. 35. Durant, n. 293 tom. III.

(4) Bruxelles, 22 avril 1807. Paris, 9 novembre 1807. Rouen, 12 mai 1808. Grenoble, 10 mars 1825. Rennes, 14 février 1828. Poitiers, 17 mai 1828 et autres arrêts.

silence ce morceau remarquable. « Quant aux consi-
« dérations morales et sociales qui militent pour l'une
« et pour l'autre opinion, elles ne peuvent être mi-
« ses en balance. L'enfant n'est pas coupable sans
« doute, et l'équité pourrait paraître favorable à la
« réparation que le père naturel donnerait à celui
« qu'il a mis au monde, en l'élevant aux honneurs
« de la condition d'enfant légitime par l'adoption;
« mais cette équité toute individuelle peut-elle faire
« oublier les droits de la société; la véritable morale
« n'est-elle pas celle qui fortifie les lois de la société,
« et qui porte chaque membre de cette société à rem-
« plir ses devoirs et à fuir le désordre ? Or, ne
« serait-ce pas complétement désintéresser du ma-
« riage, que de fournir législativement un moyen aux
« célibataires d'avoir des enfants légitimes sans se
« marier? Alors que la tendance de nos mœurs nous
« pousse de plus en plus vers la vie industrielle et
« égoïste; lorsque les liens de famille, les devoirs
« du mariage s'énervent tous les jours, serait-ce une
« doctrine morale et sociale que celle qui offrirait
« un moyen si commode, si facile de réaliser tous les
« avantages qu'on recherche ordinairement dans le
« mariage, sans en subir les charges et les entraves.
« Une telle doctrine serait la prime la plus dange-
« reuse offerte au célibat et à tous les désordres qui
« souvent en dérivent. Il est bien vrai, que l'enfant
« naturel non reconnu, fût-il même adultérin,
« pourra être adopté; mais indépendamment de ce
« que le juge, dans son pouvoir discrétionnaire, a le
« droit de porter remède à ces abus, autre chose est
« une atteinte déguisée, incertaine aux lois du ma-
« riage, autre chose, une violation patente, ouverte
« et légalement autorisée de ces mêmes lois. » (1).
Pour faire cesser l'incertitude de la jurisprudence
et de l'interprétation doctrinale, une loi interpréta-

______

(1) *Encyclopédie du Droit*, pag. 269, v° *Adoption*, n. 42 et 43.

tive devrait être portée, qui déclarerait; 1° qu'un enfant naturel légalement reconnu, ne peut-être adopté; 2° qu'un enfant adultérin ou incestueux, reconnu par un acte que la loi annule (art. 331), ne pourrait pas cependant devenir fils adoptif de celui qui l'a reconnu; qu'à défaut de reconnaissance formelle, des actes privés émanés du père, suffiraient pour empêcher l'adoption.

§ 27. Enfin, ce serait une bonne loi que celle qui défendrait l'adoption à celui qui est resté célibataire.

Sous le point de vue de la transmission du nom, beaucoup de réformes seraient à faire. Il faudrait défendre à toutes personnes de faire un legs à tel individu, sous la condition que le légataire prendra désormais le nom du donateur, et ne point permettre à l'enfant légalement reconnu de porter le nom de son père ou de sa mère.

C'est avec bonne foi et conviction que nous appelons l'attention des législateurs sur les points que nous venons de discuter. Puissent les représentants de la nation comprendre les besoins de l'époque, et essayer de raffermir par de sages institutions les mœurs ébranlées. Puisse le monarque qui nous gouverne, joindre à son beau titre de roi constitutionnel, celui de réformateur des lois imparfaites et immorales; puisse-t-il ajouter à la gloire qu'il s'est acquise, celle d'avoir contribué au perfectionnement de ce magnifique édifice des lois, qui plus que tous les hauts faits d'armes de cette époque, redira à la postérité le règne de Napoléon-le-Grand.

ARTICLE 144.

L'homme, avant dix-huit ans révolus ; la femme, avant quinze ans révolus, ne peuvent contracter mariage.

COMMENTAIRE.

N° 1. *Définition du mariage.*
2. *Définition du mariage en droit romain. — Opinions diverses des jurisconsultes.*
3. *Justification de notre définition.*
4. *Le mariage en droit naturel.*
5. *Le mariage en droit civil.*
6. *Le mariage considéré comme sacrement.*
7. *La bénédiction nuptiale est-elle nécessaire pour qu'un mariage produise des effets civils ?*
8. *Sous nos anciens rois, le lien civil était confondu avec le lien religieux, ou plutôt il était absorbé par lui. — Capitulaires de Charlemagne.—Concile de Trente.—Ordonnance des états de Blois. — Les protestants et tous ceux qui ne suivaient pas le rit catholique, ne pouvaient pas contracter de mariage qui produisît des effets civils. (Édit de 1687).— La constitution de 1791 déclare qu'on ne considérera plus, à l'avenir, le mariage que comme contrat civil. Notre Code est rédigé dans le même esprit.—Conséquences.—Questions diverses.*
9. *Conditions requises pour la validité du mariage.*
10. *Empêchements dirimants et prohibitifs.—Absolus et relatifs, —Temporaires et perpétuels, —De droit naturel et de droit positif.*
11. *Qu'est-ce que la puberté ? Pourquoi l'exige-t-on ?*

✳

Nº 1. Le mariage peut être défini : l'union légitime et indissoluble de l'homme et de la femme, dans le double but de donner des enfants à la patrie, et de s'aider à supporter mutuellement le poids de la vie. Ces deux fins sont également principales et essentielles ; de telle sorte que l'officier de l'état-civil devrait, en vertu de l'art. 35 du Code, refuser l'insertion dans l'acte de mariage, de toute clause qui dispenserait les époux, soit de la cohabitation, soit des secours mutuels qu'ils se doivent.

Nº 2. Les lois romaines ont donné une définition du mariage, qui a fourni une ample matière aux controverses des jurisconsultes ; voici cette définition : *Nuptiæ sunt maris et fœminæ conjunctio individuam vitæ consuetudinem continens*; on s'est demandé ce que signifiait cette expression *individua*

Plusieurs jurisconsultes l'ont expliquée de la manière suivante : Lorsque les époux contractent leur union, lorsque, en présence de l'État et de la Religion, ils font la promesse de s'aimer et de s'aider dans leurs besoins réciproques, loin, bien loin d'eux la pensée de briser jamais les liens heureux qu'ils vont former, liens que viendra resserrer encore la naissance d'enfants chéris. Sans doute, en droit romain, le divorce était admis, mais comme un remède extrême, comme une dernière ressource contre l'éternité d'un joug devenu désormais odieux et insupportable ; et l'homme en pleine santé, songe-t-il déjà aux moyens de se guérir d'une maladie qu'il n'a point encore, et à laquelle il échappera peut-être. Enfin, un plus petit nombre de commentateurs des lois romaines, ont pris ce mot *individua*, dans son sens le plus naturel, comme exprimant l'indivisibilité de la condition sociale et religieuse des deux conjoints, ce qui d'ailleurs s'accorde avec le principe établi par la loi première, *au Digeste : De ritu nuptiarum : Uxor socia rerum humanarum et divinarum*. C'était la différence fondamentale, la ligne de démarcation profonde entre le concubinage et les justes noces.

N° 3. Quoiqu'il en soit, notre définition nous semble exacte.

Le mariage est une union légitime, c'est-à-dire qu'il ne peut y avoir mariage, aux yeux de la loi civile, que quand les formalités essentielles qu'elle prescrit, ont été accomplies. (Art. 144, 146, 147 et suivants.)

C'est une union indissoluble hors les cas prévus par la loi (227).

N° 4. En droit naturel, le mariage consiste dans le consentement réciproque des deux parties. Consommé par cette seule volonté, il pouvait se dissoudre par la volonté contraire : *Nihil tam naturale est quam eo genere quidque dissolvere, quo colligatum est.* Dans la pureté des mœurs primitives, cette facilité de dissoudre le mariage, ne devait pas entraîner de grands inconvénients.

N° 5. Mais quand les rapports entre les hommes furent plus compliqués, et qu'à raison même de ce rapprochement et de l'accroissement progressif de la population, les passions devinrent plus vives; ces mutations fréquentes durent établir une grande incertitude sur la paternité, et c'est pour la faire cesser que les législateurs créèrent le mariage civil qui, outre le consentement des parties exigé en droit naturel, demande beaucoup d'autres formalités nécessitées par le nouveau caractère de légalité et d'indissolubilité appliqué à l'union des sexes.

N° 6. Enfin, comme le mariage est de tous les actes de la vie le plus important, et celui qui influe le plus sur le bonheur, la Religion est intervenue, pour consacrer par l'autorité de sa sanction le lien des époux, et leur donner sur l'état nouveau dans lequel ils vont entrer, de salutaires conseils (1). Il y avait bien à Rome une autre raison qui rendait nécessaire l'intervention sacerdotale ; en se mariant, la femme changeait de famille, et par conséquent de dieux domestiques, la religion était donc ici partie intéressée, et les justes noces ne pouvaient se faire sans son concours.

N° 7. Ici se présente une question intéressante, quoiqu'elle ne souffre plus aucune difficulté dans l'état actuel de notre législation ; c'est celle de savoir si un mariage, pour avoir ses effets civils, doit être suivi de la bénédiction nuptiale.

N° 8. Selon les Capitulaires de Charlemagne et de ses successeurs (2), la célébration du mariage en face de l'église, était requise pour sa validité. Le concile

(1) Cette exhortation aux époux, dans la bouche du ministre des autels, ne se rencontre pas seulement dans les usages de la religion chrétienne, nous la retrouvons chez presque tous les peuples de l'antiquité.

(2) Capit. cxxx, liv. VI, capit. cdlxiii, liv. VI, capit. cdlxiii, liv. VII, capit. xli, id.

de Trente, adopta cette même décision en termes énergiques (1) et formels, et frappa de nullité tous les mariages contractés sans l'autorité de l'église et la présence du ministre compétent, c'est-à-dire du curé des parties ou d'un de ses délégués; c'était sans contredit outre-passer ses pouvoirs; la question de validité d'un mariage, quant à ses effets civils, appartient à la puissance séculière, et non point à la décision d'un concile, qui n'est juge compétent que de ce qui touche l'ordre religieux; aussi le concile de Trente ne fut-il point reçu en France, pas plus en ce qui a rapport à la nullité des mariages, qu'à beaucoup d'autres points pour lesquels ils s'écartait des règles généralement suivies; mais le roi Henri III, par l'art. 40 de son ordonnance de Blois, voulut que « ses subjects, de quelque estat, qualité et condi- « tion qu'ils soient, ne pûssent valablement con- « tracter mariage sans proclamations précédentes des « bans faits par trois jours de fêtes, avec intervalle « compétent......... Après lesquels bans seront es- « pousées publiquement. » Et par l'art. 44, il défendait aux notaires « sur peine de punition cor- « porelle, de passer ou recevoir aucunes promesses « de mariage par paroles de présent (2). » Enfin, des édits subséquents voulurent, sous peine de nullité, que le mariage fût célébré par le curé ou par son délégué. De tous ces édits et ordonnances, il résultait qu'un individu non catholique, et qui ne

---

(1) Session XXIV, *De reform. matrimonii, cuput. I. Qui aliter quam præsente parocho vel alio sacerdote de ipsius parochi, seu ordinarii licentiâ, et duobus vel tribus testibus matrimonium contrahere attentabunt: eos sancta synodus ad sic contrahendum omnino inhabiles reddit, et hujusmodi contractus irritos et nullos esse decernit, prout eos præsenti decreto irritos facit et annulat.*

(2) Par arrêt du 29 août 1687, il fut jugé qu'un mariage fait par paroles de présent, devant deux notaires, n'était pas valable sans la formalité de la célébration de l'église. Cependant, cet arrêt tout en ôtant à la femme et à l'enfant né du mariage, leurs qualités de veuve et fils légitime, leur accorde à chacun une pension de 200 livres. (Voyez le *Journal du Palais.*)

voulait pas faire bénir son union par l'Église, ne pouvait pas contracter un mariage qui produisît des effets civils. Cette conséquence inique, mais incontestable, fut réformée par l'édit de septembre 1787; mais le mariage entre catholiques, fut maintenu en la même forme, de sorte que pour ces derniers, la bénédiction nuptiale était exigée. Enfin, l'assemblée constituante proclama la liberté des cultes, et la constitution de 1791 sépara le contrat civil du contrat religieux; notre Code civil a été rédigé dans le même esprit, car nulle part, il n'est question de la nécessité du lien religieux, pour la validité du mariage. Les époux sont donc valablement unis, quoiqu'ils ne se soient pas présentés à l'église, ou dans les lieux consacrés à l'exercice de leur religion et, d'un autre côté, le mariage contracté seulement à l'église, ne produirait aucun effet civil. Il faut aussi décider que, par application de l'art. 214, le mari pourrait obliger sa femme à venir habiter avec lui, quand bien même la cérémonie religieuse n'aurait point encore eu lieu; car le mariage est parfait civilement, lorsque toutes les formalités requises par le Code ont été remplies. Bien plus, si la femme s'y refusait, on pourrait user pour l'y contraindre de la force publique. (Arrêt du 9 août 1826. *Chambre des requêtes, Dall.*, année 1826, 1re partie, page 447. Voyez cependant un arrêt contraire de la Cour de Colmar, 1833.) Supposons maintenant qu'un pasteur, sans se faire représenter l'acte civil du mariage, ait consenti à bénir l'union des époux, et que plus tard, l'un deux vienne, en apportant son contrat de mariage, demander que le pasteur l'unisse avec un autre que son premier conjoint; le pasteur pourra-t-il se refuser à donner la bénédiction nuptiale? Pour la négative, on peut dire 1° que, quoique le lien civil et le lien religieux, quant au mariage, soient essentiellement distincts, néanmoins, sous peine d'un désordre inévitable, les autorités civiles et ecclésiastiques doivent s'accorder ensemble et marcher toujours en pleine harmonie; 2° que le pasteur est obligé, avant de célébrer l'union, d'exiger la présentation du contrat civil, ou bien l'attestation de l'officier public (Art. 199 du Code pénal.); 3° Que si le défaut de représentation de l'acte précité n'était pas une cause de nullité, même pour l'ordre religieux, l'état des enfants serait divisé; légitimes aux yeux de la loi civile, ils seraient considérés comme adultérins par les lois de l'Église, et réciproquement. Malgré toutes ces raisons de douter, l'affirmative nous paraît incontestable; le mariage, en tant que sacrement, est tout-à-fait distinct du mariage en tant que contrat, et les nullités qui s'appliquent à l'ordre civil, ne peuvent pas être étendues à l'ordre religieux. Le défaut de représentation d'un acte de mariage ou d'une attestation de l'officier public, ne serait donc une nullité, par rapport à l'Église, qu'autant qu'une loi religieuse annulerait un mariage béni par le pasteur, sans qu'il eût acquis la certitude de la célébration préalable à la municipalité du lieu. Or, je ne pense pas qu'une telle loi existe (1). De ce que dans l'ancien droit, un mariage ne produisait des effets civils, que quand il avait été célébré selon le rit catholique, il suit que les empêchements civils à l'union conjugale étaient les mêmes que les empêchements religieux, et que, par exemple, le mariage entre consins germains, ne pouvait valoir même civilement que par l'obtention de dispenses délivrées par la Cour de Rome.

N° 9. 1° Le mariage est un contrat; il ne peut donc exister que par le consentement respectif des deux parties; et ici plus que jamais ce consentement est requis :

---

(1) L'art. 54 de la convention entre le gouvernement français et le pape est ainsi conçu : « Les curés ne donneront la bénédiction nuptiale « qu'à ceux qui justifieront, en bonne et due forme, avoir contracté « mariage devant l'officier de l'état-civil. » Mais la nullité du mariage contracté au mépris de cette prohibition n'est point prononcée.

car dans les autres contrats, il ne s'agit que de l'aliénation des biens, tandis que le mariage emporte l'aliénation de nos facultés naturelles, de notre personne.

2° La principale fin du mariage, est la procréation
des enfants; on ne peut donc le contracter, qu'autant
qu'on a la capacité nécessaire pour engendrer, c'est
ce qu'on appelle la puberté (144).

3° Des considérations d'ordre public et de bonnes
mœurs, ont fait prohiber le mariage entre les parents
et alliés jusqu'à un certain degré (161, 162, 163)
et entre certaines personnes unies par une parenté
purement fictive (348).

4° Si c'est une veuve qui veut se remarier, elle ne
peut le faire qu'après un délai fixé par la loi (228).

5° Le mariage est également défendu entre la
femme adultère et son complice (298) (1).

6° Le mort civil ne peut valablement contracter
mariage (25).

7° Le prêtre catholique ne peut non plus se marier;

8° Ni la personne engagée dans les liens d'un
précédent mariage encore subsistant.

9° Pour prévenir le mineur contre les séductions
qui l'entourent, et le protéger contre sa propre faiblesse, la loi veut que les parents, ou la famille, dans
certains cas, donnent leur approbation au mariage.

10° Il était dans l'intérêt de la société, que le mariage ne pût se faire que selon certaines formes
légales qui en assurassent l'authenticité; l'observation
des formes substantielles est une des conditions de
la validité du mariage.

11° Le ministre de la guerre, ou de la marine,
doit donner son consentement au mariage des officiers en activité de service, et le conseil d'administration de leurs corps, au mariage des sous-officiers
et des soldats.

---

(1) Quelques auteurs soutiennent que cet empêchement ne pouvait
avoir lieu qu'en cas de divorce. (Voyez notre Commentaire sur l'art. 298).

12º Le roi doit consentir au mariage des princes et des princesses de la famille royale.

Nº 10. Lorsque ces conditions ne se trouvent pas toutes accomplies, il y a empêchement au mariage.

1º Parmi ces empêchements, les uns en prohibent seulement la célébration, les autres l'annulent quand il a été contracté. Les premiers s'appellent prohibitifs, les seconds dirimants.

2º On peut encore les diviser en empêchements absolus et en empêchements relatifs. Les empêchements absolus sont ceux qui empêchent de contracter mariage avec quelque personne que ce soit, tel est le lien d'un premier mariage, le défaut d'âge compétent, la prohibition par crainte de confusion de part, la mort civile, l'engagement dans les ordres, le défaut de consentement des parents, pourvu qu'il ne soit pas refusé à l'occasion de la personne de l'autre époux. Les empêchements relatifs n'empêchent de contracter mariage qu'avec certaines personnes seulement ; tels sont : la consanguinité et l'alliance, l'adultère et le défaut de consentement des parents ou de la famille, fondé sur le mauvais choix d'un époux.

3º Les empêchements sont temporaires ou perpétuels.

Le défaut de puberté, l'empêchement résultant d'une viduité récente sont temporaires.

Sont perpétuels, les empêchements provenant de la parenté ou de l'alliance, du crime d'adultère, de la mort civile.

4º Les empêchements dérivent ou du droit naturel ou du droit positif.

Est de droit naturel, l'empêchement résultant du défaut de puberté.

Est de droit positif, l'empêchement qui provient de la mort civile.

Ces distinctions que nous venons d'établir ne sont pas purement théoriques, nous en tirerons, dans le courant de cet ouvrage, d'importantes conséquences.

N° 11. La puberté est la capacité de procréer des enfants.

Ce n'est pas seulement parce que l'impubère n'est pas capable de remplir la principale fin du mariage, qu'il ne peut le contracter, c'est aussi parce qu'avant l'âge de puberté, il n'est pas présumé avoir assez de raison pour donner un consentement valable. Le développement des facultés morales et intellectuelles suit ordinairement une progression parallèle à celui des facultés physiques ; sans doute il est de rares sujets, chez qui la raison devance l'âge, mais la loi doit être uniforme, elle ne peut prévoir les cas spéciaux, et ceux qui arrivent très rarement : *Ad ea quæ plerumque fiunt leges constituuntur.*

N° 12. La puberté est-elle une condition requise en droit naturel ? Avant de résoudre cette question, et beaucoup d'autres de même objet que nous agiterons sur la plupart des dispositions législatives que nous analyserons, il convient de déterminer une fois pour toutes, et le plus clairement possible, ce que nous entendons par droit naturel, et quelles sont les différences qui le séparent du droit positif.

Les lois naturelles se distinguent des lois positives, par leur caractère de nécessité, d'universalité et d'immutabilité. Elles sont nécessaires ; essayez, par exemple, de vous persuader que le meurtre n'est point un crime. Assassinez votre semblable, et puis restez sans remords, si vous le pouvez ; le tigre déchire sa proie et dort ; l'homme tue et veille-(1). Le tigre a obéi à son instinct carnassier, il n'a pas mal fait. L'homicide, au contraire, a transgressé le premier de ses devoirs, celui de respecter la vie de son semblable. Elles sont universelles, c'est-à-dire indépendantes des temps et des lieux. Chez tous les peuples il est criminel de faire à autrui ce qu'on ne veut pas qui vous soit fait. En vain opposerait-on l'exemple de

____

(1) Châteaubriand.

certaines peuplades de l'Afrique et de l'Amérique, qui regardent comme un bien de tuer des Européens; ce n'est pas que le meurtre soit, dans un sens absolu, légitimé à leurs yeux, c'est qu'ils ont, dès le principe, souffert des entreprises de nos voyageurs, et ils les tuent lorsqu'ils tombent en leur pouvoir, par une sorte de représaille. Les Hottentots eux-mêmes, si célèbres par leur férocité, ne s'égorgent pas entre eux; ils ne considèrent comme légitime que le massacre des étrangers, et cela par cette idée que ce sont des ennemis. Elles sont immuables; autrement il faudrait que la nature humaine changeât; car elles sont une conséquence immédiate et nécessaire de la constitution présente de l'homme. Si donc l'homme conserve toujours sa même nature, les principes constitutifs de son être persévéreront. Que des siècles passent, que des générations se succèdent; la conscience d'où découle la loi naturelle réitérera sans cesse les mêmes révélations, et l'homme sera toujours lié par ses ordres suprêmes. Les lois positives au contraire, devant être faites en considération du caractère et des mœurs du peuple qu'elles sont appelées à régir, varient nécessairement en raison des circonstances. Ainsi en Turquie, il naît beaucoup plus de filles que de garçons, le législateur permet la polygynie; en Europe, le nombre des filles est à peu près égal à celui des garçons, il y est défendu d'épouser plus d'une femme (1). Dans les pays chauds, l'usage même modéré des liqueurs fortes produit de funestes résultats; dans les pays froids, le même inconvénient n'existe pas. Aussi l'usage du vin et des liqueurs est-il proscrit par la religion mahométane, destinée à régir les habitants du Midi, tandis que la même défense n'a pas lieu pour nous qui habitons des climats tempérés. Quel est en résumé le critérium

(1) Ce ne sont pas là les seules raisons qui ont fait défendre la pluralité des femmes; il y a des motifs plus élevés d'ordre public qui ont conduit le législateur à l'interdire; nous en parlerons en son lieu et place.

infaillible et sûr, soit du droit naturel, soit du droit positif ? D'un côté, universalité, immutabilité ; de l'autre, variété, diversité infinie.

Appliquons ces principes à la solution de la question dont il s'agit ; en d'autres termes, voyons si la puberté a été de tout temps et partout requise comme une condition essentielle au mariage, ou bien si, nécessaire selon les lois d'un pays, elle était inutile selon les autres. Or, en parcourant les annales de tous les peuples, nous trouvons que chez tous, le mariage n'avait lieu qu'entre pubères, et qu'on me pardonne cette supposition : si un élément infranchissable nous isolait des autres contrées ; si un océan de feu s'opposait à nos relations internationales, *à priori* nous déciderions qu'il en doit être ainsi ; car en droit naturel, le mariage est l'union de la femme et de l'homme dans le but de procréer. Tout ce qui contrarie ce but est donc opposé au droit naturel ; or, tel est l'effet inévitable d'une union prématurée ; ou elle ne produit point d'enfants, ou ils viennent au monde débiles et infirmes. De plus, c'est un principe non pas primitif, mais déduit, principe naturel à l'homme, que pour être capable d'un engagement il faut pouvoir en remplir la fin. La puberté est donc une condition de droit naturel.

Nº 13. Le corps de l'homme est régi par des lois immuables, et si l'on supposait le même concours de circonstances extérieures, et aussi l'identité de constitution, le développement progressif des facultés physiques serait le même dans tous les individus. Mais il n'en est point ainsi ; la différence des climats et des habitudes morales, établit entre eux une distinction profonde. La loi qui fixe l'âge de puberté a donc dû varier, suivant les exigences des lieux et les mœurs de chaque peuple. On a dû permettre de bonne heure le mariage aux habitants des brûlantes contrées du Midi, tandis que l'époque en a été reculée pour les froids habitants des froides régions du Nord.

Chez les Athéniens, les hommes pouvaient se marier à quatorze ans, et les filles à douze ans; cette fixation de l'âge fut empruntée par les Romains, et passa dans leur législation. Enfin, le Code prussien défend aux hommes de se marier avant seize ans, et aux femmes avant quatorze, « En quoi, y est-il dit, « nous nous écartons des lois romaines par la raison « que ces lois ont été faites pour des climats plus « chauds, où les hommes parviennent plus tôt à l'âge « de puberté. » (1) L'assemblée constituante, par une loi du 20 septembre 1792, prit un parti moyen entre le Code de Frédéric et le droit romain, et décida que le mariage ne pouvait être contracté qu'à quinze ans pour les garçons, et à treize pour les filles.

Les rédacteurs de notre Code ont pensé que ce terme n'était point encore assez reculé; ils ont voulu que l'homme avant dix-huit ans révolus, et la femme avant quinze ans ne pussent contracter mariage.

Il y a donc deux choses bien distinctes dans cet article 144 que nous analysons : 1° le principe que, pour contracter mariage, il faut être pubère; 2° la fixation de l'âge de puberté. La première est de droit naturel et immuable; la seconde de droit positif et arbitraire.

N° 14. La loi sur la puberté, comme toutes les autres lois qui règlent la capacité des personnes, est un statut personnel. Voyons quelle conséquence en découle.

Les statuts personnels suivent la personne, même en pays étranger; ce principe est proclamé par l'article 3 du Code civil.

Quelle est la raison de cette loi? La voici.

L'état de l'homme est indivisible : il répugne au bon sens et à la raison, qu'il soit légitime dans un lieu et bâtard dans un autre, majeur et mineur, maître de

(1) Traduction de A. A. de C. conseiller du roi, 3 vol in-8, édit. de 1751, tom. I, p. 122, n. 3, tit. de mariage.

ses droits et interdit, capable et incapable à la fois. Il faut en conclure que la loi qui régit son état personnel, étend ses effets partout où il peut se trouver. Ainsi, un Français, accidentellement dans un pays où il est permis de tester et de se marier à quatorze ans, ne peut y faire ni l'un ni l'autre avant l'âge réglé par la loi française, par la raison que faisant partie du corps politique de France, il porte partout avec lui, la capacité ou l'incapacitée attachée à la qualité de Français.

D'un autre côté, un Français sera majeur à vingt-un ans, et pourra user des droits qui dérivent de la majorité, même dans un pays où elle ne serait acquise qu'à vingt-cinq ans; et pour faire l'application des principes que nous venons de poser à l'art. 144, nous dirons qu'un Français en pays étranger, ne pourrait se marier avant l'âge de dix-huit ans accomplis, quand bien même la loi du pays lui permettrait de se marier avant cet âge, et réciproquement qu'il pourrait contracter mariage à dix-huit ans, quoique la loi du pays exigeât un âge plus avancé.

D'après l'art. 3 du Code, nous appliquerons *a contrario* la loi personnelle étrangère, à l'étranger qui se trouve en France; c'est elle qui déterminera l'âge où il est majeur, où il peut se marier, etc., etc.

Ainsi, d'après la rigueur des principes, l'étranger peut se marier en France à l'âge où le mariage lui est permis d'après les lois de son pays; mais aussi ne peut-il se marier qu'à cet âge, quand bien même il ait déjà atteint le terme fixé pour la puberté par la loi française.

N° 15. Mais que faut-il décider par rapport à l'enfant né en France, d'un étranger, et qui est resté en France; aurait-il la faculté de se marier avant l'âge de dix-huit ans, si la loi du pays de son père le permet?

Pour l'affirmative, on peut s'appuyer sur l'art. 9 du Code, qui déclare étranger l'enfant né en France d'un étranger, et qui ne lui accorde la qualité de

Français, qu'après l'accomplissement de certaines formalités dans l'année de sa majorité, d'après la loi française. Si donc l'enfant né en France d'un étranger est étranger, comme il faut, pour tout ce qui concerne la capacité de la personne, appliquer les lois de son pays, il pourra se marier en France avant dix-huit ans, si les lois de son pays le lui permettent, et il ne pourra le faire qu'à l'âge exigé par ces mêmes lois.

Ces raisons ne nous paraissent pas très péremptoires. En effet, qu'on se reporte au numéro précédent, on y verra que ce qui fait varier les lois sur la puberté dans telle ou telle législation, c'est la différence dans le climat et dans les mœurs de chaque peuple. Ce n'est donc pas la naissance de droit, mais bien celle de fait, qu'il faut considérer pour la fixation de la puberté. L'enfant né en France d'un habitant de contrées méridionales, et qui est resté en France, acquerra le développement complet de ses facultés physiques, beaucoup plus tard que s'il fût né et qu'il eût vécu dans la patrie de son père. Les motifs que l'on pouvait faire valoir dans le second cas, ne peuvent plus être mis en avant dans le premier.

Ce dernier système, quoique spécieux, souffre encore de sérieuses difficultés : en effet, si au lieu d'être resté sur notre territoire, l'enfant, né en France accidentellement, a été ensuite élevé dans le pays de son père, il n'est pas douteux dans cette hypothèse, qu'on ne doive lui appliquer la loi de son pays pour la fixation de l'âge de puberté. Cela posé, supposons qu'il ait été laissé six ans en France, et qu'ensuite il ait vécu dans sa patrie jusqu'à douze ans ; devra-t-on lorsqu'il se présentera en France pour se marier, appliquer ou la loi française, ou la loi étrangère, pour savoir s'il est pubère ou impubère ? Sans doute il est né en France, et y a passé les premières années de sa vie ; mais transporté ensuite sous un ciel brûlant, il a dû acquérir un développement plus hâtif, que s'il avait toujours demeuré dans notre climat tempéré. On ne sait donc quelles limites certaines établir, et, en adoptant le second système, on tomberait dans un arbitraire absolu. Nous pensons donc que c'est uniquement à la qualité de la personne qu'il faut s'attacher, abstraction faite du lieu où elle est née et où elle réside.

N° 16. *Quid juris*, si l'étranger qui veut se marier, a été admis par autorisation du roi à établir son domicile en France? Nous pensons aussi qu'on devrait lui appliquer les statuts personnels de son pays. En vain prétendrait-on, qu'en demandant cette autorisation, l'étranger a promis implicitement d'obéir en tous points aux lois françaises; tant qu'il n'y a pas naturalisation, l'état de la personne demeure le même, et dans tout ce qui concerne la capacité personnelle de l'étranger, la loi étrangère est seule applicable.

N° 17. Voici un cas plus difficile.

Une étrangère s'est mariée à douze ans avec un Français pubère, elle l'a pu si les lois de son pays le lui permettaient; deux mois après elle devient veuve, et, à l'âge de treize ans, elle se présente pour contracter un nouveau mariage, le pourra-t-elle? Oui, dira-t-on, l'opinion contraire est une absurdité. Eh! quoi, cette femme a pu se marier en France à douze ans, et un an après avoir été jugée pubère, elle serait considérée comme impubère! il y a pour elle droit acquis.

Telle n'est pas notre opinion; il ne saurait y avoir de droit acquis en matière de lois personnelles; en se mariant à un Français, la femme étrangère a changé son état. Avant le mariage, la loi de France ne pouvait rien pour régler les capacités de sa personne; mais une fois que le mariage est consommé, l'étrangère devient Française, et par là même soumise aux lois françaises.

N° 18. Une jeune Française épouse un étranger à douze ans, au moyen d'une dispense d'âge; elle devient veuve peu de temps après son mariage. Pourra-t-elle se remarier avant quinze ans, sans obtenir de nouvelles dispenses, avec la permission des lois du pays de son premier mari. Nous n'ignorons pas toutes les raisons que l'on pourrait donner pour la négative; cependant pour ne pas tomber dans l'arbitraire, nous déciderons qu'elle le pourrait, et cela d'après la règle que nous avons posée plus haut, que c'est uniquement à la qualité de la personne qu'il faut s'attacher, pour la détermination de la puberté.

N° 19. Telle était, il y a peu de temps encore, l'état de la législation sur la capacité des étrangers pour contracter mariage; mais une circulaire du garde-des-sceaux, du 10 mai 1824, est venue le changer totalement. Suivant cette circulaire, les étrangers qui se marient en France, sont soumis, comme les Français, à la nécessité d'obtenir des dispenses d'âge, encore que la loi du pays auquel ils appartiennent permette le mariage à un âge moins avancé, ou n'impose pas l'obligation d'obtenir une dispense. Mais quel est l'effet de cette circulaire ministérielle? Il est bien certain d'abord qu'elle ne peut pas déroger à la loi qui établit, qu'en matière personnelle, il faut observer les statuts du pays de l'étranger. Voici quel est son effet. Tous les agents du ministère sont liés par les ordres qui en émanent; l'officier de l'état-civil devrait donc se refuser à marier l'étranger impubère, d'après les lois françaises. Sur son refus, l'étranger pourrait citer l'officier de l'état-civil, pour qu'il eût à célébrer le mariage, et les tribunaux devraient donner cette autorisation, en faisant une juste application des lois, car les circulaires ministérielles sont considérées comme de simples conseils et ne lient point les juges. (Arrêt de la Cour de cassation, 12 janvier 1816.)

N° 20 Faut-il appliquer à l'art. 144 le principe de la non-rétroactivité des lois? Toute loi innovative doit respecter les droits irrévocablement acquis : mais en matière personnelle, peut-il y avoir un droit acquis, c'est ce qu'on ne saurait soutenir. En effet, l'état civil des personnes étant subordonné à l'intérêt général, il appartient aux législateurs de le changer et de le modifier suivant les exigences de l'ordre social, et les avantages qui doivent en résulter pour le bien-être de l'État; aussi la personne peut, de capable qu'elle était de faire certains actes, devenir incapable, ou réciproquement. *Verbi gratiâ* avant la promulgation du Code, il était permis de se marier, aux femmes à douze ans, aux hommes à quinze. Le Code a reculé cet âge à quinze ans pour les femmes, et dix-huit ans pour les hommes. Le Français âgé de quinze ans, qui était capable de contracter mariage sous la loi ancienne, a donc été frappé d'incapacité, parce que les droits personnels ne sont pas irrévocablement acquis, et dépendent du caprice de la loi. Mais le Code n'a porté aucune atteinte au mariage légalement contracté par l'individu âgé de moins de dix-huit ans; c'est un acte accompli, parfait, irrévocable.

Autre exemple. Un Français âgé de dix-huit ans révolus, va contracter mariage en pays étranger. Intervient pendant son absence une loi qui ne déclare l'homme capable de se marier qu'à vingt ans accomplis; les juges, quelque persuadés qu'ils puissent être que la loi nouvelle n'est point parvenue à la connaissance du Français, doivent néanmoins prononcer la nullité du mariage, s'il a été contracté après que la loi nouvelle était devenue obligatoire, pour le lieu du domicile du Français. Cependant, ils pourront, suivant les circonstances, attribuer au mariage tous les effets civils, vu la bonne foi des époux (201).

Nº 21. Supposons que l'on porte une loi qui abaisse l'âge de puberté; un citoyen aura-t-il le droit après la sanction de la loi, mais avant qu'elle soit obligatoire au lieu de son domicile, de déclarer qu'il entend user de la faculté qu'elle lui accorde. Un arrêt de la Cour royale de Lyon (12 pluviôse an XI), a jugé l'affirmative, et nous pensons que cet arrêt est conforme aux vrais principes, si on l'applique à la question présente.

Pourquoi le législateur a-t-il établi un délai avant lequel la loi ne serait pas obligatoire? C'est afin que la loi parvînt à la connaissance de tous. Ce n'est pas qu'alors tout le monde la connaisse de fait; mais tous sont censés la connaître, c'est une présomption légale. Quand, au contraire, un citoyen vous dit : Je connais la loi qui vient d'être votée par les chambres et sanctionnée par le roi, et je déclare m'y soumettre; la connaissance qu'il en a est certaine; ne pas lui laisser la faculté d'obéir à cette loi, ce serait donner plus de poids à une présomption très souvent fausse qu'à la certitude absolue. Or, quoi de plus absurde (1) ?

N° 22. Cependant M. Merlin (2) professe une opinion contraire à la nôtre. Cette grave autorité n'a pas ébranlé notre conviction; notre devise sera toujours :

Nullius addictus jurare in verba magistri.

Le texte même de l'art. 1er du Code, se prête à l'interprétation que nous en donnons. Il n'y est pas dit: « Les lois ne seront exécutées qu'après le délai, » mais bien « seront exécutées. » Il nous paraît donc évident que l'intention du législateur a été que la loi, une fois sanctionnée, quoique non encore obligatoire, pût être exécutée par chaque citoyen, s'il déclarait en avoir connaissance : il ne serait point obligé de s'y conformer avant qu'elle devînt obligatoire, rien de plus certain. Mais, il n'est pas vrai de dire réciproquement qu'il ne puisse pas y obéir.

N° 23. Cependant faisons une distinction: si les parties qui contractent en vertu de la loi nouvelle, non encore obligatoire, font tort à des tiers, nous serions disposés à penser que ces actes seraient nuls. Le tiers lésé pourrait attaquer les contrats passés à la faveur de la

(1) Sont pour notre opinion M. Delvincourt (p. 14, notes et explications). Bernardi, *Cours de Droit civil*, tom. I, p. 24.
(2) *Répertoire de Jurisprudence*, au mot *loi*, § 5, n. 10. Un arrêt de la Cour de cassation a jugé dans le sens de Merlin (7 mars 1816).

loi qui n'était point encore obligatoire pour lui, et il devrait obtenir gain de cause.

Cette limitation que nous apportons à l'opinion exclusive de M. Delvincourt, rapproche beaucoup notre solution de celle de M. Merlin. En effet, dans le cas où raisonne cet auteur, il y a des tiers qui souffrent de l'exécution anticipée de la loi ; ce sont des héritiers à réserve, qui sont privés d'une partie de leurs droits sur la succession de leur parent. M. Delvincourt nous semble donc avoir trop exagéré et poussé trop loin son opinion, du reste conforme à l'esprit de la loi, en l'étendant même à ce cas.

Ainsi donc, le mariage contracté en vertu d'une loi nouvelle, non encore obligatoire, ne pourrait être attaqué que par ceux dont les droits seraient lésés, et il ne devrait avoir son effet, par rapport aux tiers, que du jour où la loi est devenue obligatoire pour l'impubère. Par exemple, deux jours avant que la loi fût obligatoire, le mariage a eu lieu, et le lendemain du mariage, des tiers sans en avoir connaissance, ont pris pour sûreté de leurs dettes, une hypothèque sur les biens du mari ; l'hypothèque légale de la femme ne datera que du jour où la loi qui abaisse l'âge de puberté, aura été obligatoire au domicile du conjoint impubère, et, par conséquent, l'hypothèque prise le lendemain du mariage, sera préférable à celle de la femme.

N° 24. Prenons une hypothèse inverse : une loi élève l'âge de puberté ; un citoyen se marie en vertu de la loi ancienne, tandis que d'après la présomption de l'article 1er, la loi est réputée connue à son domicile, pourrait-il prouver que, par un cas fortuit, un événement de force majeure, *le Bulletin des Lois* n'a pu parvenir v. g. ; que le courrier a été la victime d'un vol, et a perdu les dépêches, ou qu'une inondation a coupé les voies de communications ? En d'autres termes, la présomption de l'art. 1er est-elle du nombre de celles que quelques commentateurs du droit romain (1) ont appelé *juris et de jure*, par opposition aux présomptions *juris tantum*, et qui admettent la preuve contraire? La présomption de l'art. 1er est d'ordre public, et ne peut point souffrir d'exception, autrement l'arbitraire prendrait la place de la loi. Quand le législateur a voulu qu'une présomption légale cédât à la preuve contraire, il l'a déclaré expressément dans beaucoup de questions, qui, touchant moins à l'ordre public que celle-ci, présentaient bien moins de doute. Tels sont les raisonnements des jurisconsultes qui prétendent que la présomption de l'art. 1er est absolue; mais cette solution est-elle la véritable? Examinons.

Une présomption n'est absolue, qu'autant qu'elle rentre dans la classe de celles qu'indique l'art. 1352 du Code. Le législateur y a nettement expliqué, dans quels cas la présomption établie par la loi, excluerait la preuve du contraire; c'est 1° lorsque sur le fondement d'une présomption, la loi annule certains actes; 2° lorsque sur le même fondement, elle dénie l'action en justice (2). Or, la présomption que la loi est connue à telle époque, ne présente ni l'un ni l'autre de ces caractères (3). La preuve contraire doit donc être admise.

____

(1) *Alciat in commentario de verb. signif. in leg.* CCXII. *Estque illa præsumptio firmissima quam vulgo juris et de jure vocant. Menochius, lib. I, quest.* 3, § 18. *Ita declarat Baldus, et Baldum secutus est felicius et statutum venetum.*
(2) Toullier, tom. X, p. 61, n. 49.
(3) Toullier, ibid., p. 84, n. 61, tom. I, p. 73, n. 77.

ARTICLE 145.

Néanmoins, il est loisible au roi d'accorder des dispenses d'âge pour les motifs graves.

COMMENTAIRE.

Nº 25. *Estimation de la puberté avant Justinien....* — *Opinions diverses des jurisconsultes....* — *Droit canonique....* — *Discussion au conseil d'état....* — *Avis de quelques conseillers.* — *Justification de cet avis....* — *Incertitude du moment précis de la puberté de tel ou tel individu....* — *Raisons pour s'en rapporter à la sollicitude des parents.*

26. *L'article 145 du Code fit adopter l'art. 144, tel qu'il est maintenant.*

27. *Arrêté du 20 prairial an XII, réglant la forme de procéder pour obtenir des dispenses.*

28. *Quel est l'effet des dispenses d'âge.*

Nº 25. La nature ne donne que des indications vagues sur l'époque de la puberté. Lente chez les uns, elle est hâtive chez les autres, et cela dans des climats identiques. Aussi, Justinien nous apprend que dans la législation ancienne, la puberté s'estimait d'après l'inspection du corps. Voici ce passage remarquable :
« *Pubertatem autem veteres quidem non solum ex*
« *annis, sed etiam ex habitu corporis œstimari*
« *volebant. Nostra autem majestas dignum esse*
« *castitate nostrorum temporum bene putavit, quod*
« *in fæminis, etiam antiquis impudicum esse vi-*
« *sum, idest, inspectionem habitudinis corporis,*
« *hoc etiam in masculos extendere.* (1) » Selon quelques auteurs, l'usage dont parle Justinien était inconnu dans la pratique, il n'existait que dans les

______
(1) *Institut. Quibus modis tutela finitur* et loi finale au Code *quando tutor esse desinat.*

discussions des écoles (1). Selon d'autres, au contraire,
cet usage avait lieu non-seulement chez les Romains,
mais encore chez les Juifs, les Grecs, les Phéni-
ciens (2). Quoi qu'il en soit, des canonistes du moyen-
âge pensèrent que, pour juger de la validité du mariage, il fallait moins se tenir à l'âge fixé par la loi
positive qu'à l'estimation des facultés physiques et intellectuelles. Néanmoins, cette décision ne fut point
adoptée en France. Lors de la rédaction du Code,
plusieurs membres du Conseil d'état étaient d'avis, non
pas d'autoriser cette inspection essentiellement immorale, mais de s'en rapporter à la sollicitude des parents (3), et l'on peut encore justifier cette décision.
Sans doute, il faut tenir compte de la différence des
lieux; mais cette influence du climat sur le développement des facultés physiques, n'a-t-elle pas été un
peu exagérée ? Hippocrate qui s'étend beaucoup sur
la différence des climats d'Asie et d'Europe, n'en tire
pas les mêmes conséquences (4). Voici comment il
parle des Asiatiques : « Ils n'ont point les sens vive-
« ment affectés, et la constitution de leur corps n'est
« pas forte. » Cette opinion n'est peut-être pas dénuée
de fondement; le plus ou moins grand degré de développement des forces physiques dépend moins de
la nature du climat que de la constitution même de
l'individu; et telle personne qui, dans un pays chaud, a
peu ou point de désirs, en aurait de très vifs si elle
changeait de contrée, et passait sous une zône plus
froide. C'est aussi une observation dont la vérité est
incontestable; que la nature du climat, généralement
parlant, n'a pas la même influence sur les deux sexes.
Les climats chauds rendent les désirs de la femme
très hâtifs, et les climats froids ont un effet identique
sur les hommes; l'été est pour les femmes, l'hiver

(1) Heineccius, *Antiquités romaines*, lib. I, tit. XXII.
(2) Éverard-Otto, *Not. in institut.*
(3) Voyez les Procès-verbaux de la discussion au conseil d'état.
(4) *Traité des airs, des eaux et des lieux*, § 19, 20, 21 et 22.

pour les hommes la saison des plus violentes passions. La puberté est donc essentiellement variable; quoi de plus naturel alors que de s'en rapporter aux pères de famille? Peut-on supposer qu'ils veuillent ruiner la santé de leurs enfants par l'épuisement, résultat nécessaire d'un mariage trop précoce?

N° 26. L'art. 144 eut de nombreux opposants au Conseil d'état, et il est certain qu'il n'aurait point été rédigé tel qu'il est, si l'on n'eût pas accordé au roi le droit de donner des dispenses, pour des motifs graves, dont l'appréciation lui appartient.

N° 27. Un arrêté du 10 prairial an XI, a déterminé les formes et conditions exigées pour obtenir ces dispenses.

ART. 1er. Les dispenses pour se marier avant dix-huit ans révolus pour les hommes, et quinze ans révolus pour les femmes et celles pour se marier dans les degrés prohibés par le Code, seront déclarées par le roi sur le rapport du ministre de la justice.

ART. 2. Le procureur du roi près le Tribunal de première instance de l'arrondissement, dans lequel les impétrants se proposent de célébrer le mariage, lorsqu'il s'agira de dispenses dans les degrés prohibés, ou de l'arrondissement dans lequel l'impétrant a son domicile, lorsqu'il s'agira de dispenses d'âge, mettra son avis au pied de la pétition tendant à obtenir ces dispenses, et elle sera ensuite adressée au ministre de la justice.

ART. 3. Les dispenses de la seconde publication de bans, dont il est fait mention dans l'art. 169 du Code, seront accordées, s'il y a lieu, au nom du roi, par son procureur, près le Tribunal de première instance dans l'arrondissement duquel les impétrants se proposent de célébrer leur mariage, et il sera rendu compte par lui, au garde des sceaux, des causes graves qui auront donné lieu à chacune de ces dispenses.

ART. 4. La dispense d'une seconde publication de bans sera déposée au secrétariat de la commune où le mariage sera célébré. Le secrétaire en délivrera une expédition, dans laquelle il sera fait mention du dépôt, et qui demeurera annexée à l'acte de célébration du mariage.

ART. 5. L'arrêté du roi portant la dispense d'âge ou celle dans les degrés prohibés, sera à la diligence du procureur du roi, et en vertu de l'ordonnance du président, enregistré au greffe du Tribunal civil de l'arrondissement dans lequel le mariage sera célébré. Une expédition de cet arrêté, dans laquelle il sera fait mention de l'enregistrement, demeurera annexée à l'acte de célébration du mariage.

N° 28. L'obtention de dispenses rend l'impubère habile à contracter mariage, et par là même à tous les pactes matrimoniaux. Ainsi il pourrait faire des donations par contrat de mariage, avec l'assistance de ceux dont le consentement est requis pour la validité du mariage, (1095) et il ne serait pas restituable contre ces conventions (1309). *Habilis ad nuptias, habilis ad pacta nuptiarum.*

ARTICLE 146.

Il n'y a pas de mariage lorsqu'il n'y a point de consentement.

COMMENTAIRE.

❋

N° 29. Il n'y a point de mariage sans consentement, car le mariage est un contrat, et, de tous, le plus important, car c'est celui qui a le plus d'influence sur la destinée et le bonheur de l'individu ; c'est même ce consentement qui est la partie intégrante et essentielle du mariage, tellement que les jurisconsultes romains, non-seulement soutiennent que le défaut de consentement, annule le mariage, mais que le consentement constitue à lui seul le mariage. *Nuptias consensus non concubitus facit* (1). C'est pour cette raison, que, malgré l'absence de son conjoint, le futur épousait valablement (2), et le mari absent, décédé même avant tout rapprochement, toute cohabitation, devait être pleuré par sa femme survivante, et les pactes constitutifs de la dot avaient leur plein et entier effet (3). Il en est de même en droit français. Si un des époux mourait de suite après que le mariage a été consommé devant l'officier de l'état-civil, et avant de cohabiter avec l'autre époux, les conventions matrimoniales devraient être exécutées, et la femme ne pourrait se remarier qu'après dix mois révolus, depuis la mort de son mari, quoiqu'il n'y eût pas danger de confusion de part dans l'hypothèse présente. Cependant, nous pensons que l'empêchement serait purement prohibitif, et qu'il ne devrait pas faire annuler le mariage une fois contracté; pourvu qu'il fût certain que la cohabitation du premier époux avec sa femme a été impossible ; car alors cesse la maxime *is pater est quem nuptiœ demonstrant.*

Nº 3o. Pour la validité du mariage, comme pour celle de tout autre contrat, il ne suffit pas qu'il y ait eu consentement, il faut qu'il soit donné avec réflexion, et en connaissance de cause, librement, sans contrainte et sans surprise.

Nº 31. Le consentement peut être vicié de trois manières différentes. 1º Par l'erreur. 2º Par la violence 3º Par le dol (1109).

Nº 32. L'erreur est un vice radical, qui anéantit le

(1) *L.* 3o, *ff. De Regul. Jur.*
(2) *L.* 5, *ff. De rit. Nupt.*
(3) *L.* 6, *ff. eod. titul.* Coutume de Bretagne, art. 45o. Femme gagne son douaire encore que son mari n'ait point eu affaire avec elle.

consentement dans son principe même (1). *Non vi-
dentur qui errant consentire* (2). Cet axiome est
évident; mais son application présente quelqnes difficultés (3). Les docteurs distinguent l'erreur sur le
motif, sur la personne, sur la nature du contrat;
enfin, ils distinguent aussi l'erreur de droit et l'erreur
de fait.

N° 33. L'erreur sur le motif ou la fausseté du motif
déterminant, n'est une cause de nullité du mariage,
qu'autant qu'il est évident, que sans cette erreur,
l'époux trompé n'y eût pas consenti. Un prince donne
son consentement à son mariage, avec la fille aînée
d'un roi; on substitue la fille cadette, et le prince
l'épouse, croyant épouser l'aînée qu'il ne connaissait
pas; ici il y a erreur, non pas sur la personne, puisque le prince épouse la personne qu'il a devant les
yeux; mais sur la qualité accidentelle de la personne,
et cette erreur qui, en règle générale, ne suffit
pas pour annuler le mariage, doit le rendre nul dans
notre hypothèse, parce qu'elle porte sur le motif déter-
terminant du contrat. Le prince n'aurait pas contracté
mariage, s'il avait connu la vérité. *Alias contrac-
turus non fuisset* (4).

N° 34. L'erreur sur la personne physique est, sans
contredit, une cause de nullité du mariage, car ici,
plus que jamais, la considération de la personne est
le motif déterminant du contrat (1110). Je me
présente devant l'officier de l'état-civil pour me marier avec Amélie, et c'est Jeanne qui, sous prétexte
de maladie, vient à la mairie un long voile sur son
visage, le mariage est nul; car j'ai entendu épouser
Amélie, et non pas Jeanne. La même décision a lieu
en droit romain. Le droit canonique l'a aussi consacrée:
Hoc impedimentum occurrit, quando quis intendit

---

(1) Toullier, tom. VI, pag. 42.
(2) L. 116, § 2, *ff. De Regulis juris.*
(3) Grotius, lib. II, cap. XI, § 6.
(4) *Rituel de Soissons.*

contrahere cum unâ personâ et loco illius suppo-
nitur alia. v. g. Intendit contrahere cum Annâ
et loco Annæ supponitur ei Paula cum quâ contra-
hit (1), et ailleurs : *Error personæ irritum facit ma-*
trimonium pariterque jure canonico et civili (2).

N° 35. *Quid juris* , s'il était prouvé que lorsque j'ai
épousé Jeanne , que je prenais pour Amélie , j'étais
dans la disposition d'épouser Jeanne , si j'eusse pensé
que c'était elle qu'on me donnait pour femme ? v. g.
Si l'individu qui se marie , le fait par nécessité et
sans tenir à telle ou telle femme , pourvu qu'il en
épouse une ; si, je suppose, il veut être exempté par-
là , de servir dans les armées , ou bien s'il faut qu'il
se marie pour recueillir une succession, pour être légataire (3)? Pothier décide , même en ce cas (4),
que le mariage est nul par défaut de consentement:
car pour former le consentement , il ne suffit pas
que j'eusse voulu me marier avec Jeanne ; il faut
qu'à l'instant même , où le mariage a été contracté,
je l'aie effectivement voulu. Or, c'est ce qu'on ne peut
pas dire , c'est Amélie que j'ai cru , et que j'ai voulu
épouser.

N° 36. Mais si après avoir reconnu l'erreur, j'ai rati-
fié mon mariage avec Jeanne , je ne puis plus l'attaquer; c'est ce que nous verrons plus tard dans notre
commentaire sur l'art. 181.

N° 37. Au reste, l'erreur sur la personne physique
est presque impossible ; et je ne sache pas qu'il s'en
soit présenté aucun exemple , si ce n'est celui du
mariage de Jacob avec Lia. Mais une question qui
n'est pas purement doctrinale , et qui des bancs de
l'école ou des commentaires des docteurs, peut bien
passer sur la scène du monde, c'est celle de savoir si

(1) *Rituel de Paris.*
(2) *Rituel de Séez.*
(3) Pendant longtemps, à Rome, les personnes mariées purent seules
recueillir des legs.
(4) Contrat de mariage ; n. 308.

l'erreur sur les qualités de la personne, serait une cause de nullité du mariage.

N° 38. Ces qualités de la personne, sont la condition sociale, les mœurs, la fortune, la patrie, l'état-civil, le nom, la famille.

N° 39. A Rome, lorsqu'il y avait deux peuples dans le même peuple, et que les plébéiens étaient considérés comme une race à part, marquée, dès sa naissance, d'un sceau de dépendance et de sujétion, l'ignorance de la condition sociale était une cause de nullité du mariage, quand bien même il eût été revêtu des formes solennelles de la confarréation (1). Si un patricien épousait une plébéienne, la croyant de race patricienne, il pouvait demander la nullité du mariage. L'on conçoit tous les abus qui résultaient de cette loi. Un patricien épris d'une plébéienne, consentait au mariage pour venir à la fin de ses désirs, et triompher de la résistance de sa victime, puis quand ses sens étaient satisfaits, quand au premier délire de la possession succédait la monotonie et le dégoût, il faisait annuler son mariage, sous prétexte d'erreur, et abandonnait cette femme trop confiante, après l'avoir déshonorée. De même, une patricienne, dont un homme du peuple avait su toucher le cœur, contractait mariage avec lui, pour couvrir du voile sacré d'une union légitime, la honte de sa passion et de ses désordres. Ces abus ne sont pas particuliers à la législation romaine, ils sont de tous les temps, de toutes les mœurs; c'est donc sagement que nos lois ont voulu que le mariage demeurât hors d'atteinte, quoiqu'on eût épousé une roturière, la croyant noble, ou un homme du peuple, le croyant d'un rang distingué.

N° 40. *Quid juris*, si l'on se mariait avec une personne pauvre, la croyant riche, dans le but de se sauver d'une ruine presque inévitable, et de refaire

______

(1) *Sigonius*, *De antiq. jur. Heineccius, antiq. Rom.*

sa fortune ? La solution précédente doit être appliquée à cette question ; il ne faut pas qu'un riche puisse tromper une fille pauvre en se mariant avec elle , et en venant ensuite , sous prétexte d'erreur sur la fortune de sa femme, réclamer la nullité du mariage. Dans les contrats ordinaires , il y a moins d'inconvénients à revenir sur ce qui est fait. Il est facile, le plus souvent, de remettre les choses dans le même état ; mais cela est impossible dans le mariage qui est un contrat à part, un contrat *sui generis*, et qui a des différences si marquées avec toutes les autres conventions.

N° 41. *Quid*, si l'on épouse une femme de mauvaises mœurs, que l'on regardait comme vertueuse ? v. g. Un homme grave et d'une conduite irréprochable, se marie avec une femme qui a longtemps fait le métier de prostituée, et qui a colporté son amour au coin des places et des rues. Il reconnaît son erreur; peut-il faire annuler son mariage? Non, car il y a encore ici les mêmes abus à craindre que ceux que nous avons signalés plus haut. Un mari pourrait amener de faux témoins devant la justice , pour déposer de faits imaginaires qui attaquent la vertu de sa femme, et, par ce moyen, obtenir la rupture d'un lien qui pèse déjà à son inconstance.

N° 42. Nous lisons dans plusieurs relations de voyages (1) , que chez certaines peuplades, le mari pouvait, dans les huit jours qui suivaient le mariage , renvoyer sa femme de chez lui , s'il s'apercevait qu'elle n'était pas vierge. Cet usage est absurde et contraire à la raison. Quelle imprudence de laisser le mari juge de la validité du mariage ; et serait-il de bonne foi, à

---

(1) Nous avons peu de confiance en général dans les récits des voyageurs et dans les descriptions des mœurs des peuples ; nous ne les rapporterons jamais que d'une manière dubitative. Tous les voyageurs, même de bonne foi, seront exposés à une erreur presque inévitable et qui consiste à généraliser l'exception et à juger des mœurs de tout un peuple par des mœurs particulières. (Voyez Linguet, *Théorie des Lois civiles*, tom. I, pag. 400, 401 et suiv.)

92

quels signes certains reconnaîtra-t-il la vérité ? Mais
supposons qu'un homme ait par bizarrerie d'esprit,
une antipathie profonde, envers tout ce qui porte le
nom de veuve. Une femme désirant l'épouser, et
connaissant son caprice, se fait passer pour fille ; le mariage, peut-il être annulé ? il est évident que le mariage est valable ; cette hypothèse souffre encore moins
de difficultés que les précédentes.

N° 43. Les lois romaines et canoniques, annulaient le
mariage d'une personne libre avec un esclave ; les lois
romaines les annulaient, par ce principe que les
esclaves ne sont pas capables de faire un contrat
du droit civil ; les lois canoniques, parce qu'il y
avait erreur suffisante pour vicier le consentement (1);
mais si la personne libre épousait sciémment l'esclave, elle ne pouvait plus ensuite demander la
nullité du mariage (2). Ces questions ne sont plus
pour nous d'aucune utilité, car la loi de France,
n'admet point l'esclavage ; et si un esclave vient sur
notre territoire, il est par là même affranchi, et n'est
plus attaché à son maître, que par les simples liens
de la domesticité qu'il peut rompre quand bon lui
semble.

N° 44. L'erreur sur la qualité d'étranger, n'est pas suffisante pour que le mariage soit déclaré nul, surtout
dans la législation actuelle, où les étrangers jouissent,
à peu de chose près, des mêmes droits civils que les
Français (3).

N° 45. *Quid juris*, s'il y a erreur sur la famille de l'un
des époux ? Par exemple, Marie a toujours passé pour

______

(1) *Vid. Conc. Vermer.* (Conc. labb. tom. VI, pag. 1657) et *Conc.
Compend.*, pag. 1695. *Si francus homo accepit mulierem et sperat
quod ingenuasit et postea invenit quod non est ingenua dimittat eam
si vult, et accipiat aliam. Similiter si fœmina ingenua accepit ser-
vum et sciebat tum quod servus erat, habeat interim quo vivit.*

(2) *Si quis liber ancillam acceperit in matrimonium, non habet licentiam dimittere eam si prius consensu amborum conjuncti sunt.
Capit. lib. sextus coll. Anseg § 95.*

(3) Loi du 14 juillet 1819.

la fille légitime d'un citoyen riche et considéré ; je
l'épouse ; après le mariage , une action en supposition
de part, vient lui enlever son nom et sa famille ;
nous ne pensons pas que le mariage soit nul. Il n'y
a pas ici erreur sur la personne , mais sur ses qualités accessoires. « Comment admettre , disait le pre-
« mier consul, au conseil d'état, que les qualités civiles
« aient une influence déterminante sur un acte aussi
« important que le mariage ! C'est par le caractère,
« c'est par la figure que des époux se conviennent ,
« s'attachent, se choisissent , et le législateur ne peut
« pas supposer, qu'ils ne se connaissent pas sous ce rap-
« port, et qu'un engagement aussi sérieux que le ma-
« riage en soi indissoluble , soit jamais contracté avec
« une telle légèreté, que les époux n'aient pas pris le
« temps de se connaître. Que sont, auprès des qualités
« naturelles, les qualités purement civiles ! Elles de-
« vaient sans doute être d'un grand poids , lorsqu'il
« existait des distinctions de caste ; alors le système
« existant devait les faire influer sur la validité du ma-
« riage ; mais aujourd'hui qu'on ne considère plus
« l'homme qu'en soi et tel qu'il est dans la nature , il
« serait barbare de détruire , après six mois, un ma-
« riage où chacun des époux a connu parfaitement l'in-
« dividu auquel il a voulu s'unir. Quoi ! Un mari aura
« consenti à épouser l'individu qu'on aura fait paraître
« devant lui ; il lui aura promis protection et attache-
« ment ; l'échange des ames se sera opérée entre eux,
« et six mois après , il serait admis à dire que ce n'est
« pas là la personne qu'il a choisie, parce qu'elle porte
« un nom différent de celui sous lequel il l'a connue ;
« la loi serait immorale , si elle abandonnait une
« épouse qui partageait l'erreur de son époux (1). »
N° 46. *Quid* de l'erreur sur les qualités physiques nécessaires pour accomplir le but du mariage ? Dans l'an-

(1) Locré , édit. de 1827, tom. III, pag. 439, 440, 441.

cienne jurisprudence française (1), conforme sur ce point aux lois canoniques (2), l'impuissance soit dans l'homme, soit dans la femme, était non-seulement un empêchement au mariage, mais encore une cause de nullité. Les mêmes règles sont-elles applicables sous notre Code, et le mariage devrait-il être annulé pour cause d'impuissance naturelle de la part de l'un des époux ?

N° 47. La fin principale du mariage, celle qui tient essentiellement à l'ordre public et à la prospérité de l'état, c'est la procréation des enfants. Si l'on n'admet pas l'impuissance comme cause suffisante pour dissoudre le mariage, le conjoint de l'impuissant, qui, s'il avait contracté une autre union, eût pu payer son tribut à la société, et donner au pays des défenseurs et des soutiens, voit ses efforts paralysés, peut-être pendant toute la durée de sa vie, et, à moins qu'on ne suppose le crime, il est inutile à ses concitoyens sous le rapport de la propagation de l'espèce. Il est vrai que la loi garde le silence à cet égard, et ne met point expressément l'impuissance naturelle au rang des causes de nullité de mariage. Mais cette nullité résulte des principes généraux consacrés au Code, au titre des obligations. La capacité d'accomplir le but du mariage est dans la personne, une qualité substantielle; donc, l'erreur sur cette qualité emporte nullité dans le contrat (1110). D'ailleurs, le mariage est un contrat synallagmatique, et si l'une des parties ne peut pas remplir ses obligations, il faut appliquer l'art. 1184, d'après lequel dans toute convention synallagmatique, la condition résolutoire est sous-entendue pour le cas où l'une des parties ne satisfait point à ses engagements.

N° 48. Malgré toutes ces raisons de douter, il nous paraît évident, qu'en ne pas rappelant cette cause de

---

(1) Chap. LV, liv. VI, collection d'Ansegise
(2) Voyez le 17ᵉ canon du concile de Verberie, le 17ᵉ canon du concile de Compiègne.

nullité si célèbre en droit ancien et si féconde en procès, nos législateurs ont voulu bannir de nos usages ces débats scandaleux, ces inquisitions impudiques qui ne s'arrêtaient pas même devant un cadavre (1), et dont souvent des faits positifs et inattaquables venaient démentir le résultat. Sans doute, l'intérêt de la société souffrira de l'existence de ces mariages, où l'un des contractants ne peut en remplir la fin; mais aussi, la morale publique y gagnera, et cette considération a dû prévaloir (2).

N° 49. Devrait-on appliquer la même décision au cas du mariage contracté par un impuissant accidentellement, v. g. par un eunuque ? Nous pensons que le mariage pourrait être annulé ; il n'y a plus ici les mêmes raisons à faire valoir que dans le cas d'impuissance naturelle. L'impuissance accidentelle est manifeste, facile à constater, et ne peut donner lieu à aucune erreur. Nous voyons d'ailleurs qu'il y a des cas où cette impuissance accidentelle a quelque poids dans la balance de la justice. (Art. 312.) L'esprit du Code n'est donc pas de proscrire les recherches sur l'impuissance accidentelle, comme celles de l'impuissance naturelle ; et dès que nulle considération morale ni légale ne s'y oppose, il faut appliquer à notre hypothèse les art. 1110 et 1184 que nous citions tout-à-l'heure, et dont des motifs d'ordre et de bienséance empêchaient de faire l'application à la question précédente (3).

N° 50. Si (ce qui ne se présentera sans doute jamais), l'impuissance accidentelle venait de la femme, notre

(1) Affaire de la comtesse de Coursan. (Voyez *Journ. du Pal.*, Voyez aussi Fevret, *De l'Abus*, liv. V, chap. IV, 530, 532 et suiv.)

(2) Nous avons contre notre opinion, M. Merlin. *Répert. Impuissance*, n. 2, et Arrêt de la Cour d'appel de Trèves du 27 janvier 1808 ; et pour nous, M. Toullier, n. 525, tom. I, pag. 442 et suivantes. M. Duranton, n. 67, un Arrêt de la Cour de Gênes du 7 mars 1811, et un Arrêt tout récent de la Cour de Riom du 30 janvier 1828.

(3) Notre opinion est conforme à celle de M. Toullier, n. 526, tom. I, pag. 444.

solution varierait, et nous validerions le mariage, car cette impuissance n'est point aussi manifeste, aussi facile à vérifier que celle de l'homme.

N° 51. L'eunuque, au lieu de cacher son état à celle qu'il doit épouser, lui en fait l'aveu, et celle-ci persiste à vouloir se marier avec lui; le mariage peut-il être annulé? En vertu de quel principe le serait-il? En vertu de l'art. 1110; mais il n'y a pas erreur, puisque la femme connaissait, avant le mariage, l'état de son futur époux; en vertu de l'art. 1184, mais dans la pensée des époux, il n'y avait d'autre engagement que celui de se secourir mutuellement, de s'aider dans les besoins et dans les peines de la vie.

N° 52. Ajoutons à cela, que l'impuissance accidentelle survenant après la célébration du mariage, ne saurait en aucun cas l'annuler.

N° 53. L'erreur sur l'état de la personne v. g., sur la mort civile de l'un des époux, annule le mariage ou plutôt la nullité dérive de cet autre principe, que le mort civil n'est pas capable d'un contrat de droit civil qui produise quelque effet.

N° 54. Une femme catholique épouse de bonne foi un ci-devant moine profès; peut-elle faire déclarer son mariage nul? Un arrêt de la cour de Colmar, à la date du 6 décembre 1811, a jugé l'affirmative, et M. Toullier s'est déclaré dans le sens de cet arrêt. Mais il nous répugne d'adopter cette solution, l'erreur ne portant pas sur une qualité substantielle.

N° 55. Que décider par rapport au mariage contracté par erreur avec un forçat libéré? Nous ne voyons pas non plus, dans ce cas, comment on pourrait en demander la nullité (1); l'art. 232 n'est pas applicable à cette question, il ne se rapporte qu'à la séparation de corps, et non point à la nullité du mariage.

(1) Duranton, n. 62. Cet auteur, ce nous semble, fait une fausse application de l'art. 232.

Nº 56. L'ignorance de l'état de santé de l'un des époux, n'est pas une cause de nullité, car nulle part elle n'est écrite dans la loi. Ainsi, le mal vénérien, l'épilepsie, ne donnent point le droit à l'époux trompé de réclamer contre la validité du mariage.

Nº 57. S'il y avait erreur dans la nature du contrat, pourrait-on attaquer le mariage? Un étranger veut adopter Titia, il se présente avec elle devant l'officier de l'état-civil, et dans son ignorance de notre langue et de notre législation, il croit procéder à une adoption, tandis qu'il s'agit en réalité d'un contrat de mariage : le mariage est nul; car l'étranger n'y consent point.

Nº 58. L'erreur de droit n'annule point le mariage : L'art. 900 du Code civil, déclare que dans tout testament ou donation, les conditions contraires aux bonnes mœurs sont réputées non écrites. Cela bien établi, supposons qu'un oncle ait légué tous ses biens à son neveu, sous la condition expresse qu'il épouserait Mævia. Le neveu croyant que s'il ne se marie pas avec la personne désignée, il sera déchu de la succession, consent au mariage; sera-t-il recevable à en demander la nullité, sous le prétexte que sa liberté a été gênée, qu'il n'y a pas eu consentement; parce qu'il ignorait que l'art. 900, en réputant non écrites toutes les conditions immorales, lui donnait le droit de se marier avec qui il voudrait sans perdre, pour cela, la succession ? Non, il ne le pourra pas, car il a peut-être contracté mariage avec Mævia, parce qu'il a reconnu la sagesse des vues de son oncle, et non point par erreur de droit, et dans l'incertitude, on présumera plutôt la liberté de consentement que l'ignorance de la loi qui est une chose honteuse. Or, il lui serait de toute impossibilité de prouver qu'il n'a contracté mariage que par erreur de droit. C'est le cas d'ailleurs d'appliquer la maxime ; *Turpe est ignorare leges et præsertim quæ ad statum hominis pertinent.*

N° 59. La violence annule le consentement et, par conséquent, le mariage contracté sous son influence.

N° 60. La violence physique a lieu lorsqu'un individu enlève de force une personne dans le dessein de l'épouser, ou, lorsque les parents, par des voies de fait, contraignent leur enfant à consentir à un mariage qui lui est odieux. Pour que la violence soit physique, il faut que, même devant l'officier de l'état-civil, il y ait eu lieu à des voies de fait; sans cela, ce ne serait plus qu'une violence morale, résultat de mauvais traitements antérieurs.

N° 61. Le rapt de violence était, en droit romain, puni de mort, et le mariage perpétuellement interdit entre le ravisseur et la personne ravie (1). *Nec sit facultas raptæ virgini, vel viduæ, vel cuilibet mulieri, raptorem suum sibi maritum exposcere... quoniam nullo modo, nulloque tempore datur a nostra serenitate licentia eis consentire, qui hostili more in nostra republica matrimonia student sibi conjungere.* Les Capitulaires de Charlemagne adoptèrent sur ce point la législation romaine, et le ravisseur ne pouvait épouser celle qu'il avait enlevée, quand bien même celle-ci, postérieurement, eût donné au mariage un libre consentement (2). Le droit canonique, après avoir d'abord consacré les mêmes règles que Justinien et Charlemagne, s'en est écarté ensuite, et l'on permit le mariage avec le ravisseur; mais pour que le consentement de la personne ravie fût dégagé de toute contrainte, il fallait qu'avant le mariage elle fût séparée du ravisseur et placée en lieu sûr (3). Les ordonnances subséquentes de 1579 et 1629, maintinrent la prohibition, et voulurent,

---

(1) Loi unique au Code, liv. IX, tit. XIII. *Raptores virginum honestarum, pessima criminum peccantes, capitis supplicio plectendos decernimus.*

(2) *Lib. sextus*, n. 60; *septimus*, n. 395, Collection d'Ansegise.

(3) *Concilii tridentini sessio XXIV in decreto de reformatione matrimonii, cap. VI, anno* 1563.

comme sous l'empire du droit romain , que les ravisseurs fussent punis de mort (1). Enfin, la déclaration de 1639, art. 3 , adopte l'opinion du concile
de Trente, avec cette restriction importante , que la
personne ravie , qui, après avoir été mise hors de la
puissance du ravisseur, consentira à l'épouser, est,
avec les enfants qui naîtront du mariage, indigne et
incapable de légitime et de toutes successions soit
directes, soit collatérales. Quelques coutumes con-
damnaient aussi le ravisseur à mort (2). La législation ancienne sur ce sujet, a été abrogée par le
Code civil, qui ne voit plus dans le rapt , qu'une
nullité relative, qui peut être couverte par la ratification postérieure de l'époux violenté , et que l'époux
seul, qui a souffert de la violence , peut proposer.
(Art. 180.) La peine du ravisseur , a été aussi singulièrement mitigée par nos lois pénales. Tandis que
les ordonnances et coutumes anciennes ne distin-
guaient pas, du moins pour la plupart, le cas où
le rapt avait été commis dans l'intention de se marier avec celle qu'on enlèvait , de celui où le rapt a
lieu dans des intentions coupables , le Code pénal
de février 1810, ne prononce aucune peine contre le
rapt commis dans le but d'épouser la personne ravie,
et ne donne qu'à l'époux enlevé le droit d'attaquer le
ravisseur, après avoir fait prononcer la nullité du mariage (3). Sans doute, la peine de mort prononcée
contre les ravisseurs était trop sévère, mais n'est-on pas
tombé dans un autre excès, en réduisant à la simple
réclusion, et en annulant dans certains cas la cul-
pabilité du ravisseur; et cependant le rapt entache
l'honneur des familles et compromet gravement
l'ordre public , dont le maintien fut toujours attaché à celui de la tranquillité des particuliers. Un

(1) Art. 42 de l'ordonnance, de Blois , et art. 169 de celle de
Louis XIII.
(2) Art. 623 de la nouvelle Coutume de Bretagne, 579 de l'ancienne.
(3) Art. 357 du Code pénal.

individu pauvre, sans famille et sans nom, enlève une riche héritière, sur le mariage de laquelle ses parents fondaient de grandes espérances; et malgré l'intervention de la justice et la condamnation du ravisseur, une honte ineffaçable marque le front de la jeune fille, et le monde qui juge toujours du mauvais côté, qui s'arroge le droit de sonder les cœurs pour y trouver quelque souillure cachée, afin de repaître son oisive curiosité, le monde dont la malice est la règle, l'injustice la vertu, inventera contre elle d'odieuses calomnies. Son avenir est brisé, et en même temps celui de toute la famille. Peut-être, dans ces funestes prévisions, les parents consentiront-ils à l'union du ravisseur avec leur fille; et alors, un aventurier aura obtenu la faveur d'une riche alliance, au moyen d'une conduite coupable; cette perspective n'est point assez contre-balancée par la peine légère qui atteint le ravisseur. Un homme jouera facilement sa fortune contre un emprisonnement de quelques années et foulera aux pieds, sans scrupule, des lois qui, le plus souvent, lui assureront l'impunité.

N° 62. Nos anciennes ordonnances et coutumes admettaient une autre espèce de rapt, qui consistait dans les manœuvres et les artifices qu'emploie un individu de l'un ou de l'autre sexe, pour faire consentir à un mariage disproportionné selon le rang et la fortune, un mineur ou une mineure de famille riche et distinguée. Ce genre de rapt, s'appelait rapt de séduction, par opposition au premier. Il formait aussi un empêchement dirimant au mariage, et le ravisseur était puni de mort selon la déclaration du 22 septembre 1730, qui fut faite pour remédier à un abus introduit dans la Bretagne, abus qui consistait à permettre à toute fille de mœurs honnêtes de dénoncer son amant, et de le forcer au mariage. Par l'art. 2 de cette déclaration, le mariage fut défendu entre le ravisseur et la victime de la séduction, quand bien même celle-ci et ses parents y consentiraient : cette disposition exorbitante avait pour objet d'abroger l'usage qui avait alors prévalu d'exempter le ravisseur de la peine prononcée contre lui, s'il offrait d'épouser la personne ravie. Ce rapt était dirigé contre la famille ; de là vient qu'on l'appelait : *Raptus in parentes* (1). On ne le reconnaît plus dans notre législation ; on a assez fait pour la tranquillité des familles, en annulant le mariage d'un mineur, dans le cas où ses parents n'y donneraient pas leur consentement.

N° 63. La violence physique n'est pas la seule qui annule le consentement. Un époux peut bien, en présence de l'officier de l'état-civil, paraître jouir de toute sa liberté, et n'agir cependant que sous le poids de menaces antérieures. Titius me menace de me tuer, si je n'épouse pas sa sœur. Connaissant le caractère emporté du frère, et n'osant le dénoncer à la surveillance de la police, je consens au mariage ; je donne en apparence un libre consentement, et cependant c'est la menace de Titius, qui seule en est la cause. Pourrai-je faire prononcer la nullité du mariage ? Les jurisconsultes romains pensaient qu'on était obligé *stricto jure* ; ils disaient qu'il y avait eu volonté de s'obliger de la part de celui qui a consenti ; de deux maux il a choisi le moindre : le contrat ne pouvait être annulé que par l'intervention du préteur. *Si metu coactus adii hæreditatem ; puto me hæredem effici, quia quamvis, si liberum esset, noluissem, tamen coactus volui ; sed per prætorem restituendus sum, ut abstinendi mihi potestas tribuatur* (2). Cette décision des lois romaines est tirée des maximes de la philosophie stoïcienne, qui fut longtemps en honneur à Rome. Sans doute, j'étais libre de ne pas consentir au mariage, en m'exposant à la mort ; mais mon

______

(1) Voyez dans Locré, l'opinion de M. Portalis au Conseil d'état.

(2) L. 21 ff. *Quod metus causa*, § 5.

I

choix ne pouvait porter que sur deux choses, toutes deux contraires à ma volonté. Ma liberté n'était donc que relative ; aussi, la législation actuelle ne s'est pas montrée aussi rigide que les jurisconsultes romains. On a pensé avec raison, que choisir entre deux maux celui qui paraît le moindre, quand on n'aurait consenti librement ni à l'un ni à l'autre, ce n'est pas là vouloir. On pourra donc être restitué contre les engagements que l'on n'a pris que pour éviter, à sa personne ou à ses biens, un mal considérable et présent. (Art. 1112.) Appliquons cet article à l'exemple suivant.

N°64. Un fils est menacé par son père d'être dépouillé de son patrimoine, s'il ne consent pas à épouser Titia. Est-il restituable contre son engagement ?

Il faut distinguer. Si le père l'a menacé de dissiper tout son patrimoine, de placer ses capitaux à fonds perdus, ou de faire des ventes simulées ou des donations *de manu in manum*, le mal est présent et considérable. Il est présent : le père peut, d'un moment à l'autre, mettre sa menace à exécution. Il est considérable, car, en supposant qu'aucune autre succession ne soit dévolue au fils, il n'aura rien à la mort de son père. Nous pensons donc que le mariage contracté sous l'influence de cette menace, serait nul.

Mais, si le père a fait à son fils une simple menace d'exhérédation, le mal n'est pas présent, car l'exhérédation, comme toute autre disposition testamentaire, est révocable jusqu'au décès du testateur. Le mariage que le fils aurait contracté ne pourrait être annulé.

N°65. La violence est une cause de nullité du mariage, non-seulement lorsqu'elle a été exercée sur la partie contractante, mais encore lorsqu'elle l'a été sur ses descendants ou sur ses ascendants.

N° 66. Ainsi, un pirate s'empare du père de Mævia et la place dans l'alternative, ou de consentir à un mariage odieux, ou d'être la cause de la mort du vieillard. Pleine de tendresse pour son père, elle sacrifie sa liberté à l'amour filial. Le mariage est nul.

N°67. Doit-on restreindre les dispositions de l'art. 1113 aux cas qui y sont prévus? La négative nous semble fondée. Selon nous, la violence exercée sur des parents plus éloignés ou même sur des amis intimes du contractant, peut, suivant les circonstances, donner lieu à la rescision du mariage ; mais il y a cette différence avec les cas prévus par le Code, que les tribunaux ont à apprécier les faits d'amitié, d'affection, de reconnaissance, tandis que dans les espèces prévues, les juges doivent appliquer la loi sans égard aux faits qui prouveraient directement contre la présomption qu'elle établit. Ainsi une grave inimitié aurait pris naissance entre le fils et le père, entre l'époux et l'épouse, la violence exercée sur la personne du fils, du père, ou du conjoint, serait une cause suffisante de nullité pour l'obligation contractée sous cette influence.

N° 68. Quand la violence n'a pas eu pour objet de faire contracter le mariage, elle n'en entraîne pas la nullité, quoiqu'elle en ait été la cause.

Une femme attaquée par des brigands, promet sa main et, en cas d'inexécution de la promesse, sa fortune à celui qui la sauvera de leurs mains. La promesse est valable, dira-t-on, elle est la récompense méritée du service rendu et du danger affronté (i). Telle est la décision des lois romaines.

N° 69. Mais si la personne que la femme a promis d'épouser était de condition et de fortune trop inégales, n'y aurait-il pas lieu à rendre à la femme sa liberté ? ne pourrait-on pas considérer cette promesse comme nulle ? Lorsqu'elle a été faite, le promettant avait, en quelque sorte, perdu la raison par l'excès de la crainte ; il n'y a pas eu, à proprement parler, de consentement.

N° 70. Pothier, dans son Traité célèbre des obligations, n. 24, décide l'affirmative. Il pense que si l'on a fait une promesse excessive, on peut faire réduire son

____

(i) L. 9, § 1, _ff. Quod metus causa._

obligation à la somme à laquelle on apprécierait la juste récompense du service rendu. Dans cette opinion, il faudrait décider que si la femme ne veut point se marier, elle ne devra pas toute sa fortune, mais bien une partie seulement de sa fortune, dont la quotité sera réglée par le juge (1).

N° 71. Quel parti prendrons-nous sur la question présente? La femme pourra-t-elle être contrainte à se marier avec son libérateur? et si elle ne se marie pas, devra-t-elle acquitter la clause pénale? Et d'abord occupons-nous de la question générale de savoir si les promesses de mariage sont valables, et si l'on doit tenir compte des clauses pénales attachées à leur inexécution. Cette question se rattache directement à notre sujet, puisqu'il s'agit de déterminer si l'article 146 est tellement d'ordre public que toute convention qui gêne la liberté des mariages soit réputée nulle et immorale. Puis nous agiterons des questions analogues que fait naître l'application de l'art. 900.

N° 72. La jurisprudence romaine fut unanime sur ce point. Toute convention de se marier avec telle personne était nulle et ne produisait aucun effet dans le for extérieur. *Libera matrimonia antiquitus placuit, ideoque pacta ne liceret divertere non valere et stipulationes, quibus pœnæ irrogarentur.... Ratas non haberi constat* (2). Et ailleurs : *Inhonestum visum est vinculo pœnæ matrimonia obstringi* (3)... Et encore cette autre loi : *Pœnæ metus, aufert libertatem eligendi matrimonii* (4). Et cependant ces principes étaient moins nécessaires en droit romain qu'ils le sont en droit français, puisque le divorce y était admis, et si l'on avait validé les promesses de mariage et les clauses pénales; il n'en serait pas ré-

---

(1) Contre M. Toullier, tom. VI, pag. 88.
(2) Liv. VIII, tit. xxxix, loi 2, Cod. *De inutil. stipul.*
(3) L. 134, *ff. De Verb. Oblig.*
(4) L. 71, § 1. *De Condit. et Dem.*

sulté de graves inconvénients; car les époux auraient eu la faculté de faire cesser, par le divorce, les malheurs d'une union contractée pour s'affranchir d'une peine pécuniaire. L'empereur Léon abrogea l'ancienne jurisprudence romaine (1), et voulut que les clauses pénales attachées à l'inexécution du mariage eussent leur plein et entier effet.

N° 73. Le droit canonique adopta la *Novelle* de l'empereur Léon. Les promesses de mariage furent regardées comme valables, et l'on ne pouvait s'en affranchir qu'en payant une amende, dont le taux était fixé par le juge (2). Le trente-quatrième canon du concile de Château-Gontier s'exprime ainsi : *Contracturi tamen vel præsentes matrimonium proloquentes per arras sponsalitias, vel alias sollicite taliter poterunt obligari, quod compelli poterunt...... Ad matrimonium in facie ecclesiæ consummandum.* Quant aux dédits que contenaient les promesses de mariage, Grégoire IX, dans une de ses Décrétales, les déclara non valables. En vain a-t-on prétendu que cette décrétale était toute spéciale, et que loin d'abroger les dispositions antérieures du droit canonique, elle les confirmait de la même manière que l'exception confirme la règle (3). Les motifs de la décision de Grégoire IX sont tirés de la liberté qui doit présider au mariage, et cette règle générale et illimitée abroge le droit canonique antérieur qui, dans certaines circonstances, restreignait cette liberté.

N° 74. Le Code Frédéric reconnaît la validité des promesses de mariage ou fiançailles. Et même, sous aucune législation, les effets attachés à ces promesses n'ont été plus importants. « Lorsque la copulation charnelle « survient après les fiançailles publiques, le mariage « est accompli et consommé, quoiqu'il n'y ait eu ni

____

(1) Nov. 18.
(2) Pothier. Contrat de mariage, n. 49.
(3) Boehmer. *Jus ecclesiasticum*, tom. III, pag. 1186.

« annonces, ni bénédiction nuptiale ; aussi la femme
« et les enfants ont-ils tous les droits qui résultent
« d'un mariage légitime (1). Lorsque les fiançailles
« seront dissoutes par la faute de l'une des parties,
« elle rendra à l'autre tous les présents qu'elle en
« aura reçus, et ne pourra redemander ceux qu'elle
« aura donnés.... La partie coupable est tenue d'in-
« demniser la partie innocente des frais et des dom-
« mages qu'elle peut lui avoir causés (2). »

Voilà pour les arrhes des fiançailles (*arræ sponsa-
litiæ*) et pour les dommages-intérêts ; mais *quid*,
s'il y avait une clause pénale? « Si dans les fian-
« çailles, y est-il dit aussi, on est convenu d'une
« somme en cas de dédit, elle sera payée par celui
« qui, sans raison légitime, ne veut point accomplir
« sa promesse. »

N° 75. Les Capitulaires de Charlemagne décident la
question dans le même sens que le Code prussien, dont
les dispositions semblent tirées et|de ces Capitulaires et
du droit canonique. « *Si quis filiam alienam ad con-*
« *jugium quæsierit, præsentibus suis et puellæ*
« *parentibus, et postea se retraxerit ; et eam uxo-*
« *rem accipere noluerit, bis mille quingentis dena-*
« *riis... culpabilis judicetur* (3). *Puellam despon-*
« *satam non licet parentibus dare alteri viro* (4). »
Puis, saint Louis, au chap. CXXIV de ses Etablissements,
décide que si les parents d'un fils et ceux d'une fille
s'étaient promis, sous une clause pénale, le mariage du
fils et de la fille, la peine ne serait pas tenable par
droit (5). Cette décision, rendue dans une espèce
analogue à celle de la décrétale de Grégoire IX, n'est
point cependant conçue dans des termes aussi géné-

____

(1) Pag. 94, de la traduction déjà citée.
(2) Pag. 119 et 121 de la même traduction.
(3) *Capit. Reg. Franc.*, tom. I, col. 523.
(4) Baluzii, tom. I, pag. 937.
(5) Ordonnance de Secousse, tom. I, pag. 212.

raux, et à moins de conclure du particulier au général, ce qui est peu logique, on ne peut soutenir que
saint Louis ait par là abrogé les Capitulaires des rois
ses prédécesseurs. Néanmoins, dans tous les pays de
droit écrit, on adopta la loi 2, au Code *de inutil.
stipul.*, et la grande majorité des arrêts déclare nulles
les promesses de mariage et les clauses pénales attachées à leur inexécution.

N°.76. Malgré toutes ces variations dans la législation
des peuples et l'intérêt que présente la solution des
questions sur la validité des promesses de mariage,
et leur fréquente application au cours ordinaire de la
vie, le Code civil garde un silence absolu, et laisse
à la doctrine le soin d'examiner si ces promesses sont
valables dans les principes du droit commun. Aussi,
comme il arrive ordinairement quand il n'y a point
de texte de loi et point de jurisprudence arrêtée en
une matière, les opinions des jurisconsultes ont-elles
singulièrement variées sur cette question, et la cour
de cassation elle-même a rendu des arrêts contradictoires.

N° 77. Plusieurs auteurs recommandables, sous tous
les rapports, et dont l'autorité est imposante en droit,
ont pensé que les promesses de mariage étaient valables, et que si l'on ne voulait pas les accomplir
sans motif juste, sans prétexte plausible, on était
passible des dommages-intérêts, ou bien de la clause
pénale attachée à l'inexécution de la convention.
M. Toullier soutient cette thèse avec force et conviction. Toute obligation de faire, dit-il, (1) se résout en
dommages-intérêts, en cas d'inexécution (1142); pour
excepter l'obligation d'accomplir le mariage de la
règle générale, il aurait fallu faire une exception positive. Quant aux clauses pénales, le Code ne permet
pas aux juges de les modifier. Les tribunaux devraient

____

(1) Tom. VI, pag. 322, 323, 324. *Pasim.*

donc condamner la partie qui refuse le mariage, après en avoir fait la promesse, à toute la peine pécuniaire stipulée dans le contrat (1152).

N° 78. Mais là n'est pas, selon nous, le siège de la difficulté. Sans doute, nous sommes d'avis avec M. Toullier, que les promesses de mariage sont des obligations de faire, et qu'ainsi elles devraient se résoudre en dommages-intérêts, ou bien donner lieu à l'application d'une clause pénale. Ces promesses sont-elles valables? voilà toute la question. Ne sont-elles pas contraires aux bonnes mœurs et à l'intérêt de l'état, et comme telles illicites?

N° 79. La liberté doit présider aux mariages? Cet axiome de la législation modèle, dont nos lois ne sont que des transformations nécessitées par la différence des mœurs, cet axiome, dis-je, intéresse d'une manière essentielle l'ordre public et la morale. Pour peu que la liberté soit gênée dans le choix d'un conjoint, l'on peut craindre et prédire pour l'avenir de grands malheurs domestiques. On s'est marié par nécessité, pour obéir à des vues tout autres que celles qui doivent porter aux mariages, et l'on est décidé d'avance à maudire le joug que l'on subit, en quelque sorte, malgré soi, quelque supportable, quelque agréable qu'il fût d'ailleurs. La moindre apparence de contrainte pèse à l'homme, et celui qui, toute sa vie, a désiré le séjour d'un palais, ne pourrait se résoudre à y vivre content, s'il lui était donné pour prison. Des chaînes d'or sont toujours des chaînes. Ainsi, la compagne la plus douce, la plus aimable, paraîtra à son époux insipide et acariâtre, et les heures, que près d'elle il aurait vu s'écouler avec tant de rapidité, si son consentement eût été dégagé de toute gêne, lui paraîtront longues et pénibles. Cette considération, qu'il n'a pas été libre en contractant cette union, il la fera servir d'excuse et de prétexte à son inconstance. Je craignais de me ruiner, dira-t-il, j'ai consenti au mariage, pour échapper à la rigueur de la loi; mais,

en conscience, je ne suis point obligé à la fidélité conjugale. Il négligera sa famille pour se livrer aux excès
de la débauche, et ce seront des rixes continuelles,
des reproches amers entre les époux; les tribunaux
seront l'arène où viendront se terminer ces funestes
débats, et le scandale judiciaire sera la dernière scène
de ce drame domestique.

N° 80. Peut-être nous accusera-t-on d'avoir trop
chargé les couleurs du tableau, et d'avoir inventé à plaisir
des faits imaginaires. Sans doute, tous les mariages
contractés pour échapper à une peine pécuniaire,
ne donneront pas lieu à de pareils malheurs; mais
il suffit que ces scandales soient dans la prévision
humaine, et qu'on en ait vu de fréquents exemples,
pour que ce principe, que les mariages doivent être
libres, soit proclamé vrai dans notre législation, aussi
bien que dans celle des Romains.

N° 81. On ne peut pas dire ici qu'il n'y a véritablement
en jeu que des intérêts privés, et que, par conséquent,
il est permis de déroger aux lois par des conventions
particulières. L'état est directement intéressé au bonheur des familles.

N° 82. Mais est-ce moral, nous opposera-t-on de consacrer en principe que la loi est impuissante contre la
séduction? n'est-ce pas autoriser, en quelque sorte,
la ruse et la mauvaise foi? n'est-ce pas donner une
prime d'encouragement à l'infidélité et à l'inconstance,
en lui assurant l'impunité?

N° 83. Oui, mais n'est-il pas immoral aussi de permettre à une femme adroite et rusée de surprendre la
facilité d'un fils de famille, riche et distingué, et de
l'astreindre par une promesse obligatoire, ou à un mariage que repoussent et son rang et sa fortune, ou à
un paiement qui doit absorber, en partie, le patrimoine de ses pères. Et remarquez-bien ici que ce
n'est point une supposition exceptionnelle, un fait
rare et spécial, mais bien la généralité des cas. Une
femme vraiment aimante et vertueuse se confiera dans

la bonne foi de celui qu'elle aime, et attendra de lui seul l'exécution de sa promesse. Ce soin qu'elle a mis à obtenir une promesse par écrit, à y faire ajouter une clause pénale, en cas d'inexécution, décèle un calcul, une réflexion incompatibles avec l'abandon d'un véritable amour. Je promets de me marier avec Mævia ou de donner 10,000 fr., et moyennant cet engagement, j'obtiendrai les faveurs de mon amante, car c'est presque toujours dans ce but que sont faites les promesses de mariage. Mais examinons. Elle consent à recevoir 10,000 fr.; par là je serai exempté de l'épouser, donc elle a estimé 10,000 fr. son honneur, elle a vendu sa personne, elle a joué le rôle d'une prostituée. Et nos lois valideraient de telles promesses, et elles ne flétriraient pas ces conventions, empreintes du caractère de la plus hideuse immoralité (1)!

N° 84. D'où vient donc que des auteurs graves et sévères, et dont la moralité ne peut être suspecte, ont embrassé une opinion si contraire à l'intérêt des bonnes mœurs, et de l'ordre public. C'est qu'ils se sont laissés séduire par des préoccupations étrangères, par des mouvements de compassion et par des considérations d'équité envers la victime du dol. Voyons maintenant si leurs scrupules sont fondés.

N° 85. On ne peut nier, que dans notre siècle, la dissolution des mœurs ne soit très grande, et quoiqu'il soit ridicule de toujours faire entendre des déclamations contre ses contemporains, de s'armer du fouet impitoyable de la satire, de s'ériger, en un mot, en réformateur d'un siècle, que l'on dit être le pire de tous, nous croirions manquer à notre devoir de ju-

____

(1) Nous ne pensons pas qu'on ait la mauvaise foi de nous objecter que nous ne prévoyons qu'un cas exceptionnel, celui où c'est une jeune fille qui exige de son amant une promesse de mariage. Mais qu'on parcoure un recueil d'arrêts et qu'on juge après si nous n'avons pas prévu les cas les plus fréquents; or, c'est ici, plus que jamais, le lieu d'appliquer la maxime: *Ex his quæ plerumque fiunt leges constitui debent.* Du reste, voyez les n°s 79 et 88 *Ad finem*, qui s'appliquent à toutes les hypothèses.

risconsulte en négligeant de nous conformer dans nos décisions à l'état actuel des mœurs. Or, est-il bien, dans un temps où la religion n'est plus qu'une vérité sans croyants, une foi sans œuvres, une beauté sans adorateurs ; où la jeunesse, à peine sortie des bancs de l'école, est déjà initiée aux secrets de la débauche et aux pratiques de la séduction ; où la jeune fille, encore en bas âge, apprend de ses compagnes, cet art de la coquetterie si funeste et pour son repos et pour le nôtre ; où la foi du mariage n'est plus gardée que dans un petit nombre de familles ; où l'adultère excite la raillerie, loin d'inspirer l'horreur et l'indignation, est-il moral d'enlever aux femmes la dernière crainte qui les retient encore, celle de mettre au monde des enfants qu'il leur faudra nourrir. Si l'on suivait l'opinion de M. Toullier, les enfants qui naîtraient de la femme depuis la promesse de mariage, seraient, jusqu'à preuve contraire, à la charge du promettant ; c'est du moins ce qui semble résulter de son système sur l'évaluation des dommages-intérêts, en cas de refus. Mais ne serait-ce pas indirectement rendre licite la recherche de paternité, que des motifs élevés d'ordre public ont fait interdire par nos législateurs. Ils n'ont pas voulu qu'une fille débauchée, qui, peut-être, avait eu un grand nombre d'amants, pût, en choisissant le plus riche d'entre eux, et en prouvant des faits de liaison intime avec lui, le mettre dans l'obligation de reconnaître cet enfant d'une paternité douteuse, et de l'élever et le nourrir selon le prescrit des lois. Le même abus se représente, si l'on déclare valable une promesse de mariage. Une jeune fille, pour tout autre facile, jouera la sévérité et la pudeur avec un homme riche, et, après lui avoir extorqué une promesse de mariage, elle mettra sur son compte tous les enfants qui, depuis, naîtront d'elle, et pourra ainsi demander, devant les tribunaux, des dommages-intérêts exorbitants.

Nº 86. De tout ce qui précède, il résulte que la promesse de mariage est une obligation illicite, et par conséquent nulle (1131). Si l'obligation principale est nulle, l'obligation accessoire des dommages-intérêts et de la clause pénale est nulle aussi (1227). Selon la maxime : *Quod nullum est nullum producit effectum.*

N° 87. Pour démontrer que les promesses de mariage ne sont point contraires aux bonnes mœurs, M. Toullier emploie un étrange sophisme (1). « Il n'y a de con-
« traire, dit-il, aux bonnes mœurs que les promesses
« dont l'objet blesse la morale : or, quel est le but
« ou l'objet des promesses de mariage ? sans con-
« tredit, le but le plus honnête, le plus louable, le
« plus conforme aux lois et à la morale, l'accom-
« plissement d'un mariage. » Il n'est pas difficile de prouver le vice de ce raisonnement. Le mariage est, à n'en pas douter, une chose licite et conforme à la morale ; mais c'est un contrat spécial, un contrat à part qui demande une complète liberté, et toute sti-pulation, tout engagement sur ce point, doit être in-terdit, par la raison qu'il faut, pour la validité d'un mariage, que la volonté soit exempte de toute con-trainte, de toute influence étrangère, au moment où le contrat est formé ; et il ne serait pas certain, aux yeux de la loi, que le mariage a été le produit de la volonté actuelle et parfaitement libre des parties, si elles pouvaient être gênées, enchaînées et entraînées par l'effet de stipulations pénales antérieures, ou par la crainte d'être obligées au paiement de dommages-intérêts.

N° 88. Aux considérations morales que nous avons présentées n° 83 et 85, on oppose que notre décision est tout-à-fait injuste, qu'elle est faite en haine d'un sexe tout entier, que deux partis sont à prendre sur la question : le premier de valider les dédits ajoutés aux promesses de mariage, ce qui serait favorable aux

(1) Pag. 330, tom. VI.

femmes; le second de les déclarer nuls, ce qui est rendre la séduction et la perfidie plus communes. Il faut choisir entre l'un ou l'autre sexe, et c'est précisément celui qui est le plus faible et le plus exposé aux attaques que nous condamnons. Essayer de retenir les femmes dans leurs devoirs, et n'essayer que cela, ce n'est point aller à la source même du mal; la séduction vient des hommes, ce sont eux qu'il faut arrêter, eux qu'il faut punir.

Cette objection est grave, mais elle manque de vérité. La validité des promesses de mariage et la possibilité d'obtenir des dommages-intérêts, ne seraient point un obstacle à la séduction. Il est dans la nature de l'esprit humain, que nul ne craint de contracter une obligation dont le terme est reculé. C'est ainsi que les lois romaines décidaient que la femme ne pouvait hypothéquer ses biens dotaux, tandis qu'elle pouvait autoriser son mari à les aliéner. C'est que l'hypothèque ne doit avoir un effet qu'à une époque postérieure; l'aliénation, au contraire, est actuelle, et la crainte de se dépouiller de sa fortune est présente. Un jeune homme, pour obtenir la possession de la femme qu'il aime, ne reculerait donc pas devant une promesse de mariage, et même y ajouterait, au besoin, un dédit qui doit le ruiner entièrement. Tandis que pour la jeune fille qui se donne à son amant, la crainte du déshonneur est présente; il n'y a pas de femme, même la plus simple et la plus naïve, qui ne sache que faire à celui qu'elle aime, le sacrifice de sa pudeur, c'est perdre son avenir et l'espoir honnête qu'elle pouvait fonder sur sa beauté; et puis, est-il bien vrai de dire que la faute première appartienne au séducteur. Je sais, par mon expérience de jeune homme, et c'est un fait qu'on ne saurait révoquer en doute, que les hommes n'attaquent presque jamais une femme, sans y avoir été poussés par des demi-mots, des sourires, en un mot, par ces mines à l'usage des femmes, et que nous comprenons si bien.

Frapper l'immoralité dans la femme, c'est donc couper la racine même du mal. Et d'ailleurs, les observations qui précèdent, seraient-elles plus superficielles que solides, plus spécieuses que justes, ce qui nous décide surtout à déclarer nul le dédit, c'est que nous voyons, dans cette amende pécuniaire, qui, le plus souvent, est le prix du crime, une stipulation contraire aux bonnes mœurs.

Mais, dira-t-on encore, vous n'embrassez pas dans votre solution la généralité des cas. Il peut se faire que la promesse de mariage ait lieu entre deux individus, sans arrière-pensée, sans espérance criminelle.

Eh bien ! même dans cette hypothèse, les deux parties seront restituables contre leur engagement, car la liberté des mariages est d'ordre public, et les conventions particulières ne peuvent déroger à cette règle. Ceux qui ont engagé leur liberté par rapport au mariage, sont restitués contre leur obligation de la même manière qu'un mineur qui, dans un acte, renoncerait au bénéfice de la minorité ou se déclarerait majeur.

C'est ainsi que l'a jugé la Cour royale d'Amiens, et son arrêt a été confirmé par la Cour de cassation, à la date du 21 décembre 1814.

Quant aux frais qu'une des parties aurait faits dans l'espérance du mariage, la partie qui se dédit en serait tenue ; car entre une personne qui a une imprudence à se reprocher, et celle qui souffre de cette imprudence, sans qu'il y ait faute de sa part, le choix n'est pas douteux (1382—1383).

N° 89. Telle est la solution générale que nous adoptons sur la question des promesses de mariage ; mais l'espèce que nous proposions au commencement est extrêmement favorable ; la promesse de mariage est la récompense d'une belle action ; nous croyons que dans ce cas, les tribunaux pourraient valider la clause pénale, ou la réduire si elle était exorbitante, selon l'opinion de Pothier, à la juste valeur du service rendu.

N° 90. Puisque nous en sommes à parler de la violence morale, provenant d'un intérêt pécuniaire, c'est ici le lieu d'agiter la question de savoir si l'on doit réputer contraires aux bonnes mœurs, les conditions d'une donation ou d'un testament qui ont pour objet de gêner en quelque façon, la liberté des mariages.

N° 91. La condition de se marier, apposée à une libéralité entre vifs ou testamentaire est valable, et doit être exécutée. Le mariage est une chose licite; et comme les lois d'une continence absolue, sont presque impossibles à garder, il est nécessaire à qui veut mener une vie honorable et légitimer ses penchants.

N° 92. Un oncle laisse tous ses biens à son neveu, mais comme il le connaît dissipateur, aimant les femmes, et souvent peu scrupuleux sur le choix de ses compagnies; il lui impose l'obligation de se ranger, de prendre des habitudes plus honnêtes et plus dignes, en se mariant à une femme selon son cœur, et en cherchant dans la douce paix d'une union bien assortie, et dans les charmes de la paternité, une diversion à sa vie turbulente et agitée. Nous n'hésitons pas à imposer à l'institué l'obligation de contracter mariage.

N° 93. Il y a bien une objection à faire à notre opinion, c'est que le neveu ne consentira au mariage que dans le but de recueillir la succession, bien décidé d'autre part à ne pas changer sa manière d'être, à ne pas renoncer à sa vie de plaisirs. Il portera dans le sein de son ménage, ses passions et ses folies, et ou il rendra son épouse malheureuse, ou il la fera aussi corrompue que lui. Le testateur n'aura point atteint son but de rendre son neveu à la vertu, et, de plus, il aura été la cause du malheur de la femme dont la destinée aura été unie à celle du débauché.

N° 94. L'expérience la plus superficielle, démontre la

faussete de cette supposition ; c'est un fait positif que dans la plupart des cas , les jeunes gens qui dans l'ivresse de l'âge ont le plus joui de la vie , qui ont traité avec le plus de légèreté le lien du mariage et la foi conjugale , deviennent sages et réglés dans leurs discours ; quand une fois ils ont pris place dans ce qu'ils appelaient par moquerie la confrérie des maris.

Le mariage est pour eux , le grain d'ellébore qui leur rend la raison , dont les élans impétueux des passions leur avaient longtemps interdit l'usage. Tant qu'ils n'avaient pas de domaine propre , force était bien de chasser sur les terres d'autrui ; mais maintenant qu'ils ont une propriété à défendre , ils respectent celles de leurs voisins , par crainte des représailles. Ajoutez qu'on se fatigue bientôt d'une vie inquiète et mobile. Avec l'âge on prend plus de fixité dans les idées , et le calme paraît doux après la tempête.

N° 95. Notre solution est conforme au droit romain (1), et la condition n'était accomplie qu'à la puberté : *Quod pupillæ legatum est quandoque nupserit : si ea minor quam viripotens nupserit non ante ei legatum debebitur, quam viripotens esse ceperit : quia non potest videri nupta , quæ virum pati non potest* (2).

N° 96. Les lois romaines décident aussi que la condition doit être exécutée, quand le testateur non-seulement a imposé l'obligation de se marier, mais encore lorsqu'il a désigné la personne que l'on devrait épouser. *Videamus , et si ita legatum sit , si filio nupserit. Et quidem si honeste filio possit nubere , dubium non erit, quin, nisi paruerit conditioni, excludatur a legato* (3).

---

(1) L. 10 , *ff. De Condit Det emonstr.* L. 15, *ff. Id.*
(2) L. 50, *ff. Quando dies legati cedat.*
(3) L. 63 , *ff. De Condit et Demonstr.*, § 1. (Voyez aussi l. 71, § 1, *cod. titul.* l. 101, *eod. titul. et Cod. instit. et substit. sub condit. fact.*)

N° 97. Faut-il décider la même chose en droit français. Cette condition d'épouser une personne déterminée est-elle contraire aux bonnes mœurs? Où est-elle licite. v. g. Un testateur lègue en mourant, une somme de 40,000 fr. à Titius s'il épouse Mævia.

N° 98. Tous les auteurs ont résolu la question d'une manière unanime, et se sont prononcés pour la validité de la condition ; la jurisprudence a constamment suivi l'interprétation doctrinale. Ici la donation ou le legs semblent faits dans la prévision d'un mariage ; le testateur ou le donateur, en imposant cette condition au donataire ou au légataire a en vue la personne que ceux-ci sont tenus d'épouser ; on peut dire qu'elle est, pour les auteurs du don, aussi bien la cause de la libéralité que les personnes directement avantagées. Ainsi un père, par son testament, fait un legs de 40,000 fr. à Titius s'il se marie avec sa fille, il a voulu par là, engager au mariage Titius en qui il a confiance et qu'il espère devoir faire le bonheur de la femme qu'il épousera. C'est un protecteur, un soutien qu'il laisse à l'orpheline; il n'y a là rien que de très licite, rien que de conforme aux bonnes mœurs. En adjugeant le legs sans exiger l'accomplissement de la condition, on ne remplirait pas la volonté du testateur (1).

N° 99. Cette condition d'épouser une personne déterminée pourrait aussi paraître gêner la liberté des mariages. Le légataire ou le donataire, se soumettra à la condition du legs ou de la donation ; mais seulement dans un intérêt pécuniaire, et non par amour pour celle qu'on lui a donnée pour compagne. Une fois l'hymen accompli, le mari abandonnera son épouse, ou bien il vivra avec elle en mauvaise intelligence. C'est l'argent seul qui l'a porté au mariage ; l'argent est tout

____

(1) Voyez Toullier, tom. V. Grenier, tom. I. Duranton, tom. VIII. Furgole, chap. VII, sect. II, n. 72, enfin tous les commentateurs des lois romaines.

ce qu'il voulait , peu lui importe le reste. Cet homme qui aurait vécu heureux avec une femme de son choix, et dont la conduite eût été honorable est poussé au crime, pour ainsi dire, malgré lui, il déteste celle qui lui est unie par un lien légitime, il cherchera des consolations dans un amour adultère.

N° 100. Ces réflexions morales sont à mes yeux d'un grand poids : autre chose est d'imposer la condition de se marier en laissant la liberté du choix ; autre chose est de déterminer la personne que l'on devra épouser sous peine de déchéance du droit de recueillir le don. D'ailleurs, l'on peut prétendre avec quelque raison que nos lois confirment cette dernière manière d'envisager la question. En 1791 , un décret fut porté , qui déclarait nulle la condition de se marier à telle ou telle personne. Pour que ce décret fût abrogé , il faudrait que notre Code civil eût une disposition contraire ; mais c'est ce que l'on ne saurait soutenir. Le Code pose deux règles générales : il n'y a pas de mariage quand il n'y a pas de consentement , et les conditions contraires aux bonnes mœurs sont réputées non écrites dans les donations et testaments. Il ne détermine pas , quand il y a lieu d'annuler le mariage pour défaut de consentement ; car cette matière est réglée par d'autres lois , par le titre des obligations. De même aussi, il ne dit pas quelles sont les conditions contraires aux bonnes mœurs , il en réfère aux lois qui peuvent exister sur cette matière , c'est-à-dire au décret du 5 septembre 1791.

N° 101. MM Toullier et Merlin, pensent que ce décret est abrogé (1), que c'était un statut purement temporaire , provoqué par les idées d'égalité qui fermentaient alors dans les esprits ; que la loi du 30 ventôse an XII , qui abroge les anciennes lois sur ce qui concerne les matières du Code , a implicitement abrogé le décret précité.

____

(1) Toullier , tom. V , pag. 262. Merlin, *Nouveau Répertoire* *verbo Condit. sect* II , § 5.

N° 102. Ce raisonnement n'est point inattaquable. Sans doute si le Code déterminait quelles sont les conditions contraires aux bonnes mœurs, et s'il ne faisait pas mention des conditions portées dans le décret de 1791, nous partagerions l'avis de ces auteurs. Mais le Code pose une règle générale, et pour l'application de cette règle, il s'en rapporte nécessairement aux lois sur la matière.

N° 103. Dans tous les cas, nous adopterons la décision de la loi romaine déjà citée, sur la nullité de la condition de se marier avec une personne de mauvaises mœurs; c'est une condition évidemment illicite (1). *Si vero indignus sit nuptiis ejus iste Titius, dicendum est, posse eam beneficio legis cuilibet nubere et nihilominus habere legatum* (2).

N° 104. On ne pourrait valablement imposer par testament, ou par donation, la condition de se marier à une personne qui en est empêchée par les devoirs de son état. Ainsi, la condition de contracter mariage imposée à un prêtre, serait nulle comme contraire aux bonnes mœurs et à l'ordre public.

N° 105. La condition de se marier ne peut être accomplie qu'à l'âge de puberté, à moins que l'impubère n'ait obtenu des dispenses. Mais s'il meurt avant la puberté, le legs sera-t-il valable? La loi 23 ff. *de condition, instit.*, décide l'affirmative. *Plerumque enim hæc conditio, si uxorem duxerit, si fecerit, ita accipi opportet quod per eum non stet quo minus ducat, det, aut faciat.* D'après cette loi, pour savoir si une condition casuelle ou mixte était remplie, il fallait uniquement rechercher si la personne obligée avait eu l'intention de la remplir (3). C'était donc une simple question de volonté ! Cette solution doit-elle

____

(1) Furgole, *Des Testaments*, chap. VII, sect. II, n. 73.
(2) L. 63, § 1. *De Demonstr. et Condit.*
(3) *Contra., l.* 31, *ff. eod. tit.* (Voyez la Conciliation de Cujas et celle de Furgole, lieu cité).

être maintenue sous l'empire de notre Code ? L'art. 1176 dit que la condition de faire sera censée défaillie quand il sera certain qu'elle ne peut plus être accomplie. Pourquoi ne pas appliquer cet article à notre hypothèse ? La condition est défaillie, parce que la personne est morte impubère.

N° 106. L'art. 1175 modifie l'art. 1176. Toute condition doit être accomplie de la manière que les parties ont vraisemblablement voulu et entendu qu'elle le fût. Quand donc le testateur a imposé à son héritier ou à son légataire, la condition de se marier, il est vraisemblable qu'il n'a entendu la lui imposer, que s'il le pouvait, s'il était en âge de le faire. Il en serait autrement si la condition de se marier était conçue en des termes qui fassent comprendre que le mariage est la cause finale du legs, et que le testateur a eu en vue l'accomplissement de cette union plutôt que la volonté du légataire (1088).

N° 107. Un autre cas peut aussi se présenter. Le légataire est mort quelque temps après sa puberté, et sans s'être encore marié, le legs sera-t-il caduc ou transmissible aux héritiers du légataire ? Nous pensons que le legs serait valable, car aucun terme n'avait été fixé par le testateur, et en ne pas s'expliquant sur l'époque à laquelle la condition serait défaillie, il a vraisemblablement entendu et voulu que le légataire ne se mariât que quand il aurait rencontré un parti sortable (1). L'art. 1175, reçoit encore ici son application.

N° 108. Si l'on adopte l'opinion généralement reçue, que les conditions de se marier avec une personne désignée sont valables, il naît quelques difficultés sur l'époque à laquelle la condition sera censée accomplie.

N° 109. Si le légataire conditionnel meurt avant

______

(1) Les héritiers cependant seraient reçus à prouver qu'il y a eu mauvaise volonté de sa part ; autrement on tomberait dans l'arbitraire.

la puberté, il faut appliquer à ce cas là même solution que plus haut.

N° 110. S'il meurt pubère, ou il a fait des démarches pour obtenir la main de la personne désignée, ou bien il n'en a point encore fait; s'il a fait des démarches, et qu'il meure avant d'en avoir obtenu le résultat, la condition est censée accomplie, car il n'y a aucune faute, aucune négligence à reprocher au légataire. S'il n'en a point fait, la condition serait défaillie, car il y a faute de la part du légataire ; en négligeant de demander la main de la personne désignée, que l'on suppose en âge de puberté, il s'exposait à être prévenu par un autre dans cette demande.

N° 111. A toutes ces solutions, on opposera peut-être l'art. 1040, qui porte que lorsque le légataire meurt avant l'accomplissement de la condition, le legs est caduc. Et cela, dira-t-on, doit surtout s'appliquer au cas où le légataire pouvait seul accomplir la condition. Le légataire une fois mort, il devient certain que la condition ne peut plus être remplie, et, par conséquent, elle est censée défaillie (1176).

A cela nous répondrons que l'art. 1040, n'embrasse que les dispositions testamentaires, telles que dans l'intention du testateur ces dispositions ne doivent être exécutées qu'autant que l'événement arrivera ou n'arrivera pas. De même aussi l'art. 1176 est modifié par l'art. 1175. La solution de la question consiste donc dans une interprétation de volonté. Il s'agit de savoir si la condition a été réellement accomplie. Or, les conditions doivent être accomplies de la manière que les parties ont vraisemblablement voulu et entendu qu'elles le fussent. (Art. 1175.) Et comme il est à présumer, 1° que le testateur n'a pas prétendu imposer à son héritier ou légataire, l'obligation de se marier avant l'âge requis par les lois (l'art. 900 déclare cette condition non valable); 2° Qu'en ne pas fixant de délai, il a voulu laisser au légataire ou à l'héritier, la faculté de choisir un parti sortable; 3°

qu'il a raisonnablement été dans l'intention du testateur que si l'institué mourait pendant les démarches nécessaires au mariage, la condition serait réputée accomplie ; il faut faire exception pour ces cas à l'art. 1176, et à l'art. 1040, et appliquer l'art. 1175, qui est la règle générale et le droit commun, et qui appartient aussi bien et plus peut-être, aux donations et testaments qu'aux autres contrats ; car c'est d'après l'intention probable du testateur que s'interprètent les clauses douteuses et ambiguës ; et d'ailleurs l'art. 1040 n'est point ici applicable, car la condition, selon nous, a été, dans les cas ci-dessus, accomplie du vivant même du légataire. (Voyez nº 113). Il n'est pas besoin pour l'accomplissement de la condition que la célébration du mariage ait lieu, il suffit que le légataire ait eu la volonté de contracter mariage et en ait été empêché par un événement extérieur et fortuit.

Néanmoins, dans la dernière hypothèse, il serait peut-être plus conforme aux vrais principes, de déclarer le legs caduc, d'après l'intention présumée du donateur ; car les présomptions d'intentions que nous avons précédemment exposées, sont ici détruites par cette considération, que le legs est fait en faveur de la personne du légataire, et non pas en faveur de ses héritiers. Du reste tout dépendrait des circonstances ; c'est ainsi que nous mitigeons ce qui aurait pu paraître insolite et irrégulier, dans la décision du nº 110. Voyez aussi le nº 113.

Nº 112. Le mariage peut ne pas s'accomplir par le non consentement de la personne désignée, ou par son décès.

Nº 113. Si la personne désignée ne consent pas au mariage, la condition sera-t-elle accomplie ? Les lois romaines décident que la condition qui dépend de la volonté du créancier et de celle d'un tiers est censée accomplie lorsqu'il n'a pas tenu au créancier qu'elle le fût et que le tiers s'y était refusé ; la loi 31, ff. *De Condit. et Demonstr.*, est conçue en ces termes : *Mu-*

lierè nolente nubere, cum ipse paratus esset, legatum ei debetur. M. Delvincourt est d'avis de rejeter cette décision qu'il regarde comme particulière au droit romain, et qui depuis longtemps, dit-il, n'avait pas été adoptée en France ; il se fonde sur un arrêt du 14 août 1587 : or, cet arrêt (1) rapporté par Lacombe, n'est pas dans une espèce identique, et on pourrait le citer, contre une de nos solutions précédentes, mais non pas dans le cas que nous examinons. Cet arrêt juge que le légataire ayant été tué, après avoir signé les articles du contrat de mariage, le tiers du legs appartenait au frère de la testatrice, et cela selon la loi du testament en cas d'inexécution de la condition. Delvincourt résout aussi la question par une interprétation de volonté, et ici la difficulté est beaucoup plus sérieuse. Dans la condition, *Si Mœviam uxorem duxerit Titius*, le testateur sait fort bien que l'exécution en est subordonnée au concours de deux volontés, celle de Titius et celle de Mævia, il est donc censé avoir fait dépendre de ce concours l'exécution de sa disposition.

N° 114. Il nous paraît, au contraire, que dans le silence de l'acte, on ne doit pas présumer que le testateur ait entendu autre chose, sinon que si le légataire refusait d'épouser Mævia, cette désobéissance à ses intentions entraînerait la déchéance du legs, parce que celui qui ne veut pas remplir les clauses et conditions d'une libéralité s'en montre indigne. Mais, si Titius consent, et que Mævia refuse, on n'a rien à reprocher à Titius, et il serait injuste de lui enlever son legs.

N° 115. Hâtons-nous de dire, que dans cette hypothèse, comme dans toutes les autres de ce genre, s'il apparaissait manifestement que le testateur n'a entendu

____

(1) *Répertoire de Jurisprudence*, v° *Dispositions*, sect. XI, n. 12, 5e édit. in-4°, pag. 144. (Voyez Delvincourt, tom. II, notes, pag. 478, édit. de 1834. Furgole, chap. VII, sect. II, n. 34.

donner qu'en contemplation du mariage, le mariage n'ayant pas lieu, la disposition serait nulle comme étant faite sans cause.

N° 116. Enfin, supposons que Mævia soit morte avant la puberté ; la loi 101 (*ff. De Condit et Demonstr.*), décide que la condition est défaillie et le legs caduc (1). Cette loi est évidemment contraire aux lois romaines que nous avons précédemment citées, à la loi 61, *ff. De Condit. et Demonstr.*, *in fine*, et 23. *ff. De Condit.*, *Institut.* ; car la loi 31, en déclarant que le refus de la femme n'entraîne pas la nullité du legs, décide, à plus forte raison, que la mort de la femme ne rendra pas le legs caduc.

N° 117. En droit français, cette question ne présente pas de difficultés. Dans l'interprétation de toutes les dispositions testamentaires, nous ne saurions trop le répéter, il faut consulter avant tout l'intention du testateur ; le testateur n'a pu vouloir priver le légataire conditionnel du legs qu'il lui fait, si, par un pur hasard, par un événement de force majeure et indépendant de la volonté du légataire, la condition ne pouvait être remplie : dès qu'il est reconnu d'ailleurs que la condition ne peut être remplie, qu'elle est impossible, elle est réputée non écrite et ne vicie pas le testament ou la donation (900).

N° 118. Nous avons vu, dans un des numéros précédents, que l'on pouvait hésiter sur la question de savoir si la condition d'épouser une personne déterminée est valable. Les auteurs qui, presque tous, admettent la validité de cette condition, sont partagés sur la question suivante.

Un legs est fait sous la condition que le légataire se mariera avec une de ses parentes au degré prohibé, mais que l'on peut épouser au moyen de dispenses ; faudra-t-il accomplir la condition pour

____

(1) Voyez Ricard, n. 319, *Des Dispositions conditionnelles.*

recueillir le legs? On ne peut agiter cette question, qu'autant que l'on est d'avis de valider la condition de se marier avec une personne déterminée. Nous raisonnerons donc, en supposant l'affirmative démontrée, touchant la première hypothèse.

N° 119. Les jurisconsultes anciens et modernes ont varié sur la dernière question. Ricard (1) pense que la condition est valable; car, dit-il, cette condition n'est pas contraire aux lois. Si l'impossibilité légale peut être surmontée par quelque voie honnête et licite, l'héritier ou le légataire ne sont pas dispensés d'accomplir la condition. D'un autre côté, Furgole (2) soutient avec force une autre opinion sur ce motif, que la condition, eu égard au temps de la mort du testateur, était contraire aux lois, et il cite à l'appui de sa décision, la loi 137, (§ 6, *ff. De Verb. oblig.*), et enfin, deux arrêts du parlement de Toulouse (14 août 1626 et 1727).

N° 120. Delvincourt pense comme Furgole, que la condition d'épouser une personne avec laquelle le mariage est interdit sans dispenses est nulle, comme gênant la liberté des consciences, en plaçant le légataire entre ses scrupules d'une part, et le désir du gain de l'autre (3). Mais MM. Chabot de l'Allier (4), Toullier (5), et Duranton (6), se prononcent pour la validité de la condition qui, disent-ils, n'est nullement contraire aux lois ; car la faculté d'obtenir des dispenses est consacrée par le Code, pour le mariage de l'oncle et de la nièce, de la tante et du neveu, et par une loi de 1832, pour le mariage entre beaux-frères et belles-sœurs. La condition d'obtenir des dispenses est implicitement contenue dans la condition, *si le légataire épouse sa nièce ou sa belle-sœur*

(1) *Dispositions conditionnelles*, n. 261 et 263.
(2) Chap. VII, tit. II, n. 75, pag. 92 et 93 de l'édit. in-4°.
(3) Tom. II, notes, pag. 190 et 191.
(4) *Questions transitoires*, v° *Condit. concern. les Mariages.*
(5) Tom. V, pag. 263.
(6) Tom. VIII.

N° 121. Voilà, de part et d'autre, de graves et imposantes autorités, sous quelle bannière nous rangerons-nous, le choix est difficile entre les deux camps ennemis.

Nous ne sommes pas fort touchés, d'abord, du raisonnement de Furgole : il a fait, selon nous, une fausse application de la loi 137. (*ff. de v. o.*) *Eum qui sub hæc conditione stipulatus sit, si rem sacram Titius vendiderit nullius momenti fore stipulationem..... Nec ad rem pertinet, quod jus mutari potest, et id quod nunc impossibile est postea possibile fieri : non enim secundum futuri temporis jus, sed secundum præsentis æstimari debet stipulatio.* On voit d'après la disposition de cette loi, qu'elle ne s'applique qu'aux stipulations, et la règle catonienne était suivie lorsqu'il s'agissait de stipulations, mais non point lorsqu'il s'agissait de dispositions conditionnelles; et même en admettant l'opportunité et la juste application de cette loi au cas qui nous occupe, il ne faudrait point en tirer la même conséquence que celle qu'en tire Furgole. En effet, au moment où la stipulation de rendre une chose sacrée a été faite par les parties contractantes, l'objet du contrat était illicite, la chose était actuellement hors du commerce et inaliénable, nul doute que la convention ne fût nulle ; tandis que, lorsqu'un testateur impose au légataire l'obligation de se marier avec une personue parente au degré prohibé, mais qu'il peut épouser avec dispenses, la condition n'est pas contraire aux lois, puisque nous supposons qu'au moment de la confection du testament, la faculté d'obtenir des dispenses existait déjà. C'est comme si le testateur disait, je vous impose la condition d'obtenir les dispenses légales et de vous marier ensuite. Or, ces deux choses sont également licites, il n'y a donc pas assimilation complète de l'hypothèse prévue par la loi précitée avec l'hypothèse présente.

N° 122. La considération morale qui fait pencher Delvincourt en faveur de l'opinion de Furgole me semble bien plus concluante. Il est des personnes, dit-il, d'une conscience timorée et qui se feraient scrupule de contracter de semblables mariages, surtout par une simple vue d'intérêt.

N° 123. Nonobstant toutes les raisons que l'on fait valoir pour la négative de cette question, nous ne voyons pas pourquoi en admettant la validité de la condition de se marier avec une personne désignée, on excepterait le cas où le mariage ne peut avoir lieu au moyen de dispenses ; dans ce dernier exemple, comme dans l'autre, il n'y a rien que de licite et de conforme aux lois. Il y aurait de l'inconséquence à se prononcer sur la première question sans donner une solution identique à l'autre. Mais la liberté des mariages ? Elle est gênée dans les deux circonstances. Et la liberté des consciences ? On ne peut raisonnablement l'alléguer ; car les empêchements pour lesquels on admet des dispenses, sont de pur droit civil, et ne tiennent que très indirectement au droit naturel (1).

N° 124. La condition de ne pas se marier, a été regardée par tous les auteurs, comme contraire aux bonnes mœurs, en ce qu'elle favorise le concubinage, et funeste aux intérêts de l'État, dont les mariages font la force. La donation ou le legs sont censés purs et simples, et le légataire où le donataire profite de la donation sans être tenu d'exécuter la condition. Telle était aussi la décision des lois romaines (2), toutes les fois qu'il s'agissait d'un testament, mais non point quand la condition avait été apposée à une donation ; alors elle devait être strictement accomplie. Néanmoins, comme

____

(1) Voyez plus bas, mon Commentaire sur l'art. 163.
(2) L. 22, 73, §, 5, 7, 9, *l.* 100, *ff. de Condit et Demonstr.*

la condition de ne pas se marier est contraire aux bonnes mœurs, elle aurait été annulée même dans une donation, mais le contrat eût eu le même sort (1).

N° 125. Malgré cette unanimité dans la solution de la question, M. Favard de Langlade a, dans son *Répertoire de jurisprudence*, soutenu l'opinion contraire. La condition de se marier n'est pas opposée aux lois, dit-il, car, aucune loi n'ordonne expressément le mariage ; bien plus, l'art. 15 de la loi du 10 mars 1818 semble donner une prime aux célibataires. Cette condition, si elle est exécutée, prive bien le légataire ou le donataire d'un droit, d'une faculté que la loi lui accorde, mais, toutes les conditions quelles qu'elles soient, gênent plus ou moins la liberté. La condition de ne pas se marier, n'est pas contraire aux bonnes mœurs, car, rien n'empêche le légataire de renoncer à la libéralité. C'est ici, principalement, que M. Favard de Langlade peut être réfuté. Sans doute, il sera libre au légataire et au donataire de se marier ; mais qui vous dit qu'il ne préférera pas son intérêt à son devoir, sa fortune à sa conscience. Et quoiqu'il ne puisse vivre honnêtement sans contracter mariage, quoique son tempérament et ses goûts le portent à choisir une compagne, il ne se mariera pas et passera ses jours dans les liens illégitimes de criminelles amours ; sa mauvaise conduite ne l'empêchera pas de recueillir le don qui lui a été fait, et s'il s'était marié, s'il s'était montré citoyen vertueux, la loi le déclarerait incapable de recevoir !

N° 126. Nous annulerons également la condition imposée à un père de ne pas marier Mævia sa fille, car le père peut, jusqu'à vingt-un ans s'opposer au mariage de Mævia, et il serait souvent dangereux de retarder jusqu'à cette époque le mariage d'une fille. Cette solu-

____

(1) L. 35, § 1, *ff. De V. Oblig.*

tion découle des lois romaines (1), où d'ailleurs, il y avait plus forte raison de décider, puisque le père pouvait toujours s'opposer au mariage de ses enfants.

N° 127. Presque tous les auteurs sont d'accord que la condition de ne pas se marier avec telle ou telle personne désignée est licite. v. g. Un père connaît la liaison de son fils avec une fille de basse condition, il sait que celui-ci est dans l'intention de l'épouser, pour légitimer leurs nœuds, et peut-être donner un nom et une famille à des enfants nés de leur commerce. En mourant, il laisse à son fils tous ses biens, à la condition de ne pas épouser celle dont il s'agit, et s'il l'épouse toute la partie dont le père peut disposer doit passer en d'autres mains. Cette condition est-elle valable? La loi 33 *ff. De Condit. et Demonstr.*, et la loi 64, *eod. tit.*, se prononcent pour sa validité, et tous les auteurs qui ont écrit sur le Code, adoptent la même solution sur la foi de Merlin, qui a prétendu que pour savoir si telle ou telle condition est conforme aux lois, et aux bonnes mœurs, il faut prendre ses motifs de décider dans les lois romaines, comme si, dans le silence du Code, il n'était pas plus raisonnable de s'en rapporter à des lois récentes et motivées par les mœurs actuelles, que d'aller exhumer sur une question de cette nature les poudreux souvenirs du passé. On ne nous reprochera pas, à nous, qui avons puisé nos premières notions de droit dans les jurisconsultes romains, de calomnier cette législation modèle, et après avoir été nourri, en quelque sorte de son suc, de déchirer le sein de notre nourrice, et de tourner contre elle les forces que nous lui devons. Nous professons le plus grand respect pour toutes les décisions des lois romaines, et toutes les fois que nos usages et nos mœurs ne nécessitent

_____

(1) L. 29, *ff. De Condit. et Demonstr.*

pas un changement dans la législation, nous nous écartons toujours avec peine de ces maximes de droiture et d'équité qui caractérisent le droit romain, et l'ont fait surnommer le Code de la raison. Mais nous ne poussons pas cette confiance aveugle dans la parole du maître, jusqu'à appliquer aux questions actuelles des solutions évidemment faites pour un autre ordre de choses. La liberté des mariages devrait être moins scrupuleusement observée en droit romain, que sous notre Code. Si les mariages étaient contractés par des vues intéressées et par espoir du gain, et que l'hymen consommé, les époux se trouvassent malheureux de leur chaîne mutuelle, le divorce était pour eux un moyen naturel, sinon moral, de s'affranchir de devoirs pénibles et rigoureux. Il n'y avait donc pas d'inconvénient à ce que la liberté du mariage fût gênée par des conventions particulières, puisque l'hymen pouvait être rompu au gré des parties contractantes. Mais le divorce étant aboli en France, et les époux devant rester attachés l'un à l'autre par des liens indissolubles, on doit être plus sévère sur le degré de liberté qui doit présider aux mariages, et lorsqu'il apparaît que telle condition, tel engagement sur un mariage futur peut donner lieu à des abus, on doit réputer la condition contraire aux bonnes mœurs, et la considérer comme non écrite dans les donations et testaments.

N° 128. Quels seront les effets probables de la condition de ne pas se marier avec Mævia, imposée dans le testament du père? Le fils obéira-t-il à son père ; deux partis lui restent à prendre, ou il continuera de vivre avec sa maîtresse ; on rompt difficilement des liens criminels, et puis l'habitude est une seconde nature : ils donneront donc à la société le scandale d'une union illégitime. En contractant mariage, ils auraient lavé la tache originelle de leurs amours, mais le fils n'eût pas recueilli en entier la succession de son père ; en vivant dans le concubinage, ils ont du moins la consolation d'une grande fortune , ils sont récompensés, en quelque sorte , de leur crime. Ou bien le fils , pour accomplir les vœux de son père , abandonnera celle qu'il a trompée et qui s'est donnée à lui pleine de confiance , il laissera peut-être des enfants victimes innocentes d'une faute étrangère , et il croira n'avoir rien à se reprocher, s'il se charge de leur éducation et de leur fortune , comme si l'argent pouvait jamais remplacer une famille et un nom. Le fils transgressera-t-il les ordres de son père , préférera-t-il les devoirs de sa conscience aux intérêts pécuniaires? Des étrangers le dépouilleront d'une partie de son patrimoine, et lui feront payer cher sa vertu (1).

N° 129. Nous pensons donc que ce ne sont pas les lois romaines qu'il faut suivre en matière de dispositions conditionnelles , mais bien le décret déjà cité du 5 septembre 1791 , que le Code n'a point abrogé, puisqu'il ne fait que poser un principe général qui , pour son développement, son application , suppose nécessairement d'autres lois explicatives. Enfin , même sous l'empire du droit romain , des auteurs judicieux se sont prononcés dans notre sens.

N° 130. Ricard pensait que la condition de ne pas se marier avec Mævia était illicite , si Mævia avait été déflorée par le légataire. Il annulait cette condition comme contraire aux lois canoniques, qui imposaient au séducteur l'obligation de rendre à la fille séduite, en se mariant avec elle , l'honneur qu'il lui avait enlevé (2). Quoique les Décrétales, sur lesquelles Ricard se fonde , ne soient pas obligatoires , nous sommes portés à nous ranger du même avis , et cela par toutes les raisons de droit et de morale que nous avons présentées plus haut.

N° 131. Quant à la condition de viduité ; après beau-

(1) Voyez Delvincourt , pag. 60, notes du tom. II.
(2) *Décret., cap. 1 , de Adult et Stupr.* (Voyez Ricard , *Des Dispositions conditionelles* , n. 256. Furgole, *loc. cit.*, n. 55.

coup de changements survenus dans la législation romaine, une Novelle de l'empereur Justinien la déclare
valable et prononce la déchéance du legs si la légataire
se remarie.

Nº 132. En droit français, cette condition de ne pas
se remarier, est-elle contraire aux bonnes mœurs, et
peut-elle être annulée comme telle? Plusieurs auteurs ont pensé que cette condition était licite et valable; que les lois ont toujours vu avec défaveur
les seconds mariages; que même elles prononcent,
dans certains cas, des peines contre le convol de la
femme, ainsi elle est déchue de droit d'usufruit
légal. (Art. 386.) Elle ne conserve la tutelle qu'autant qu'elle lui est maintenue par le conseil de
famille. (Art. 395.).

Enfin, cette condition impose une vie de perfection, et il serait absurde de la qualifier d'immorale.
Les liens du mariage sont indissolubles, et la mort de
l'un des époux, ne saurait rendre à l'autre sa liberté:
d'après les principes même du christianisme, l'homme
sans la femme, et la femme sans l'homme, sont des
êtres incomplets, ce sont deux parties séparées
d'un même tout. Une fois qu'ils se sont unis, tout
est irrévocable; la mort ne saurait délier des
nœuds serrés pour l'éternité, en vain les sépare-t-
elle-ici-bas, les devoirs restent-les mêmes, les droits
des époux persistent, alliance ineffable et mysté-
rieuse de la vie et de la mort, de la terre et du
Ciel (1).

(1) C'est ce que dit Athénagore : « Les secondes noces ne sont, à nos
« yeux qu'un adultère honnête; car celui qui a renvoyé sa femme et en
« a épousé une autre est adultère, dit le Seigneur, quand même la
« première serait morte; il y a toujours adultère et violation manifeste
« des lois de Dieu, qui ne créa, dès le commencement, qu'un seul
« homme et une seule femme. » (*Leg. Ad. Gent.*)
Mais saint Clément (Strom., p. 451), et Théodoret n'adoptent point
cette conséquence rigoureuse. Voici les paroles du second : *Si ipse
priore expulsa uxore, fuisset alii conjunctus, dignus esset qui re-
prehenderetur et jure esset accusationi obnoxius : sin autem vis mortis priorem disjunxerit, urgens autem natura, ut secundæ uxori con-*

N° 133. Si de ces hautes considérations de religion et de morale, nous descendons aux intérêts purement humains, de nouveaux motifs semblent attacher la même défaveur aux secondes noces : l'intérêt des enfants d'un premier lit est presque toujours gravement compromis par le convol du père ou de la mère; le second conjoint leur préférera les enfants du nouveau mariage; heureux pourront-ils s'estimer encore, si leur père ou leur mère, guidés par une influence étrangère, n'abusent pas de l'ascendant que leur donnent et la nature, et l'expérience des affaires. Heureux seront-ils de conserver leurs biens intacts, et de ne pas devenir les victimes de la plus odieuse spoliation.

N° 134. L'état de viduité est, il est vrai, conforme à la morale; c'est même un état plus parfait que celui d'une seconde union. Ce n'est point là ce qu'il faut examiner. Plus cet état est parfait, plus il faut qu'on y soit conduit par des vues désintéressées : la vocation que l'argent décide est-elle une véritable vocation? Une femme fera bien, sans doute, de demeurer fidèle à son premier mari; mais si elle ne peut rester veuve qu'aux dépens de sa vertu et de ses mœurs, il vaut mieux, pour elle, convoler à de secondes noces. La viduité est plus morale qu'un nouveau mariage, mais celui-ci l'est plus qu'une vie de désordre et de liaisons scandaleuses.

N° 135. La condition de ne pas se remarier nous paraît donc non moins illicite et immorale que celle de rester célibataire, par la raison que son accomplissement peut donner lieu aux mêmes abus. La donation et le legs seraient valables, et la condition *pro non scripta haberetur*. Mais n'y aurait-il pas un moyen facile d'éluder cette nullité. Le testateur lègue à Titius sa maison, pour en jouir et en disposer tant qu'il vivra

---

jungeretur coegerit, non ex voluntate sed ex casu processit secundum matrimonium. Hæc considerans admitto eorum interpretationem qui sic intellexerunt.

dans le célibat. Il y a ici don d'une propriété pendant un certain temps. Or, les lois permettent de telles stipulations? De même, un mari lègue à sa femme l'usufruit de tous ses biens, pour en jouir tant qu'elle restera veuve. Il est évident ici que c'est une fraude à la loi. Et on obtiendrait, par des termes détournés, le résultat qu'on n'eût point obtenu par des termes directs; le changement de la forme seule de l'acte aurait l'effet de le rendre valable de nul qu'il était. Ces conséquences seraient trop absurdes, et le texte même du Code nous offre les moyens d'échapper à ces difficultés, à cette contradiction. Nos deux exemples reviennent évidemment à ceux-ci : je lègue à Titius ma maison, mais cette maison retournera à mon héritier si le légataire se marie; je lègue à ma femme l'usufruit de tous mes biens, mais elle cessera d'en jouir du jour où elle convolera à de secondes noces. Dans les deux cas, il y a don d'une propriété ou d'un usufruit résolubles par un événement conditionnel. C'est une condition suspensive apposée au distract, et une condition résolutoire apposée au contract. L'art. 900 ne distinguant pas entre les conditions suspensives et les conditions résolutoires, et, d'ailleurs, toute condition suspensive étant résolutoire considérée sous un certain point de vue, et réciproquement, il suit que les deux testaments, dont nous avons figuré les espèces, ressortiraient leur plein et entier effet, sans que l'événement de la condition entraînât la déchéance des legs. De même, par son testament, un père laisse ses biens à son fils, mais sous la condition résolutoire qu'il n'épousera pas Titia dont il a des enfants; la disposition sera pure et simple, et la condition résolutoire considérée comme non écrite.

N° 136. Remarquons ici que, par rapport aux conditions de ne pas se marier, etc., l'intention du testateur est plutôt d'imposer une condition résolutoire, qu'une condition suspensive. En effet, d'après l'art. 1177, lorsqu'il n'y a pas de temps déterminé, la condition de ne pas faire n'est réputée accomplie, que lorsqu'il est certain que l'événement n'arrivera pas. Dans l'espèce présente, il n'est certain que le légataire ne se mariera pas avec telle ou telle personne, que quand il est mort. Si la condition de ne pas faire était considérée comme suspensive, les héritiers seuls du légataire jouiraient du legs, à l'exception du cas où le légataire se serait fait recevoir prêtre, car alors, dans l'ancienne jurisprudence, la condition de ne pas se marier était censée accomplie. Mais, dans le doute, on doit interpréter une convention de manière à ce qu'elle ait un effet, selon les intentions probables des parties contractantes (1157—1156). Il n'est pas supposable que le testateur n'ait voulu accorder la faveur du legs qu'aux héritiers du légataire qui sont inconnus et qui, peut-être même, ne sont pas encore nés. Toute libéralité est faite en considération de la personne avantagée; jusqu'à preuve du contraire; la condition devra donc être réputée résolutoire. Aussi, par une de ses *Novelles*, Justinien accordait à la femme légataire sous condition de viduité, le droit de recueillir le legs après le délai d'un an, toutefois, en donnant caution de restituer la chose avec les fruits, si elle contrevenait à la disposition (1). *Modum, potius quam conditionem, testator dedisse videtur.*

Nº 137. En résumé, nous regardons comme illicites toutes les conditions qui gênent la liberté des mariages, soit en engageant à les contracter par des motifs d'intérêts pécuniaires, soit en les empêchant par la crainte d'une déchéance quelconque.

Nº 138. Pour que la violence, soit physique, soit morale, ait pour effet d'annuler la convention passée sous son empire, il faut que la crainte qu'elle produit soit capable de faire impression sur un homme raisonnable (1112). Les lois romaines, presque toujours fidèles

(1) Nov. 22, chap. 44, § 1, et 2.

aux sévères principes du rigorisme stoïcien, ne déclaraient nulle la convention qu'autant que la crainte, résultant de l'emploi de la violence, était capable de troubler l'homme le plus courageux (1). Le Code est plus indulgent, et même il veut que les juges aient égard à l'âge, au sexe et à la condition des personnes. Il faut dire également que l'état de santé, de faiblesse morale de l'individu, devraient être considérés ; l'art. 1112 n'est point limitatif (2).

N° 13 : Néanmoins, la seule crainte révérentielle envers le père ou la mère n'autorise pas à demander la nullité du mariage contracté sous l'influence de cette crainte. Cette disposition générale qui se trouve au titre des obligations (1114), reçoit plus particulièrement son application, lorsqu'il s'agit d'un mariage. Les législateurs ont pensé que ce n'était pas trop accorder à l'autorité des parents ; qu'elle ne s'exercerait pas d'ailleurs d'une manière tyrannique ; que la volonté des enfants serait toujours plus ou moins respectée ; et, il faut en convenir, sauf de rares exceptions, en mariant leurs enfants, les pères et mères ont presque toujours en vue leur bonheur. Mais ils sont persuadés qu'en usant de leur ascendant sur leurs enfants, pour les faire consentir au mariage projeté, ils seront heureux plus tard ; que les unions les plus fortunées ne sont pas celles dont l'amour a été le précurseur et le héraut ; mais celles qui ont été formées sous les auspices de l'estime et de l'amitié. On revient facilement d'une injuste prévention, et plus on haïssait de loin, plus on aime de près ; on voit que ce qu'on prenait pour de la dureté n'est qu'une sévérité bien entendue ; pour de l'avarice, une sage économie ; pour de la froideur et de l'insensibilité, une réserve nécessaire dans les liaisons calculées de la société. Chaque jour, chaque instant, vient dévoiler des qualités inaperçues,

(1) *In Hominem contentissimum*, l. 5, *ff*. *Quod metus causa.*
(2) Bruxelles, 22 août 1808.

atténuer des défauts ; on s'étonne de son premier jugement ; et plus on avait été exagéré dans le blâme, plus on aime avec excès. Au contraire , lorsque un jeune homme et une jeune fille se sont rencontrés dans le monde , et ont éprouvé l'un pour l'autre de tendres sentiments, ils s'imaginent tous deux être destinés l'un à l'autre , ils pensent qu'il n'y a plus pour eux d'autre condition de bonheur, qu'une union éternelle et une vie commune ; ils prennent leurs caprices , leurs désirs passagers pour cet amour sympathique et profond qui s'empare de toute l'existence , et en fait ou une vie de délices et de continuelles extases, ou un état affreux d'angoisses et de larmes. Et, il faut le dire, un tel amour est, non pas impossible , mais du moins très rare , il ne se trouve presque que dans les romans. Les deux époux futurs sont, l'un pour l'autre, une idole, un objet de perfection: je veux que, dans le premier délire de la possession, l'illusion dure encore; quand les sens seront satisfaits, pensez-vous que l'amour réciproque des deux époux reste toujours le même. Ils vivent ensemble, ils se voient à chaque heure de la journée ; mais il est bien des moments où l'on s'oublie soi-même ; on ne conserve pas sans cesse cette égalité d'humeur que l'on porte dans le monde, cette gaîté folle et séduisante qui, souvent, n'est qu'un masque sous lequel on cache les plus poignantes douleurs. Vous ne retrouvez plus, dans la personne qui vous est unie , ces dehors brillants qui vous avaient captivé ; longtemps vous voulez conserver votre amour, attribuant à l'inconstance de vos penchants, ce qui est un résultat nécessaire de l'intimité de vos relations. Il est dur de renoncer à l'illusion la plus chère, on ne se résout pas si vite à briser l'autel que l'on avait élevé dans son cœur. Peu à peu ce désenchantement complet arrive, et qui peut en prévoir toutes les suites ? Ainsi, dans une galerie de tableaux , souvent nous vantons le coloris et la fraîcheur de telle ou telle peinture, puis nous nous approchons pour mieux admirer ce qui, de loin, nous a paru si beau; quelle erreur! Ces couleurs qui nous ont séduits sont grossières et prodiguées sans goût. Quelque temps, nous doutons du témoignage de nos yeux, nous hésitons à prononcer l'arrêt de condamnation; mais bientôt, forcés de céder à la vérité, nous nous éloignons avec d'autant plus de rapidité de ce tableau, que nous avions mis plus d'empressement à l'examiner. Les parents ont donc raison de faire violence, jusqu'à un certain point, à la volonté de leurs enfants; mais en tout l'excès est nuisible, il faut garder une juste modération. Si les pères et mères s'aperçoivent que le refus de leur fille, par exemple, est fondé sur une antipathie invincible, sur une aversion déclarée, il y aurait du danger à la forcer à contracter un mariage, que repoussent si énergiquement ses volontés. Elle cédera à la contrainte; mais elle gardera dans le cœur une profonde animosité contre l'époux assez lâche pour accepter un cœur qui ne veut pas se donner, assez téméraire pour s'exposer à la vengeance d'une femme. Elle se voit unie, par une chaîne indissoluble, à un homme pour lequel elle ne saurait avoir de l'amour; les différences d'âge, de caractères, d'habitudes sociales, rendent toute réconciliation impossible. Il faut donc renoncer au bonheur d'aimer, d'être aimée; qu'a-t-elle fait pour être ainsi séparée des autres, condamnée à d'éternelles douleurs? Que lui importent l'or et les richesses! elle changerait son sort contre celui de la femme pauvre, à la seule condition d'avoir encore sa liberté. Qu'un jeune homme aimable se présente à elle, lorsqu'elle est dans cet état d'esprit, qu'il emploie les pratiques les plus communes de la séduction, elle regrettera le temps où elle aurait pu l'aimer sans remords; elle entreverra un bonheur dont, jusqu'alors, elle n'avait eu qu'une idée vague; elle se révoltera contre le joug qui l'asservit, et celle dont les pensées avaient toujours été pures, les principes sévères, la conduite irréprochable, celle qui, mariée à un époux de son choix, eût défié toutes les attaques, forte de son amour et de sa vertu, succombera peut-être à la première épreuve. Les hommes s'étudient à deviner ces instants où la femme est lasse de son mari, où, par esprit de vengeance, elle remplira tous leurs vœux; ils se réjouissent des querelles domestiques et des disputes conjugales : ainsi une nation fonde son espoir sur les discordes civiles qui déchirent le sein de sa rivale. Malheureux ! à quoi bon rassembler toutes vos forces, déployer toutes vos ruses, user de toutes vos armes, contre un ennemi faible et sans défense; ah ! plutôt, retenez-le, il en est temps encore, sur le bord du précipice où vous allez l'entraîner; déchirez le bandeau qui couvrait ses yeux, que la possibilité de la victoire suffise à votre amour-propre. Ennemi généreux, protégez-la contre les piéges que d'autres pourraient semer sur ses pas. Croyez-moi, laisser son honneur à une femme vertueuse qui, dans un moment de faiblesse, allait succomber et se livrer à vous, c'est le plus beau triomphe qu'on puisse obtenir sur soi-même et sur ses passions. Pourquoi donc cette conduite n'est-elle pas suivie? pourquoi se fait-on une gloire de déshonorer une femme? O la belle victoire ! grand et admirable exploit que d'avoir, sans pitié, sans pudeur, sans amour, marqué le front d'une femme du sceau ineffaçable de la honte et de l'infamie. Telles sont les funestes conséquences d'un mariage forcé, et si l'on nous reproche trop d'exagération dans notre tableau, nous en appellerons à l'expérience et à l'étude de la société. Certes, les exemples n'y manquent pas ; que de fois l'on a vu les mariages formés par contrainte, amener les mêmes résultats que nous avons décrits, et peut-être plus encore : des plaintes et de la haine contre son époux, à l'adultère, il n'y a qu'un pas. Il n'y a qu'un pas aussi de l'adultère à de plus grands crimes (1).

(1) *Adultera ergo venefica.*

N° 140. Une contrainte légalement exercée, ne peut donner lieu à la rescision du mariage dont elle a été la cause; pourvu, toutefois, qu'à cette contrainte légale ne se soient pas jointes des manœuvres frauduleuses. Ainsi, une femme, marchande publique ou stellionataire, est emprisonnée par ordre de son créancier; si elle consent au mariage pour se soustraire à la peine corporelle, elle ne sera plus recevable à en demander la nullité, sous prétexte qu'elle ne s'est pas mariée en donnant un plein et libre consentement. La raison en est sensible. Pour que la violence soit une cause de nullité d'un contrat, il faut qu'elle soit injuste. *Vim accipimus atrocem, et eam quæ adversus bonos mores fiat : non eam, quam magistratus recte intulit, scilicet jure licito, et jure honoris quem sustinet* (1). Les voies de droit, telles que la saisie, l'emprisonnement, ne peuvent jamais passer pour une violence de cette espèce.

N° 141. Mais si le créancier faisait emprisonner sa débitrice pour une dette qui n'entraîne pas contrainte par corps, et, par ce moyen, la faisait consentir au mariage, elle pourrait en demander la nullité. En vain lui opposerait-on la maxime, *turpe est ignorare leges*, en lui reprochant de n'avoir pas réclamé contre une arrestation illégale, il y a ici voie de fait, violence injuste, et la rescision du contrat doit être admise. *Qui incarcerem quem detrusit ut aliquid ei extorqueret, quidquid ob hanc causam factum est, nullius momenti est* (2).

N° 142. Le dol est une cause de nullité du mariage, quand il a eu pour objet l'erreur sur la personne. En effet, nous avons vu précédemment que l'erreur sur la personne annulait le mariage; que sera-ce donc, quand à cette erreur se joindra le dol de l'autre époux? et

(1) L. 3, *ff. Quod metus causa.*
(2) L. 22, *ff. Eod. titul.*

même, dans un cas pareil, on doit supposer de droit sa complicité.

N° 143. Il y aurait, par rapport au dol, la même série de questions à renouveler que par rapport à l'erreur. Car, c'est l'erreur que le dol a toujours pour but. La question générale est celle-ci : Quand bien même l'erreur ne serait pas suffisante pour autoriser à demander la nullité du mariage, le dol venant s'y ajouter, le mariage serait-il nul? Les questions particulières sont : Un roturier se fait passer pour noble, il suppose de faux titres, il arrive dans un pays où il n'est pas connu avec des équipages, des laquais, un train magnifique. Par ce moyen, il épouse une riche et noble héritière ; puis le mariage fait, toute cette cour d'emprunt disparaît, et la vérité ne tarde pas à se faire jour. Peut-on faire casser le mariage? On peut dire, d'une part, 1° que l'erreur sur les qualités emporte ici erreur sur la personne : la femme noble croyant épouser un comte, un personnage d'un rang distingué, et il se trouve que c'est un aventurier ; or, elle ne s'est déterminée au mariage que par la considération de ses titres de noblesse; 2° qu'il y a ici, de la part du mari, un dol personnel, sans lequel le mariage n'eût pas été contracté. Néanmoins, nous pensons que le mariage serait valable. Il n'y a pas erreur sur la personne physique, mais bien sur les qualités extrinsèques de la personne, et, d'ailleurs, on ne peut pas prouver qu'il soit certain que sans les manœuvres de l'époux, le mariage n'eût pas été contracté. L'espèce s'est présentée sous l'ancienne jurisprudence, dans la célèbre affaire de la dame de Couseran. Le mariage a été déclaré valable, par arrêt du 23 juin 1725 (1). Nous ne doutons pas que la même décision ne doive être suivie sous l'empire de notre Code.

N° 144. Mais n'y aurait-il pas des hypothèses où le dol, ayant pour objet de jeter dans l'erreur sur les qua-

____

(1) *Augeard*, tom. II, arrêt 168.

lités, entraînerait, par là même, erreur sur la personne. M. Toullier propose l'espèce suivante (1). Mon ami a un fils unique et j'ai une fille. Nous formons le projet de les unir. Arrive un jeune homme qui se dit le fils de mon ami, et qui vient pour célébrer le mariage arrêté. L'erreur est reconnue après la célébration du mariage; il peut être cassé. En effet, il est évident, dans cette hypothèse, que, sans le dol du mari, jamais le mariage n'eût été contracté; ce n'est pas la personne physique que ma fille a eu en vue, mais seulement la qualité qu'il se donnait de fils de mon ami. Cette qualité étant fausse, le mariage est nul. C'est ainsi qu'il faut interpréter un arrêt du parlement de Bretagne, du 24 décembre 1692, qui jugea que l'union contractée entre Marie de Lys et un aventurier, se disant Antoine Mouchy, à qui elle avait été promise, pouvait être rompue (2).

N° 145. *Quid*, si une femme se fait passer pour riche, tandis qu'elle est pauvre; pour fille, tandis qu'elle est veuve; ou bien pour vertueuse, tandis qu'elle est débauchée? le mariage est valable comme dans le cas où l'erreur n'est pas le fait de l'épouse. L'art. 1116 reçoit une application directe à toutes ces questions. Et ce principe, que le dol n'est une cause de nullité des contrats, que quand il est démontré que sans les manœuvres frauduleuses, le contrat n'eût pas été fait, est surtout juste en matière de mariage. Quand une vente, par exemple, a été consentie par erreur, violence ou dol, et que sur ce fondement on annule l'acte, le vendeur rentre dans la propriété de son fonds, et l'acheteur reçoit le prix qu'il avait donné. Mais pourrez-vous, lorsqu'il s'agit d'un mariage, remettre les choses dans l'état même où elles étaient avant sa consommation? S'il était permis, pour de légers motifs, d'obtenir la rupture du mariage, ne

(1) Tom. I, pag. 439, n. 522.
(2) Voyez *Code matrimonial*, n. 486, édit. de 1770.

serait-ce pas placer la femme, que l'on a épousée dans une fâcheuse position. Une femme qui a eu un amant peut encore, jusqu'à un certain point, cacher sa faute, et ne pas perdre pour cela sa réputation de virginité. Mais quand un contrat solennel est intervenu, la feinte est impossible, le mensonge sans résultat. La femme, dont le mariage serait cassé pour son dol personnel, trouverait difficilement un autre époux. On n'aime point une fleur déjà fanée, on préfère en respirer le premier le parfum, dût-on, en la cueillant sur la plante vierge, ressentir l'atteinte de ses épines.

N° 146. Il peut se présenter des cas où le consentement n'est pas détruit dans son essence, par l'erreur, la violence et le dol, mais où il est supposé dans un acte faux.

Nous lisons dans le *Traité de la preuve par Témoins, en Matière civile*, de Desquiron, l'espèce suivante. Un jeune homme, éperdûment amoureux d'une jeune fille que l'on avait constamment refusée à son amour, vient devant l'officier de l'état-civil avec une femme qu'il présente sous le nom de la jeune fille, et le mariage est célébré. Le lendemain, il va trouver les parents de son épouse et, en vertu d'un contrat de mariage, dont il est porteur, il réclame sa femme. Ceux-ci dénoncent le fait à la justice, et le faussaire est poursuivi criminellement. La jeune fille qui, d'abord, avait montré de la répugnance pour cet hymen, touchée, sans doute, du danger auquel son amant n'avait pas craint de s'exposer pour elle, soutient devant les juges qu'elle-même assistait au mariage, et que c'est bien avec elle que l'accusé s'est marié. Mais cette allégation se trouvant démentie par les témoins et par les circonstances du procès, la condamnation fut prononcée.

Supposons maintenant qu'au lieu de soutenir ce système maladroit, la jeune fille ait déclaré qu'elle ratifiait le mariage. Le pourrait-elle, même en admettant que ses parents y consentissent? la négative est incontestable. Lorsque le consentement est vicié par l'erreur, le dol, la violence, la ratification valide le contrat, comme si le consentement eût été entièrement libre. Mais on ne peut ratifier un contrat où l'on n'a pas été partie et qui n'a, à proprement parler, aucune existence. La nullité résultant d'un faux acte de mariage, ne saurait donc être couverte.

N° 147. Pour donner un consentement valable, il faut avoir sa raison; il faut savoir ce que l'on fait.

N° 148. Des dispenses d'âge sont accordées pour des motifs graves et d'importants intérêts, à un enfant encore en bas âge. Lorsqu'il aura atteint l'âge de raison, n'aura-t-il pas le droit d'attaquer le mariage? Oui, sans doute. L'enfant, privé de raison, est incapable de donner un consentement, et si les dispenses d'âge peuvent suppléer à l'incapacité civile, elles ne peuvent rien sur l'incapacité naturelle.

N° 149. En droit romain, le sourd-muet de naissance ne pouvait se marier, par la raison qu'il n'avait aucun moyen pour manifester son consentement; mais depuis que l'on a découvert l'art admirable de faire expliquer les sourds-muets; depuis que ces infortunés, si maltraités de la nature, peuvent jouir de la société des hommes et, par leur communication avec eux, acquérir des connaissances aussi étendues que le comporte leur état, il n'y a plus de raison pour leur interdire le mariage, absolument parlant. Dans le projet du Code, on avait introduit un article, portant que les sourds-muets ne pourraient se marier. Mais sur les observations du premier consul et de Cambacérès, cet article fut supprimé, par le motif que l'art. 146 établissant qu'il n'y a de mariage que lorsqu'il y a consentement, défendait le mariage aux sourds-muets lorsqu'ils n'y donneraient pas un libre consentement, et l'on renvoya au chapitre relatif à la célébration des mariages, la disposition sur la manière dont les sourds-muets de naissance exprimeraient leur consentement. Cet article n'existe point, de sorte que l'appréciation appartient aux tribunaux. M. Tronchet observait que le sourd-muet, dans la plupart des cas, ne saurait quelle union il va former et quelles sont ses obligations. Bonaparte répondit à cela, qu'en voyant son père et sa mère, il a connu la société du mariage. Enfin, comme l'observa M. Rœderer, un sourd-muet qui serait privé de sa famille, se trouverait trop heureux d'avoir le secours d'une compagne; elle l'abandonnera toujours moins que des mercenaires. Si la loi déclarait le sourd-muet incapable de se marier, elle le mettrait dans un état d'interdiction plus pénible qu'un mariage hasardé (1).

N° 150. L'interdiction judiciaire frappant la personne interdite de la présomption d'incapacité lui rend tout mariage impossible. Mais l'interdit pourra-t-il contracter mariage dans ses intervalles lucides? Le Tribunat, dans ses observations sur l'article qui est le sujet de notre commentaire, était d'avis qu'il fallait établir une disposition formelle, déclarant, comme règle certaine, que l'interdit pour cause de démence, est, en fait de mariage, hors d'état de donner un consentement, lors même qu'il aurait des intervalles lucides. Il ne fut rien décidé sur ce point, et c'est à la doctrine qu'il appartient de résoudre les difficultés qui s'élèvent sur cette matière. On a dit, d'une part, que l'art. 146 pose une règle générale à laquelle il ne peut y avoir d'exceptions que celles qui sont écrites dans la loi. Le Tribunat le comprenait bien, c'est pour cela qu'il demandait un article formel pour défendre le mariage à l'interdit, et cet article n'ayant pas été adopté, on doit conclure que l'interdit, en fait de mariage, est soumis au droit commun, et qu'il pourra valablement se marier s'il est dans un intervalle lucide. Le Conseil d'état, en ne tenant aucun compte sur ce point des observations du Tribunat, a abandonné à la sagesse des tribunaux la

____

(1) Locré, tom. V, pages 319, 320, 321 et 322. (Voyez l'*Arrêt du Parlement de Paris*, du 18 *janvier* 1658. *Fevret de l'Abus*, ch. III, n. 6.

question de savoir si l'interdit a donné un consentement valable. L'interdit pour cause de démence ou de
fureur, est dans un état qui doit éveiller la sollicitude
de nos législateurs; ils ont, dans l'art. 510, décidé
que les revenus de l'interdit seraient employés à son
soulagement; ils ont continué leur œuvre de charité
non moins que de justice, en permettant à un être
compatissant de secourir le malheureux privé de sa
raison, et de rendre peut-être, par des soins assidus,
un de ses membres à la société.

N° 157. La négative nous paraît mieux fondée. Si les
rédacteurs du Code n'ont point adopté l'article proposé
par le Tribunat, ce n'est pas qu'ils aient voulu permettre
le mariage à l'interdit; mais ils ont jugé inutile de dire
qu'il serait incapable de se marier, car l'incapacité
qui frappe l'interdit est absolue, et l'esprit général du
Code est de ne pas avoir égard aux intervalles lucides;
on a voulu tarir cette source nombreuse de procès où
la preuve était toujours si douteuse et si difficile. On
sait que les personnes atteintes de folie ont souvent
des moments où, sans être dans leur pleine et entière
raison, il serait impossible même à l'œil le plus exercé,
de reconnaître le mal dont ils souffrent. Si donc on
admettait la preuve que l'interdit était dans un intervalle lucide, lorsqu'il a contracté mariage, il serait
aisé de surprendre l'aliéné dans un instant de calme,
et on le ferait comparaître devant l'officier de l'état-civil,
qui, trompé par une apparence de raison, viendrait
déposer en justice que l'interdit était alors dans son
bon sens. C'est pour empêcher cet abus que la loi veut
que tous actes passés postérieurement à l'interdiction
soient annulés, sans qu'il soit besoin de prouver l'état
actuel de démence. L'interdiction judiciaire place l'interdit sous le poids d'une présomption absolue, contre
laquelle on allèguerait vainement les faits les plus incontestables. Le défaut de consentement pour tous
les actes, depuis l'interdiction jusqu'à la main-levée,
est établi par le jugement même d'interdiction. Par

conséquent, la condition requise par l'art. 146, pour la validité du mariage, savoir le consentement, ne peut être remplie par celui qu'une interdiction judiciaire a frappé d'incapacité. Et quelle ne serait pas l'inconséquence du système opposé? la loi déclarerait l'interdit incapable de faire les contrats ordinaires, et elle lui laisserait le pouvoir de consentir à l'acte le plus important, à celui pour lequel elle a même reculé la majorité des citoyens, et pour lequel elle exige de plus grandes garanties de raison et de maturité.

N° 152. L'art. 174 donne au parent collatéral, le droit de former opposition au mariage de son parent pour cause de démence, à la charge de provoquer l'interdiction. Donc, cet article suppose que la démence est un obstacle au mariage, sans distinguer si la personne qu'on accuse d'aliénation mentale a des intervalles lucides; celui dont le mariage est empêché par cette opposition, ne pourrait pas en demander la main-levée, sous prétexte qu'il y a des moments où il jouit de toute sa raison. On doit étendre *a fortiori* cette décision, au cas où l'interdiction a été prononcée. Enfin, la doctrine que nous professons résulte évidemment des discours des orateurs du gouvernement. « Les « lueurs équivoques de la raison, dit le tribun Tarrible, « qui reparaissent quelquefois chez les insensés et les « furieux, n'étaient pas un motif suffisant pour modifier « l'interdiction ou pour en interrompre la continuité. » Nous avons un texte plus explicite encore. M. Emmery, rapporteur de la loi sur l'interdiction, s'exprime ainsi : « Ceux auxquels on donne un conseil ne sont pas in- « capables des actes de la vie civile, ils ne peuvent « s'obliger, en contractant dans les cas prévus, sans « l'assistance de leur conseil; mais, en général, ils sont « habiles à contracter, *ils peuvent se marier*, ils peu- « vent faire un testament, *ce que ne peuvent pas* « les interdits pour cause d'imbécillité, de démence « ou de fureur. »

N° 153. Le mariage antérieur à l'interdiction, pourra

être annulé, si la cause de l'interdiction existait notoirement à l'époque où il a été contracté (503).

N° 154. Après la mort d'un individu, le mariage par lui fait, ne pourra être attaqué pour cause de démence, qu'autant que l'interdiction aura été ou prononcée ou provoquée, à moins que la preuve de la démence ne résulte de l'acte lui-même. v. g., si l'acte de mariage contient des clauses extravagantes (1).

N° 154 *bis*. Mais pourrait-on attaquer le mariage en offrant de prouver la démence au moment où il a été contracté? Oui, dit-on, car si la démence existait à cette époque, il n'y a pas eu consentement; l'art. 504 ne doit pas être interprété d'une manière judaïque : cet article signifie que lorsque l'interdiction n'aura pas été provoquée, il ne suffirait pas de prouver des faits de démence ou de fureur, antérieurs ou postérieurs au mariage, il faudrait les prouver à l'instant où le consentement a dû être donné, tandis que quand l'époux est interdit, il suffit, comme nous l'avons dit, d'établir que la cause de l'interdiction existait notoirement lorsque le mariage a été fait.

N° 155. Nous ne partageons point cette opinion. L'art.

---

(1) Nous soulevons toutes ces questions, parce que nous entendons l'art. 180 autrement que la plupart des jurisconsultes. Ils pensent que dans le cas de démence et d'interdiction, l'interdit a seul le droit de demander la nullité de son mariage. Tel n'est point le sens de l'art. 180 : « Le mariage qui a été contracté sans le consentement libre des deux « époux, ou de l'un d'eux, ne peut être attaqué que par les époux ou « par celui des deux dont le consentement n'a pas été libre. » Cet article s'applique au consentement extorqué par violence, donné par erreur ou surpris par dol ; il était juste de laisser à la personne seule, dont le consentement n'a pas été libre, le pouvoir de demander la nullité du mariage, car, elle seule peut apprécier si l'erreur, le dol ou la violence ont été tels qu'elle n'ait pu donner un véritable consentement. Dans le cas de démence, d'imbécillité et de fureur, on ne peut pas dire que le consentement de la personne interdite ne soit pas libre ; cette expression ne serait pas juste, puisqu'il n'y a point ici de consentement ; le mariage est donc radicalement nul, et toute personne intéressée à l'action en nullité. L'identification de l'erreur, de la violence et du dol, avec l'aliénation mentale est une erreur grossière, et cependant presque généralement accréditée, soit au barreau, soit aux écoles. Nous développerons plus longuement nos idées sur ce point dans le traité des nullités.

504 est conçu dans des termes généraux : « Après la « mort d'un individu, les actes par lui faits ne pour- « ront être attaqués pour cause de démence. » La loi ne distingue pas, elle n'a pas voulu que l'on put, pour des intérêts pécuniaires, établir par la preuve testimoniale, toujours incertaine, des faits de démence, propres à flétrir la mémoire du défunt. Pourquoi d'ailleurs les héritiers n'ont-ils pas, de son vivant, provoqué son interdiction? Leur silence fait présumer que le défunt jouissait de toute la plénitude de ses facultés! La loi n'a fait d'exception à l'art. 504, que lorsque la preuve de la démence résulte de l'acte attaqué : 1° parce qu'il serait absurde qu'un acte qui renferme en lui-même la preuve de sa nullité soit valable; 2° parce qu'alors les faits de démence sont fondés sur une preuve par écrit, dont la loi fait plus de cas que de la preuve par témoins. (Voyez aussi notre Commentaire sur l'art. 180.)

N° 156. Le mariage contracté par l'interdit qui a recouvré sa raison, à supposer qu'il ait demandé la main-levée de l'interdiction et qu'il soit mort avant de l'avoir obtenue, est-il valable? Nous croyons que le mariage n'est pas valable. L'interdiction judiciaire établit une présomption légale, absolue, de démence, tant que la main-levée n'a pas été obtenue; les effets du jugement continuent d'avoir lieu, donc tous les actes faits depuis l'interdiction jusqu'à l'époque précise de la main-levée sont nuls. En vain, dans le sens d'une opinion contraire, argumenterait-on par analogie de l'article 503, qui porte que les actes faits avant l'interdiction sont nuls, si la cause en existait notoirement, à l'époque où ils ont été passés. Cet article doit être restreint au cas qu'il prévoit; il faut, en général, se défier de toutes ces manières de raisonner par analogie. Autre chose est de donner un effet rétroactif à un jugement, pour prouver un fait que rien ne fait présumer être faux; autre chose est de lui donner un effet rétroactif pour détruire une présomption légale absolue.

N° 157. Le prodigue soumis à l'assistance d'un conseil judiciaire, peut-il contracter mariage? Tous les auteurs se prononcent pour la validité du mariage. En effet, le prodigue n'est sous la surveillance d'un conseil judiciaire, que par suite de sa prodigalité, du déréglement de sa conduite, des folles dépenses auxquelles il s'est livré. On a voulu l'empêcher de consommer sa ruine; mais il jouit de toutes ses facultés intellectuelles, ou, du moins, la présomption légale n'est pas qu'il les a perdues; il est donc, même aux yeux de la loi, susceptible de donner un consentement réfléchi. L'énumération des actes que le prodigue ne pourra pas faire sans l'assistance d'un conseil judiciaire, est essentiellement limitative, et l'art. 499 en ne pas comprenant le mariage sous la *prohibition*, indique par là que le prodigue est, quant au mariage, soumis au droit commun. Le mariage n'est pas non plus compris dans l'énumération de l'art. 513. Il résulte aussi du passage déjà cité de l'orateur du gouvernement (1), que cette conséquence que nous tirons de la loi, a été, en effet, dans l'esprit et dans la volonté du législateur. La seule objection sérieuse que l'on pourrait faire à cette solution, est celle qui est tirée de l'art. 2135. Le mariage a pour effet, dit-on, de donner à la femme, une hypothèque légale sur les biens de son mari. Comme il n'y a point d'exception pour le prodigue qui se marie, sa femme aura une hypothèque sur ses immeubles; mais l'art. 513 interdit au prodigue d'hypothéquer ses biens, il fera donc d'une manière indirecte ce que la loi lui défend de faire directement. La réponse est aisée : en lui interdisant de frapper ses biens d'hypothèques, la loi a pour but de l'empêcher d'absorber tous ses biens par des emprunts ruineux, et de contracter des dettes qu'il ne pourra payer et pour lesquelles il sera dépouillé de son patrimoine. L'hypothèque conventionnelle est donc seule défendue au prodigue, mais dans le cas du mariage, c'est la loi

(1) Pag. 147, n. 152.

elle-même qui donne naissance à l'hypothèque (2135).

N° 158. Le mort civil ne peut contracter un mariage valable ; car bien que l'origine du mariage soit de droit naturel, le mariage, en tant que contrat, est régi par la loi positive, et le mort civil est incapable de tous actes de la vie civile. Cet empêchement est dirimant.

N° 159. En refusant au mort civil le droit de se marier, on a fait une application sévère, rigoureuse, mais exacte des principes du droit. A-t-on rendu une décision conforme à la morale, il est permis d'en douter, Après avoir été emporté par de violentes passions. et poussé au crime par une malheureuse fatalité de circonstances, un homme quitte la France pour échapper à la condamnation qui va l'atteindre, son amante court partager son exil ; elle abandonne ses parents, ses amis, sa patrie, pour s'attacher au sort de celui qu'elle aime ; est-il pour elle de parents et de patrie là où n'est pas son bien-aimé. Coupable pour les autres hommes, il est innocent à ses yeux, et, d'ailleurs, le crime de l'amant rompt-il les liens qui l'unissent à son amant. Si, dans un moment d'ivresse et de démence, il a oublié les lois de l'honneur et de la vertu, doit-elle désespérer de le ramener peu à peu aux principes dont il s'est écarté, et à la religion qui fut le berceau de ses premières années. Pour être en paix avec sa conscience et légitimer les nœuds qui la lient avec l'exilé, elle contracte mariage en pays étranger, et la bénédiction nuptiale met sur cette union un sceau sacré, et cette femme que nulle considération n'a empêché de remplir ses devoirs, dont la pauvreté et la honte n'ont point ébranlé le courage, cette femme qui a sacrifié son avenir à celui que son cœur préférait, vous la flétrissez du nom de concubine, et les enfants qu'elle mettra au monde seront des bâtards !

N° 160. Ces conséquences apparaissent encore plus immorales dans le cas de la dissolution du mariage par la mort civile. Une femme accompagne son époux dans sa fuite ; innocente du crime dont il est accusé, elle en partage la solidarité. N'est-elle pas unie invariablement à ses destinées; riche et heureux, elle l'eût suivi dans un palais; malheureux et pauvre, elle le suit dans son exil. En vain sera-t-il condamné au tribunal des hommes! Est-on jamais coupable aux yeux de son épouse, et puis, en sera-t-il moins le père de ses enfants? N'est-ce pas à lui qu'elle aura dû les seuls instants de bonheur qu'elle a eus sur cette terre, et les plaisirs de l'amour, et les joies plus pures et plus douces encore de la maternité. Et cependant vous lui imposez l'obligation de délaisser son époux; leurs nœuds sont brisés, et ne peuvent plus produire d'effets aux yeux de la loi. Insensés! est-ce ainsi que vous récompensez le plus sublime dévoûment. Cette femme si grande, si généreuse, vous la traitez comme la dernière des femmes; vous confondez la vertu avec le vice, et de quel droit prononcez-vous la dissolution du mariage par la mort civile? Pouvez-vous séparer ce que Dieu a uni? Pouvez-vous faire que l'abandon de la femme soit moins odieux, son attachement à son époux moins digne de nos éloges? Non, l'opinion publique est plus forte que les mauvaises lois; elle les abroge avant les législateurs. Il est de ces principes de morale universelle, que Dieu lui-même a écrits dans nos cœurs en lettres de feu : abolir ces principes ce serait tuer l'humanité.

N° 161. Les enfants issus du mariage contracté par le mort civil, après la condamnation, sont traités par la loi, comme les enfants nés hors mariage; ils ont sur les biens de leur père ou de leur mère qui n'est pas mort civilement, les droits d'enfants naturels (757-761), ils n'ont de droit, ni sur les biens acquis par le mort civilement, depuis la condamnation, ni sur les biens des parents du mort civil. Les biens acquis par le mort civil, depuis qu'il a encouru la mort civile, appartiennent à l'état par droit de déshérence, sauf le droit réservé au roi de faire, au profit de la veuve et des enfants du condamné, telle disposition que l'humanité lui suggérera (33).

N° 162. Ces conséquences résultent de la loi, dans le cas où le conjoint du mort civil connaissait son état avant le mariage. Nous verrons ailleurs quel serait l'effet de la bonne foi de celui qui, par erreur, contracte mariage avec un mort civil.

N° 163. La mort civile est encourue à compter du jour de l'exécution de la condamnation contradictoire. Par conséquent, le mariage contracté par le mort civil, depuis cette exécution, est nul.

N° 164. Mais si la condamnation est par contumace, la mort civile n'est encourue qu'après le délai de cinq ans. Si donc le condamné se marie dans les cinq années de grace, de trois choses l'une, ou il se présentera pour faire purger la contumace avant les cinq années, ou il ne se présentera qu'après les cinq ans, ou il ne se présentera pas. Dans le premier cas, ou il sera acquitté ou il sera condamné, et le mariage est valable dans les deux hypothèses. S'il est acquitté, les effets du jugement de contumace sont anéantis pour le passé et le mariage, contracté pendant les cinq années de grace, a ses effets civils; ou il est condamné, et même si c'est à une peine emportant mort civile, le mariage est aussi valable; car il a été contracté avant ce jugement contradictoire, et les effets de ce jugement ne sauraient remonter à l'époque du premier jugement. Pendant les cinq années de grace, le condamné était, il est vrai, sous le poids d'une interdiction légale; mais sa seule comparution en justice anéantit de plein droit le jugement, et la mort civile, à laquelle il est condamné par le nouveau jugement, n'a lieu que du jour de l'exécution de ce second jugement (29). S'il meurt dans le délai de grace, sans s'être représenté, le mariage est valable; car le jugement par contumace est anéanti de plein droit (30). S'il ne se présente qu'après les cinq ans, ou il sera acquitté ou il sera condamné. Dans ces deux cas, le mariage est également valable, car, en cas d'acquittement, le condamné par contumace ne rentre sans

154

doute dans la plénitude de ses droits, que pour l'avenir ; mais la mort civile n'a été encourue que depuis l'époque de l'expiration des cinq ans (31). On opposerait vainement, que pendant le délai des cinq ans, le condamné par contumace était légalement interdit, l'art. 476 du Code d'instruction criminelle, porte que toutes les fois que le contumace se représentera, ou sera arrêté avant la prescription de la peine, le jugement rendu par contumace sera anéanti de plein droit. Il résulte aussi de cet article, que quand même il serait condamné par le nouveau jugement, néanmoins, le mariage contracté pendant le délai de grace, aurait ses effets civils, puisque, par le seul effet de la comparution en justice, le jugement rendu par contumace est anéanti. Il en serait autrement du mariage fait, depuis l'expiration des cinq ans, jusqu'à l'époque de la comparution ; il est nul en vertu du même art. 476 et de l'art. 3o du Code civil, et cela quand bien même le condamné par contumace viendrait à être acquitté. Si le contumace ne se représente pas, le mariage est nul (1).

N° 165. *Quid juris*, par rapport au mariage contracté depuis la comparution en justice jusqu'au jugement ? Ce mariage est valable, car la comparution en justice anéantit le jugement de condamnation, et l'accusé rentre, jusqu'à nouvel ordre, dans la jouissance de ses droits civils.

(1) M. Duranton n'est pas de notre avis sur toutes ces questions ; il pense que l'anéantissement du jugement, par la représentation du condamné, ne peut faire disparaître l'incapacité dont il a été frappé ; de même qu'un jugement de main-levée ne fait pas disparaître, pour le passé, l'incapacité résultant de l'interdiction. L'analogie nous semble ici plus apparente que réelle. Le jugement d'interdiction est anéanti pour l'avenir, mais non pour le passé, tandis que le jugement par contumace est considéré comme une erreur, et nul de droit par la comparution du contumace avant la prescription de la peine. Seulement, quand le condamné a laissé écouler cinq ans, la mort civile est encourue et l'anéantissement du jugement par contumace, comme il résulte de l'art. 470 du Code d'instruction criminelle et de l'art. 3o du Code civil, n'a pas pour effet de valider les actes faits depuis l'expiration des cinq ans jusqu'à la comparution ; c'est une exception à cette règle que le premier jugement est anéanti, mais l'exception confirme la règle dans les cas non exceptés.

ARTICLE 147.

*On ne peut contracter un second mariage avant
la dissolution du premier.*

COMMENTAIRE.

Nº 166. La polygynie a été et est encore la loi d'une partie du monde , les causes en sont multiples et les raisons diverses.

Nº 167. A l'origine des sociétés, il existait une communauté négative ; le droit actuel de possession n'était pas distinct du droit de propriété. Quand un homme et une femme se séparaient volontairement , ils ne conservaient l'un sur l'autre aucun droit , et ne se devaient plus l'un à l'autre que ce qu'on doit à tous ses semblables (1). Mais quand la population augmenta , quand la volonté individuelle d'un citoyen fut en choc avec mille autres volontés , il fallut bien établir des lois qui réglassent les rapports des hommes, et qui, en assurant sa liberté à chacun, lui imposassent l'obligation de respecter celle des autres ; le droit de propriété sortit de ce concours, de cette lutte entre ces divers intérêts ; la loi forcée de prononcer entre l'ancien possesseur et le nouveau, accorda l'avantage à celui qui, par une possession immémoriale et les soins donnés à la chose, avait imprimé sur elle la marque indélébile de son droit, et l'avait en quelque sorte rendu sienne. L'humanité , ô honte ! fut mise elle-même au rang des choses : de là l'esclavage, de là

(1) Voyez n. 7, commentaire sur l'art. 1. Voyez Lamennais, tom. III et IV de *l'Indifférence en matière de religion.* Voyez les *Eléments de Philosophie catholique ,* par l'abbé Combalot. Dans un autre sens, voyez les *Rêveries,* de Dupuis, dans son grand ouvrage de *l'Origine des Cultes.*

aussi la pluralité des femmes, leur origine est commune ; c'est, dans les deux cas, l'abus de la force , dans le dessein d'acquérir un droit injuste de propriété.

N° 168. Sans parler plus longtemps de la supériorité physique de l'homme, qui pourrait tout au plus rendre compte de la polygynie dans les pays non civilisés , il est un autre fait sur lequel on n'a point assez insisté jusqu'à présent, et que peut-être même on n'a point encore aperçu. Que l'on parcoure le Zendavesta, les Vedas, et les King , sans même excepter l'Edda et le livre de Laotsen , on y trouvera des traces plus ou moins confuses de la décadence du genre humain causée par la femme (1).

Cette vérité traditionnelle, qui se trouve dans les croyances religieuses de tous les peuples, est la cause évidente de l'oppression de la femme , de cette infériorité dans laquelle elle a été placée : il était tout naturel de maudire celle à qui nous devions tous nos maux. Nous sommes portés à penser que c'est la véritable cause de la pluralité des femmes; les autres

(1) Nous voyons dans un poème indien , dans le *Mahabharata*, une preuve évidente du mépris des Indiens pour la femme. « Le terme « fatal, la tempête, la mort, les régions infernales, le feu de l'Océan , « le tranchant du rasoir , le poison , le serpent vénimeux et le feu dé- « vorant ; réunissez tout cela et vous aurez la femme. »

On lit aussi dans les lois de Manou, liv. VI, art. 148 : « Dans son « enfance, la femme dépendra de son père ; dans sa jeunesse, de son « époux ; enfin, de ses fils après la mort de son mari; mais que la « femme ne soit jamais abandonnée à son bon plaisir , même dans ses « appartements. » (Voyez le tom. IV , de *La Bible de Cahen*. Pentateuque, pag. 75).

Dans la célèbre épopée des Scandinaves , le héros de cette épopée, le vaillant Sigurd , pénètre dans le palais de flamme de Brunhild. Celle-ci lui donne des enseignements de morale et de magie; elle recommande à Sigurd de se défier de la femme. Voici la traduction de ce passage, par M. Ampère :

> Prétendre conserver la paix avec la femme
> C'est comme de vouloir vivre au sein de la flamme ,
>   Ou de marcher dans les airs suspendu !
> C'est comme de croiser sans mâts pendant l'orage
>   Sur un vaisseau par les écueils fendu ,
> Ou de croire saisir des rennes au passage
> Sur un rocher glissant où la neige a fondu !

raisons alléguées par les publicistes, ne sont qu'accessoires et ne font que modifier la cause générale que nous avons indiquée.

N° 169. Il nous semble donc, avec plusieurs auteurs, que Montesquieu a commis une grave erreur, en assignant pour cause de la pluralité des femmes, soit la différence des climats, soit celle qui existe dans certains pays entre le nombre des filles et celui des garçons ; tandis que ce n'en est que l'occasion : nous ne nous servons nous-mêmes de ces faits, que pour établir par quels motifs cette vérité générale de la désobéissance de la femme, n'a point eu le même résultat chez tous les peuples. Dans le Midi, les femmes sont nubiles à dix ans, vieilles à vingt-cinq; on supplée à la durée individuelle par la nouveauté et le changement. On a cependant nié que le climat d'Asie favorisât la pluralité des femmes, le nombre des filles y étant, selon quelques relations, égal à celui des garçons (1).

N° 170. Mais voilà que des prophéties sans nombre se répandent sur la terre, pour annoncer au monde un être merveilleux, un enfant né d'une vierge et qui doit sauver les hommes. La promesse est accomplie, et la femme est réhabilitée dans la personne de la mère de Dieu. Le Christianisme la proclame l'égale de l'homme. Dans les pays mêmes où la polygynie ne s'était pas introduite, la femme était soumise à la dépendance de l'homme et placée dans une véritable infériorité ; par le Christianisme, elle reconquit son rang : Eve fut oubliée pour Marie.

N° 171. Les peuples d'Orient, en embrassant le Christianisme, auraient été obligés de renoncer à leurs nombreuses femmes ; ils tenaient trop à leurs habitudes, et le climat, d'ailleurs, y prêtait trop aussi pour qu'ils consentissent à ne garder qu'une épouse. C'est une des raisons pour laquelle le Christianisme n'a point pris racine dans l'Asie.

(1) Voyez le tom. II de la *Philosophie morale*, de Dugvald Stevart, traduction de M. Léon Simon, pag. 539, 540 et 541. *Les Voyages en Arabie*, de M. Niebur.

N° 172. Linguet, dans son *Traité des lois civiles* (1), indique aussi une cause différente à l'établissement de la polygynie ; il pense qu'elle est conforme au droit naturel, et qu'elle a été établie par la raison ; qu'il y a des moments ; où, soit dans son propre intérêt, soit dans l'intérêt de l'enfant à naître, ou dans celui de l'enfant qu'elle allaite, le mari doit s'abstenir de sa femme. La polygynie est une conséquence nécessaire de la constitution physique de la femme et de celle de l'homme : on supplée par le nombre à l'incapacité temporaire.

Nous ne pensons pas que ce soit là une cause originelle et principale, moins encore peut-être que celles qu'indique Montesquieu, quoiqu'elle soit plus générale.

N° 173. Quant à la polyandrie, on ne peut lui assigner d'autres causes que le climat.

N° 174. La prohibition d'épouser plusieurs femmes est-elle de droit naturel ? Non, nous ne reconnaissons pas là le caractère d'universalité, de nécessité, et d'immutabilité qui le distingue ; il n'en est pas de même pour la polyandrie, elle est évidemment contraire au droit naturel, puisqu'elle accorde la suprématie à la femme, et que d'ailleurs elle nuit directement à la propagation de l'espèce.

N° 175. La pluralité des femmes est contraire à l'ordre de la famille ; malgré le précepte que fait Mahomet à ses croyants, il est presque impossible qu'on n'ait point de préférence pour l'une ou l'autre de ses femmes, et quand des enfants sont venus compliquer les intérêts, ce sont des querelles presque continuelles. Rivales implacables, elles cherchent à se supplanter mutuellement ; de là d'infernales ruses, d'odieuses trames ; ces résultats sont dans la nature humaine, et l'expérience les confirme. Point d'utilité pour les deux sexes. D'abord, la femme est dans un véritable es-

____
(1) Tom. I, pag. 387.

clavage ; quant à l'homme , il perd en bonheur ce qu'il gagne en plaisirs. Pour les enfants , c'est pis encore, ils ont tout à craindre de la haine des femmes de leur père , et puis celui-ci les aimera peu , obligé qu'il est de partager sa tendresse entre un grand nombre d'enfants. Quant à ce qui regarde la propagation de l'espèce , il ne faut pas croire que la polygynie lui soit favorable. Sans doute, un homme qui aura épousé un grand nombre de femmes, fera plus d'enfants que s'il s'était contenté d'une seule; mais aussi, dans les sérails et les harems, que de femmes condamnées à une complète stérilité, que de femmes inutiles sous le rapport des enfants. Le maître fait l'essai de toutes , puis il abandonne celles qui lui déplaisent. Quand on a sa table chargée de mets nombreux , on ne goûte point à ceux que l'on aime le moins , on réserve sa faim pour les mets favoris.

N° 176. Dire les inconvénients de la polyandrie, c'est chose superflue , on les comprend assez ; d'un côté, la femme gouverne, il n'y a rien de pire qu'une royauté en jupon. De l'autre, incertitude de paternité , vrai fléau pour les enfants. On n'ignore pas non plus combien la pluralité des maris nuit à la fécondité de la femme.

N° 177. Si un mahométan déjà marié et de passage en France, se présentait devant l'officier de l'état-civil pour contracter un nouveau mariage, pourrait-on refuser de le marier ? Nous ne le pensons pas ; la capacité de contracter mariage avec plusieurs femmes, est un statut personnel qui suit la personne partout où elle se trouve. On aurait tort de dire que la prohibition de la polygynie est de droit naturel , nous avons établi précédemment qu'il n'en était point ainsi. Opposerait-on que la pluralité des femmes est contraire à l'ordre public. Mais la loi sur la puberté est aussi d'ordre public, et néanmoins , nous avons pensé qu'on ne pourrait se refuser à marier un impubère selon la loi française, pourvu qu'il fût pubère d'après les lois de son pays. Cependant, comme il serait contraire à l'ordre public et à la morale publique que sur le territoire de France un homme vécût avec plusieurs femmes légitimes ; si le mahométan devait s'établir en France et y demeurer, ou s'il y avait déjà son domicile, on pourrait refuser de le marier. Dans tous les cas, il ne serait point reçu à épouser une fraucaise.

N° 178. Mais, si une femme d'un pays où l'on peut épouser plusieurs maris, voulait faire célébrer en France un second mariage, l'officier de l'état-civil ne devrait pas la marier, car la polyandrie est contraire au droit naturel, et à l'ordre public.

N° 179. La polygamie simultanée n'est pas admise dans nos lois. *Quid* de la polygamie successive ?

Les auteurs du droit canonique repoussent et l'une et l'autre de ces polygamies, en se fondant sur le texte de la Genèse. « C'est là maintenant l'os de mes « os, et la chair de ma chair. » Néanmoins, le divorce et la polygamie furent permis chez les Hébreux, héritiers de la loi divine, et l'exemple des patriarches en est une preuve manifeste. Enfin, cela résulte clairement d'un passage du Deutéronome où l'on suppose la pluralité des femmes tolérée (1). Quant au divorce, Moïse le permet aux Juifs, à cause de la dureté de leur cœur, et de peur qu'ils ne deviennent homicides. Grotius (2) se fondant sur ces textes, prétend que Jésus-Christ en disant : « Donc ils ne « sont pas deux, mais une seule chair », et « que Dieu « ne sépare point ce que l'homme a joint », a créé une loi nouvelle. Quoi qu'il en soit, le divorce et la polygamie furent interdits aux catholiques. Le Concile de Trente lança l'anathème contre ceux qui soutiendraient une opinion contraire (3). *Si quis dixerit*

______

(1) *Si habuerit homo uxores duas, unam dilectam et alteram odiosam, genuerintque ex eo liberos, et fuerit filius odiosæ primogenitus, voluëritque substantiam suam inter filios dividere non poterit filium dilectæ facere primogenitum et pæferre filio odiosæ.*

(2) Liv. II, chap. v, § 9, n. 5 et 6.

(3) Sess. 24, Can. 2.

christianis licere plures simul habere uxores , et hoc nulla lege divina esse prohibitum anathemasit. Voilà pour la polygamie ; il n'admet pas non plus le divorce, même pour cause d'adultère (1), et cette décision est tirée de saint Augustin (2) et de l'opinion presque unanime de tous les auteurs ecclésiastiques, des Décrétales et des conciles depuis le VIe siècle.

N° 180. L'église grecque s'emparant du texte de l'Evangile : *Dico autem vobis, quia quicumque dimiserit uxorem suam, nisi ob fornicationem, et alteram duxerit, mœchatur ; si dimissam aliquis duxerit mœchatur* ; permit à l'époux outragé de renvoyer sa femme adultère et d'en épouser une autre, mais sans étendre la même permission à la femme, dans le cas de l'adultère de l'homme. Cette question si vivement débattue entre les auteurs ecclésiastiques, se réduit, en définitive, comme, du reste, beaucoup d'autres questions, à une simple interprétation de texte. Luther, réformateur hardi, ennemi juré des papes et des conciles, adopta l'interprétation qu'avaient déjà donnée plusieurs Pères de l'Eglise, entre autres, Tertullien et Astérius, et déclara le mariage dissous par l'adultère de la femme.

N° 181. On n'ignore pas que le divorce était licite en droit romain. Romulus, au dire de Plutarque, le permettait en trois cas : pour adultère de la femme, pour essai d'empoisonnement, et pour falsification des clés. La loi des douze Tables, étendit cette faculté de divorcer, en augmentant le nombre des causes. On rapporte que pendant cinq cent vingt ans, aucun romain n'usa de ce droit. Carvilius Ruga, le premier, répudia sa femme pour cause de stérilité, et fut, dit-on, généralement blâmé par ses concitoyens. Mais la dépravation des mœurs augmentant, le divorce devint commun, et, selon Sénèque (3), il y

(1) Can. 7.
(2) *De Conjug. Adult. ad Pollent.*
(3) Seneq., *De Beneficiis*, lib. III, n. 16.

avait des femmes qui comptaient leurs années par le nombre de leurs maris.

N° 182. Le divorce avait aussi lieu à Athènes, permis par une loi de Solon (1).

N° 183. Dans les temps modernes, les protestants admirent l'usage du divorce, mais peu de personnes profitèrent de la permission; la réprobation publique notait d'infamie les époux divorcés.

N° 184. Les Capitulaires de Charlemagne, proscrivent le divorce en termes formels, et ne le permettent qu'en un seul cas, celui où les époux, avant la consommation du mariage se séparaient pour embrasser l'état ecclésiastique. *Item ex eodem concilio, ut nec uxor a viro dimmissa alium accipiat virum, vivente viro suo, nec vir aliam accipiat uxorem vivente priore* (2). Et ailleurs : *Placuit ut causa fornicationis non sit uxor dimittenda sed potius sustinenda : et quod hi qui alias ducunt adulteri esse notentur* (3), *nisi consensu amborum et hoc ad servitium Dei.* Cette dernière disposition est conforme aux Décrétales (4). Le divorce continua d'être prohibé en France, mais vint une époque fatale pour la France et pour les bons citoyens. Depuislong temps les priviléges des nobles et du clergé avaient excité la jalousie et la haine du peuple; une réforme devenait imminente, elle fut faite d'abord sans secousse et sans violentes commotions. Des hommes d'un mérite distingué et d'une conduite honorable avaient

(1) L'homme ou la femme étaient obligés de se pourvoir devant l'Archonte, afin d'obtenir le divorce, et le mari et la femme devaient s'y présenter en personne. On espérait qu'en se trouvant l'un devant l'autre, dans le sanctuaire de la justice, ils seraient disposés à renoncer à leur projet, par le souvenir de leur première affection. (*Plutarque, Vie d'Alcibiade*).

Minos permit au mari, qui redoutait une trop nombreuse postérité, d'envoyer à sa femme le libelle du divorce. Quelle honte pour un législateur qui fut surnommé divin.

(2) Liv. I, 42° collection d'Auségise.

(3) Balan, tom. I, pag. 963.

(4) *De Conversione Conjugatorum.*

eux-mêmes dirigé les masses ; mais, comme il arrive dans de telles circonstances, le peuple ne s'arrêta point où on l'avait prévu ; les concessions ne firent qu'irriter sa soif ; d'opprimé, il voulut devenir oppresseur, ses derniers triomphes lui avaient dévoilé le secret de sa force et la faiblesse de ses ennemis. Ceux-mêmes qui avaient donné lieu à la révolution, en devinrent les premières victimes ; le peuple irrité les punit comme traîtres, et leur tête roula sur cet échafaud déjà teint du sang royal. Je passe sous silence tous les crimes, tous les brigandages de cette époque à jamais funeste. Pour accomplir leurs projets de désorganisation complète de lÉtat, les terroristes commencèrent par la désorganisation de la famille. C'est dans cet esprit que fut portée la loi qui assimilait les enfants naturels aux enfants légitimes ; c'est aussi dans le même but que fut faite la loi sur le divorce, et, il faut le dire, si ces deux lois avaient longtemps subsisté telles quelles, c'en était fait du mariage et, en même temps, de la société.

N° 185. Lors de la confection du Code, le divorce ne fut point abrogé ; néanmoins on le rendit plus difficile et on en diminua les causes : c'était déjà quelque chose, mais ce n'était point assez encore. En 1816, la loi sur le divorce fut abolie, et tous les bons esprits applaudirent à la sagesse des législateurs de cette époque.

N° 186. On a tant dit pour et contre le divorce, que nous ne saurions rien trouver de neuf. Résumons les raisons pour et contre.

1° Le divorce, dit-on, a existé chez un grand nombre de peuples, et si cette institution a amené des abus, du moins elle a souvent produit de grands biens ?

N° 187. 2° Il est certain qu'il y a des caractères si incompatibles, des époux si désunis, que refuser un remède à ces malheurs, à ces scandales, serait faire preuve d'imprévoyance et de cruauté, c'est donner lieu à des vengeances et à des crimes.

N° 188. 3° La séparation de corps fait bien cesser les effets du mariage ; quant à la cohabitation , elle adoucit bien le sort des époux en relâchant leurs nœuds , mais elle est contraire aux véritables intérêts d'un état , à la propagation de l'espèce , à moins que l'on ne suppose le crime , ce qui ne doit point entrer dans la prévision de la loi. Enfin , la séparation de corps ne fait point cesser la maxime. *Is pater est quem nuptiæ demonstrant.* L'injustice n'est-elle pas ici évidente ?

N° 189. 4° En laissant au choix des époux, ou la séparation de corps ou le divorce, on concilie l'intérêt des consciences avec celui de la morale. Les catholiques se sépareront seulement , *quoad thorum et mensam* ; les protestants et les juifs useront de la faculté de divorcer que leur religion leur permet.

N° 190. Ces raisons sont plus spécieuses que solides. S'il était possible de rechercher les causes mystérieuses des événements , de remonter à leur source, et d'assister, en quelque sorte, par la pensée aux grandes scènes qui ont amené les progrès , la puissance et la décrépitude des empires , nous penserions que la corruption des mœurs est pour beaucoup dans la décadence des peuples , et, s'il le fallait, nous évoquerions à notre appui les souvenirs de l'histoire. Pour prévenir une objection banale que l'on ne manquerait pas de nous faire , si nous assignions le divorce pour principale cause de la dépravation générale, disons bien vite, que le divorce nous paraît contraire à l'intérêt d'une nation, parce qu'il favorise les mauvaises mœurs; nous n'entendons pas dire qu'il en soit la cause originelle; la cause originelle des mauvaises mœurs, ce sont les passions de l'homme , qui, trop souvent, sont préférées au devoir. Ainsi , dans Rome antique , cette patrie des grands hommes , tant que les mœurs primitives se maintinrent , on n'usa point de la faculté du divorce ; quand la civilisation grecque pénétra dans l'Italie, la valeur guerrière des Romains s'amollit peu à peu, leur cœur perdit de sa force, et ces passions qui, toujours, avaient été dirigées vers un but louable, qui avaient servi au bonheur et à la gloire de la république, se tournèrent du côté des plaisirs ; c'est alors que le divorce exerça sa funeste influence. Si l'indissolubilité du mariage avait été là pour retenir les époux, pour mettre un frein à leurs désirs, peut-être les mœurs romaines n'eussent point été si vite corrompues, et la vieillesse du peuple-roi eût été sinon empêchée, du moins retardée de quelques siècles. Les maux que le divorce peut introduire ne sont pas compensés pas ses bienfaits. Il peut être utile pour quelques individus isolés, jamais il ne le sera pour une nation. Or, c'est un principe de bonne morale, comme de bonne politique, que l'individu doit être sacrifié aux masses.

N° 191. Nous ne nierons pas qu'il n'existe des unions vraiment malheureuses, des antipathies irréfléchies, mais invincibles, des époux l'un pour l'autre. Pour ces cas qui, fort heureusement, sont exceptionnels, le divorce serait, nous en convenons, un mal nécessaire. Mais dans combien d'autres circonstances cette faculté de divorcer ne serait-elle pas contraire aux véritables intérêts des époux. Dans le mariage, même le plus heureux, il y a quelquefois des moments d'humeur et de brouillerie ; surtout quand la froide amitié a pris la place de l'ardent amour ; il est impossible que, pendant les longues années qu'ils ont à passer ensemble, rien ne vienne troubler leur tranquillité et altérer leur bonheur. En vain, dans ses rêves poétiques, la jeune fille se promet-elle d'aimer constamment celui dont la destinée sera unie à la sienne ; en vain, compte-t-elle aussi le retenir toujours dans son doux esclavage ; toutes ces chimères du jeune âge, ces illusions d'un cœur pur doivent céder à la triste réalité : si le même amour que l'on éprouve l'un pour l'autre, quand on est libre, ne se refroidissait jamais dans le mariage, ce serait le souverain bonheur. Mais l'expérience nous apprend qu'il n'en est jamais ainsi. Si donc on laissait aux époux la faculté du divorce, ne prendraient-ils pas pour incompatibilité d'humeurs, ce qui est le résultat immédiat d'une longue union, et ne serait-ce pas aussi favoriser l'inconstance de leurs penchants, en leur donnant les moyens de former de nouveaux nœuds ?

N° 192. Souvent, dans l'été de la vie et sous le soleil brûlant des passions, l'un des époux ou tous deux, emportés loin des sentiers du devoir, maudissent leur lien et semblent l'abjurer pour toujours ; mais bientôt l'inanité de leurs poursuites, les avertit que leur premier joug était encore le meilleur, qu'il n'y a de repos pour l'homme que dans la vertu ou dans la mort ; ils quittent les routes d'abord fleuries, mais où ils ont trouvé bien des déserts et des lieux arides ; ils se rejoignent pour achever ensemble leur traite mortelle. Les joies de la vieillesse sont encore faites pour eux ; la paix de l'ame embellit leurs derniers jours ; et, semblables à ces époux de l'antique mythologie, s'ils sont rendus à la terre, c'est pour élever ensemble leurs rameaux vers le ciel.... Divorce, nouveau lien, éternelle recherche du bonheur, systèmes décevants, qui jettent l'homme dans une inconstance sans terme et sans fin et ne produisent, en dernier résultat, que le dégoût et le désespoir. Que gagne-t-on à se déplacer continuellement et à déplacer tout autour de soi ; si ce n'est, à chaque fois, le découragement d'une expérience de plus.

N° 193. Pour ce qui a rapport à la propagation de l'espèce, il est fort possible qu'en permettant le divorce, la population augmentât. Ce n'est pas la question ; le véritable intérêt de l'Etat est-il d'avoir un grand nombre de citoyens ? Non, mais d'en avoir d'honnêtes et de vertueux. L'espoir, l'avenir d'une nation, est dans les heureuses qualités et la bonne éducation de la jeunesse. Quelles garanties d'honneur et de vertu présentent ceux qui, dès leur enfance, auront sous leurs yeux le funeste exemple de leurs père et mère, et qui auront été élevés presque nécessairement par l'un d'eux dans la haine et l'aversion de l'autre. Et puis, s'il naît plus d'enfants dans un pays où le divorce est en vigueur, que là où l'indissolubilité du mariage est de principe, il en meurt aussi beaucoup plus, et l'un compense l'autre. Ce résultat est facile à prévoir, si l'on considère le défaut de soins et l'abandon dans lequel ils se trouvent. Le divorce suppose la haine des époux; cette haine produit celle des enfants (1).

N° 194. Reste donc la question religieuse ; mais, comme l'a dit le rapporteur même de la loi sur le divorce, M. Treilhard, la question du divorce doit être discutée, abstraction faite de toute idée religieuse. En effet, dit-il, les croyances religieuses pourront différer sur beaucoup de points; il suffit, pour le législateur, qu'elles s'accordent sur un article fondamental, sur l'obéissance due à l'autorité légitime.

N° 195. En vain des esprits immoraux ou inattentifs ont-ils voulu, de nos jours, rétablir le divorce, le bon sens et la morale publique, plus forte que toutes les lois, en a fait prompte justice. Législateurs! vous devez, dans vos institutions, respecter les croyances populaires ; c'est en morale surtout qu'on peut appliquer cet adage : *Vox populi , vox Dei*. L'erreur est individuelle, la vérité générale ; quoique le divorce fut permis par nos lois, jamais cependant la majorité des citoyens ne s'est prononcée pour lui, et ceux qui usaient de la faculté de divorcer, étaient flétris dans l'opinion publique. C'est que, par un instinct indéfinissable,

(1) La meilleure réfutation de l'argument, tiré de la propagation de l'espèce par les partisans du divorce, c'est le fait singulier qui suit : Nous lisons dans le Code matrimonial, pag. 448, qu'en 1768 parut un mémoire anonyme sur la population, dans lequel l'auteur assigne, pour cause principale de la dépopulation, l'indissolubilité du mariage; les calculs de ce mémoire sont alarmants ; en l'année 1838 il ne doit plus y avoir un seul homme en France. On voit comment se sont vérifiées les assertions de l'auteur.

par une aperception spontanée, on a compris que le divorce était un mal. Le portefaix de la halle et le bateleur du coin des rues, ont eu raison contre des jurisconsultes savants et distingués.

N° 196. Nous aurons, du reste, occasion de revenir sur le divorce, dans le tome III de notre Traité.

N° 197. Un des époux ne peut donc pas valablement contracter mariage avant le décès de son conjoint.

N° 198. Mais *quid* dans le cas d'absence ? En cas de captivité prolongée pendant cinq ans, le conjoint était présumé mort, et il était permis à l'autre conjoint de se marier avec un autre, d'après la loi 6. ff. *De Divort* : « *Si quis quin quennium a tempore capti-* « *vitatis excesserit, licentiam habet mulier ad* « *alias migrare nuptias.* »

Cette décision fut abrogée par la Novelle 117 de Justinien. « *Jubemus quantos cumque annos in ex-* « *peditione manserint, sustinere eorum uxores,* « *licet nec litteras nec responsum aliquod a suis* « *maritis susceperint.* »

N° 199. La Novelle de Justinien est conforme au droit canonique. Saint Basile, dans son épître à Amphiloque, s'exprime ainsi : « *Quœquum vir secessit et* « *non apparet, antequam de ejus morte certior* « *facta sit, cum aliquo cohabitavit, mœchatur.* » La même solution se rencontre dans plusieurs conciles, entre autres, dans celui de Rouen, qui prononce l'excommunication de la femme de l'absent qui s'est mariée. « *Si uxor viri qui peregre aut alias* « *profectus fuerit, alii viro nupserit, quousque* « *prioris mortis certitudinem habeat, excommu-* « *nicetur usque ad dignam satisfactionem* (1). »

N° 200. Dans l'ancien droit français, le conjoint ne pouvait non plus se marier en l'absence de l'autre conjoint, quelque prolongée qu'elle fût. Toutefois, Po-

_____

(1) Conc. Labb. IX, pag. 1228.

thier (1) voit une présomption capable de remplacer la preuve de la mort de l'absent, dans le laps de temps de cent années et plus, qui s'est écoulé depuis la naissance de l'absent, suivant les lois romaines : *Finis vitæ longissimus est* (2). Mais cette doctrine est combattue par Denisart et par M. Guyot, et nous pensons, comme eux, que Pothier n'a pas fait une juste application des lois romaines (3).

N° 201. La faculté de se remarier est également interdite sous notre Code au conjoint de l'absent, quand bien même il se serait écoulé cent ans depuis sa naissance.

N° 202. Du reste, si le mariage contracté par le conjoint de l'absent, l'a été de bonne foi, il aura ses effets civils. Nous en parlerons plus tard.

N° 203. Nous verrons aussi, ailleurs, qui peut attaquer le mariage contracté par le conjoint de l'absent.

N° 204. Le conjoint du mort civil peut se marier, car le mariage est dissous par la mort civile. Nous avons établi précédemment l'injustice de cette loi, et nous appelons l'attention des législateurs sur cette disposition du Code. Nous pensons qu'on devrait laisser au conjoint du mort civil, l'option ou de demander la dissolution du mariage, ou de rester uni au condamné. On concilierait, par là, l'intérêt de la morale qui répugne à la punition du dévoûment, et l'intérêt du conjoint qui pourrait se trouver malheureux d'être marié à un criminel, qu'il a déjà vainement tenté de rendre à la vertu.

N° 205. *Quid juris*, si une femme protestante ou juive était surprise par son mari en flagrant délit d'adultère, et que, nonobstant l'empêchement civil, un ministre fanatique et poussé par un zèle exagéré pour les lois de Moïse ou de Luther, reçût le mari à con-

(1) N. 106, 4°.
(2) L. 8, *ff. De Usufr.*
(3) Voyez *Les Questions notables*, de Bouvot, IIe part., mot *Femme*, pag. 76.

tracter un nouveau mariage; ce mariage serait valable quant au lien religieux, mais il ne produirait aucun effet civil; les enfants qui naîtraient de cette nouvelle union seraient adultérins, et, de plus, ceux qui viendraient à naître de la première femme, appartiendraient au mari, d'après cette maxime : *Is pater est quem nuptiæ demonstrant* ; maxime dont l'application ne cesse que dans le cas de la dissolution légale du mariage.

N° 206. J'aborde une question féconde en procès, hérissée de difficultés, et contradictoirement résolue ; je veux parler du mariage des prêtres.

N° 207. En consultant les livres saints, nous pouvons nous convaincre que dans les premiers temps du Christianisme, le mariage n'était pas interdit aux prêtres d'une manière absolue. Cela résulte clairement de plusieurs passages de saint Paul. Le concile de Nicée (1) et celui de Calcédoine défendirent le mariage à ceux qui avaient reçu les ordres sacrés; mais ils ne prononcèrent pas la nullité d'un mariage contracté au mépris de cette prohibition. L'origine des lois canoniques, qui prononcent la nullité du mariage des prêtres, est, dans le désir insatiable du clergé d'envahir le pouvoir temporel et séculier. Le clergé apparaît

(1) A ce concile, saint Paphnuce, évêque de la Haute Thébaïde, qui n'était point lui-même marié, s'opposa à la proposition qui fut faite d'exiger le célibat des prêtres ; il voulut seulement qu'on leur défendît les secondes noces, suivant les anciennes traditions ; il dit : « qu'il ne « fallait point imposer une si pénible loi aux ministres des autels; que « le mariage est honorable, et que le lit nuptial est exempt de souillures : « quels ne seraient pas les résultats d'une trop grande austérité! Beau- « coup ne pourraient pas garder les lois d'une exacte continence........ « Paphnuce se prononça dans ce sens, quoique, élevé dans un monastère, « il n'eût jamais eu commerce avec aucune femme, et qu'il eût toujours « une grande réputation de chasteté ! Tous les évêques se rendirent à « son avis, et il fut décidé que les prêtres ne pourraient désormais se « marier; mais ceux qui l'étaient déjà ne furent point obligés de ren- « voyer leurs femmes ; on abandonna ce point à leurs consciences. » (Socrate, *Hist. Eccl.*, liv. I, chap. II.) Voyez aussi Sozomène, *Hist. Eccl.*, liv. I, chap. XXIII. *Gelase de Cysique.*, *Conc. de Nicée*, cap. XXXIII. Voyez aussi *Nicephore Caliste.* (Voyez cependant *La Discipline sur le Mariage des Prêtres*, par M. Maultrot, et l'*Histoire du Mariage des Prêtres*, par M. Grégoire).

déjà tout-puissant à l'origine de notre monarchie, et cette puissance ne fit que s'accroître sous la première race de nos rois. Mais voilà que sur la fin du règne de Charlemagne, les fils aventureux d'Odin, les habitants de la poétique Scandinavie viennent pirater sur les côtes de France; ils disparaissent chargés de butin pour revenir bientôt plus menaçants et plus nombreux. Dans ce péril imminent, il fallait prendre un parti prompt et décisif, et confier la défense des frontières à des bras forts et puissants; et telle est l'origine de la féodalité. Eminemment nationale et protectrice dans son principe, elle devint égoïste et oppressive. Le mal n'est que l'abus du bien, de même que l'erreur n'est que l'abus de la vérité.

N° 208. Le danger passé, chaque seigneur conserva le domaine dont il avait pris la défense, et les périls qu'il avait courus, furent son titre de propriété. Il n'y avait pas, à proprement parler, une seule nation, mais vingt nations différentes, avec leur langage et leurs mœurs; l'homme demeura attaché au sol, et ne vit rien au-delà de son canton. Le pouvoir du clergé s'était éclipsé devant celui des seigneurs; il en sentit bien la cause; si les évêques et les moines eussent su manier la lance et l'épée; si leur religion de pardon et de clémence ne leur avait pas défendu les combats homicides, nul doute que l'autorité n'eût été remise entre leurs mains. Pour lutter contre la féodalité, l'Eglise voulut lui ressembler. Dès-lors, on préféra, pour évêques, ceux qui savaient faire la guerre, et les prêtres cherchèrent l'hérédité dans le mariage. Le clergé gagna beaucoup dans ce changement, en force apparente, mais il perdit en considération et en force morale. En se mêlant des soins temporels, et en contractant mariage comme les autres hommes (1), le prêtre ne conserva plus ce parfum de sainteté qui s'exhalait de toute sa

_____

(1) Jusqu'alors, les exemples des mariages des prêtres étaient peu fréquents, surtout depuis le concile de Nicée.

personne; la véritable autorité de l'Eglise est dans
une influence purement spirituelle, et qu'elle n'en
réclame pas d'autre; sa part est assez belle. Ministres
du Christ, ce n'est point par les armes que vous devez
régner, laissez à d'autres les fatigues de la guerre et
les soins d'une famille individuelle; contentez-vous
du noble privilége d'exercer votre empire sur les
consciences, et d'avoir pour famille l'humanité tout
entière !

L'Eglise retrouva sa vigueur primitive dans l'interdiction du mariage à ses ministres; en maudissant la
chair, elle se plaça dans une position élevée et spéciale; et plus elle s'éloigna en principe de l'imperfection générale, plus elle se concilia le respect de tous.
Par là, on obtint l'organisation d'une milice qui,
détachée des soins domestiques, pût se vouer entièrement à l'accomplissement de ses devoirs, et
exercer une autorité plus sûre et plus facile sur les
esprits (1).

(1) Grégoire VII fut l'auteur de cette réforme utile. En Allemagne,
le décret du pape trouva beaucoup d'opposition et ne fut point admis
par le concile d'Erford; la haine de l'empereur Henri IV fut la principale cause de cette révolte du clergé d'Allemagne. En Angleterre, l'opposition ne fut pas moindre, selon le témoignage de Matthieu Paris,
qui appelle le décret de Grégoire un exemple nouveau, une décision
irréfléchie. *Novo exemplo, et, ut multis visum est, inconsiderato
judicio.* Le célibat des prêtres n'était point encore établi en Angleterre
vers l'an 1130, malgré la décision du concile de Londres, et jusqu'au
concile tenu en 1237, les femmes des prêtres et leurs enfants ne furent
point exclus de la succession de leurs pères et de leurs maris. Voici
comment M. Michelet rend compte de la lutte des prêtres mariés
contre Grégoire VII : « Là dessus, grande rumeur, ils s'écrivent, ils
« se liguent; enhardis par leur nombre, ils déclarent hautement
« qu'ils veulent garder leurs femmes. Nous quitterons plutôt, disent-
« ils, nos évêchés, nos abbayes, nos cures; qu'il garde ses bénéfices.
« Le réformateur ne recula pas, le fils du charpentier n'hésita pas
« à lâcher le peuple contre les prêtres. Partout la multitude se dé-
« clara contre les pasteurs mariés et les arracha de l'autel. Le peu-
« ple, une fois débridé, un brutal instinct de nivellement lui fit pren-
« dre plaisir à outrager ce qu'il avait adoré, à fouler aux pieds ceux
« dont il baisait les pieds, à déchirer l'aube et briser la mitre. Ils
« furent battus, soufletés, mutilés dans leurs cathédrales; on but leur
« vin consacré, on dispersa leurs hosties. Les moines poussaient, prê-
« chaient; un hardi mysticisme s'infiltrait dans le peuple; il s'habituait
« à mépriser la forme, à la briser, comme pour en dégager l'esprit.

N⁹ 209. Les deux premiers conciles de Latran prononcèrent la nullité du mariage contracté par un prêtre; Alexandre III et Boniface VIII décidèrent de même dans leurs Décrétales; enfin , le concile de Trente, dans son neuvième canon, s'exprime ainsi : « *Si quis* « *dixerit , clericos in sacris ordinibus consti-* « *tutos, vel regulares castitatem solemniter pro-* « *fessos posse matrimonium contrahere , con-* « *tractumque validum esse , non obstante lege* « *ecclesiastica , vel voto, et oppositum nil aliud* « *esse , quam damnare matrimonium , posseque* « *omnes contrahere matrimonium , qui non sen-* « *tiunt se castitatis , etiam si eam voverint , habere* « *donum, anathema sit; cum Deus id recte peten-* « *tibus non deneget nec patiatur nos supra id quod* « *possumus tentari.* »

N° 210. Au commencement du XVIᵉ siècle, parut un moine audacieux, qui secoua le joug de la cour de Rome , mit en doute toutes les idées religieuses , ébranla ce qui , jusqu'alors, avait paru établi sur les bases les plus solides , et soumit toutes ses croyances à un examen scrupuleux, prêt à chasser de son esprit, comme des préjugés, fruits du despotisme sa-

---

« Cette épuration révolutionnaire de l'Eglise lui communiqua un ébran
« lement. Les moyens furent atroces ; le moine Dunstau avait fait mu
« tiler la femme ou concubine du roi d'Angleterre. Pietro Damiani ,
« l'anachorète farouche , courut l'Italie au milieu des menaces et des
« malédictions, sans souci de sa vie , dévoilant avec un pieux cynisme
« la turpitude de l'Eglise. C'était désigner les prêtres mariés à la mort.
« Le théologien Manegold enseigna que les adversaires de la réforme
« étaient tuables sans difficulté. Grégoire VII, lui-même, approuva la
« mutilation d'un moine révolté. L'Eglise, armée d'une pureté farouche,
« ressembla aux vierges sanguinaires de la Gaule druidique et de la
« Tauride.
« Il y eut alors dans le monde une chose étrange. De même que le
« moyen-âge repoussait les Juifs, les souffletait comme meurtriers de
« Jésus-Christ, la femme fut honnie comme meurtrière du genre hu
« main : la pauvre Eve paya encore pour la pomme. On vit en elle la
« Pandore qui avait lâché les maux sur la terre. Les docteurs enseignè
« rent que le monde était assez peuplé, et déclarèrent que le mariage
« était un péché, tout au moins un péché véniel. Ainsi s'accomplit l'épu
« ration de l'Eglise, elle se rédima de la chair en la maudissant. »
(*Histoire de France*, tom. II, pag. 173, et suiv.)

cerdotal, toutes celles qui ne résisteraient pas à cette épreuve, et ne lui présenteraient pas, pour droit d'entrée, une évidence incontestable. Doué, au plus haut degré, de l'esprit de controverse, si nécessaire à l'examen des questions théologiques, et, en même temps, d'une grande portée dans la pensée, il fut le créateur d'un système religieux, qu'il soutint du prestige de son éloquence et de la force d'une dialectique serrée et pressante. Ce système fut l'expression d'une pensée philosophique. Le protestantisme, c'est le moi se posant comme juge suprême de la vérité des dogmes; c'est la raison individuelle opposée à la raison générale; le relatif à l'absolu. Ce qui doit nous étonner, ce n'est pas l'extension rapide du protestantisme, c'est plutôt qu'il n'y ait eu, avant Luther, aucun représentant avoué de ce système religieux (1).

N° 211. Parmi les décisions hasardeuses des conciles, celle qui concerne le mariage des prêtres, pouvait être le plus facilement attaquée, par son opposition apparente avec plusieurs textes saints. La permission du mariage aux ministres du culte chrétien, fut aussi un point de la doctrine de Luther (2). Nous trouvons au chap. IV, v. 1, 2, 3, 4 de l'épître première de saint Paul à Timothée, la prédiction d'une grande apostasie: le mariage sera défendu; on commandera de s'abstenir des viandes. Luther s'emparant de ce texte, en fit l'application aux croyances catholiques, accusa d'hérésie le pape et ses légats, et lança contre la cour de Rome les foudres d'excommunication qui en étaient parties. Dans le troisième chapitre de la

(1) L'opposition de la raison individuelle à la raison générale est le principe générateur de toute hérésie, mais jamais elle n'avait été aussi bien caractérisée que dans la réforme de Luther. C'est en ce sens seulement qu'il est vrai de dire qu'aucun représentant avoué de ce système religieux, n'avait existé avant Luther.

(2) Aux préceptes, Luther joignit l'exemple en épousant la religieuse Catherine de Bora; Benhardi, avant lui, avait déjà violé ses vœux. L'exemple de ces deux réformateurs fut suivi par Carlostadt, Æcolampade, Zuingle, Melanchton, Calvin, Jean Ball, Bugenhagen, etc., etc.

même épître, saint Paul, en traçant le devoir d'un évêque, dit qu'il doit être irrépréhensible, mari d'une seule femme (1) « *Irreprehensibilem, unius uxoris* « *virum. Diaconos etiam oportet esse unius uxoris* « *viros.* » Un autre argument peut aussi se tirer de la présence du Christ aux noces de Cana; il a, par là, approuvé le mariage (2).

N° 212. La réponse n'est pas difficile. L'hérésie prédite par saint Paul ne consiste pas, et cela résulte même de la Bible protestante, dans une défense spéciale de se marier, faite à une certaine caste, mais bien dans une défense générale et absolue; il en est de même pour la défense de manger des viandes. Le passage cité ne peut donc logiquement être appliqué au célibat des prêtres, ni à l'abstinence temporaire des viandes qui sont ordonnées par l'Eglise. Si l'on avait encore quelque doute et si l'on était tenté de partager l'erreur de Luther, il suffirait, pour le dissiper, de jeter les yeux sur l'histoire: on y lit que plusieurs sectes de Manichéens défendaient absolument le mariage, et ils attribuaient son institution au dieu du mal, à ce mauvais principe qui, selon eux, partageait avec le dieu du bien l'empire de l'univers; de même, ils ressuscitaient la doctrine de Pythagore et défendaient l'usage des viandes. Le texte de saint Paul s'applique beaucoup plus naturellement à cette hérésie. Quant

(1) Voici un passage souvent cité de saint Clément d'Alexandrie : « L'a-« pôtre, dit-il, déclare que tout individu prêtre, diacre ou laïque, sera « sauvé, pourvu qu'il soit mari d'une seule femme et qu'il use du mariage « d'une manière chrétienne et dans le but unique d'avoir des enfants. » Σωθήσεται διὰ τῆς τεκνογονίας (Stromat. édition du Louvre, liv. III, pag. 462.) Et plus loin : « Que pourront répondre les hérétiques aux « lois imposées par saint Paul; il veut qu'on choisisse de préférence, « pour chef de l'Eglise, celui qui a acquis l'expérience d'un administra-« trateur en gouvernant sa propre famille, et il permet à l'évêque « d'avoir une épouse. (Stromat. pag. 472.)

(2) JésusChrist n'a-t-il pas pris plaisir à assister aux noces de Cana? n'a-t-il pas, dans cette occasion, déployé sa puissance en faveur des convives, par le changement miraculeux de l'eau en vin? n'a-t-il pas ouvertement blâmé ceux qui répudiaient leurs femmes sans nécessité. (*Opinion de Claude Basire, prononcée à la Société des Amis de la Constitution à Dijon*, pag. 7.)

au passage de saint-Paul, où il dit que l'évêque ne doit épouser qu'une femme, ce n'est pas un conseil, un commandement qu'il fait à l'évêque, mais une concession à l'imperfection humaine.

N°213. Remarquons, toutefois, que dans l'église protestante où la confession auriculaire est prohibée, il y a moins d'inconvénients à permettre le mariage au ministre du culte; mais que de scandales ne résulteraient pas de la tolérance du mariage des prêtres catholiques. Ce n'est pas nous, certes, qui nous élèverons contre la confession; nous ne voulons pas non plus renouveler ces déclamations habituelles contre l'immoralité des prêtres. Il appartient à un siècle d'irréligion de tourner en ridicule le sacerdoce, et pour renverser le Dieu, de commencer par insulter son ministre. Pour nous, nous le disons sans crainte, et même nous le tenons à honneur, nous avons toujours eu la plus grande vénération pour tous ceux qui portent l'habit ecclésiastique, et nous avons préféré, en certaines circonstances être dupe d'une grave erreur, plutôt que de nous exposer à porter un jugement téméraire. Mais nous devons signaler les abus. Que de moyens puissants de séduction le jeune prêtre n'aurait-il pas pour corrompre une riche héritière. Confident de ses pensées les plus secrètes, de ses actions les plus cachées, initié à la connaissance de ses sentiments, de son caractère, de la tournure de son esprit, quel ascendant ne prendrait-il pas sur elle? On a vu quelquefois d'infâmes ministres, sans respect pour le titre sacré dont ils étaient revêtus, porter la guerre dans le sein des familles, enlever une femme à son époux, une fille à sa mère; les exemples en sont rares, mais malheureusement vrais. Que ne serait-ce pas s'ils pouvaient, par une perspective de mariage, exercer une séduction plus prompte et plus facile, si l'on enlevait aux femmes, entourées de leur obsession, la seule crainte qui les retient encore, celle de ne pouvoir épouser celui qui s'est fait aimer d'elles.

Nº 214. Sous un autre point de vue, le mariage doit être interdit aux prêtres. Leurs fonctions si multiples et si pénibles, l'abnégation chrétienne qu'ils sont tenus de montrer dans toutes les circonstances, et leur vie de dévoûment, sont incompatibles avec les soucis d'un père de famille et les intérêts qu'il doit prendre à sa fortune, non pas pour lui, mais pour sa femme et ses enfants (1). Le devoir du prêtre est de se sacrifier aux fidèles, de ne se laisser arrêter par aucune considération humaine, lorsqu'il s'agit d'aider ses frères en douleur. Il faut qu'il ne tremble pas devant la mort, quand il va porter, aux pestiférés, les secours de la religion; il faut qu'il brave, d'un front calme et serein, les balles ennemies lorsque, sur le champ de bataille, il recueille les derniers soupirs d'un mourant; il faut, qu'à sa porte, le pauvre ne frappe jamais en vain, qu'il se dépouille de tout, plutôt que de laisser souffrir un de ses semblables. Aura-t-il le même courage, le même dévoûment s'il est époux, s'il est père. Et cet hymen spirituel qu'il a contracté avec l'Eglise, et cette paternité mystique qui fait des fidèles ses propres enfants, ne sont-ils pas exclusifs d'un autre hymen, d'une autre paternité?

Nº 215. Il est, d'ailleurs, nécessaire que le prêtre impose à la multitude par l'exemple vivant de ses vertus. Il doit enseigner la doctrine de son divin maître, non-seulement par ses discours, mais encore par ses actions. Serait-il environné de la même considération, du même respect, si on le supposait enclin aux vices et aux passions du siècle? Il faut que le ministre des autels soit regardé comme un être à part, d'une essence supérieure, exempt des faiblesses de l'huma-

---

(1) *Debent liberiores quam olim a sæculari servitute vivere; debent rursus in re familiari minus esse solliciti, deditique minus avaritiæ seu rapinæ, thesaurisare volenti pro filiis et filiabus quin imo pro nepotalis, quos unus a pontificibus, datos a dæmonio, loco filiorum, quos Deus substraxeratab ecclesiasticis querulus loquebatur.* (Gerson, Naturæ et Sophiæ dialogus.)

nité, comme un intermédiaire entre la divinité et l'homme ; ce but n'est-il pas déjà à demi atteint par la renonciatcion du prêtre aux joies domestiques, à ces plaisirs qui passent pour les plus agréables et les plus doux. Il y a, dans les vœux solennels de chasteté, quelque chose qui élève l'homme et l'épure ; de tout temps la virginité fut accueillie par l'estime. Et à Rome même, où des considérations politiques avaient conduit le législateur à favoriser les mariages, néanmoins, les vœux étaient exigés des prêtresses de Vesta, et leur violation punie d'un horrible supplice.

Nous n'entendons pas ici faire son procès au mariage ; lui aussi a sa part de sainteté. Celui qui remplit dignement ses devoirs d'époux et de père, mérite bien de Dieu et des hommes ; mais celui-là est encore plus digne de nos éloges, qui, sacrifiant l'intérêt de ses plaisirs à celui de l'humanité, s'est voué tout entier aux pénibles devoirs du sacerdoce.

N° 216. J'ai entendu dire souvent que le célibat des prêtres est la cause de graves désordres, que cet état contre nature auquel ils sont soumis, donne lieu à des crimes contre nature, et qu'en leur permettant le mariage, ce serait rendre service à la morale et à l'honnêteté publique (1). Pour preuve de cette asser-

---

(1) Voici une citation de Nicolas de Clémangis qui présentera cette objection dans toute sa force : *Taceo de fornicationibus et adulteriis clericorum, a quibus qui alieni sunt probro cæteris ac ludibrio esse solent, nam spadones aut sodomitæ appellantur ; denique laici usque adeo persuasum habent nullos cælibes esse, ut in plerisque parochiis non aliter velint presbiterum tolerare, nisi concubinam habeat aut focariam, nec sic quidem usque quaque sunt extra periculum.* Æneas Silvius est d'avis de permettre le mariage aux prêtres, parce que, dit-i!, c'est pour eux le seul moyen de salut. (*Annal.* 10, 1. 11.)

Polydore Virgilius dit, en parlant du célibat des prêtres, « qu'il n'y « a pas d'établissement qui ait causé plus de tort à l'ordre ecclésiastique « et à la religion elle-même ; que tous les gens de bien en ont gémi et « que cette institution a été, pour les prêtres, une source féconde de désordres et d'abominations. » (*De Rer. invent*, lib. V, cap. iv.) *Concludendum est clericos illos qui a nuptiis abstinent, sed sæcularibus negotiis ac sensualibus desideriis sese immergunt licet verba canonum externamque disciplinam tenere videantur, ipsam tamen sententiam et rationem canonum negligentes, revera in ipsos canones*

tion, on cite l'exemple des ministres protestants, qui sont presque tous respectables et respectés, et qui vivent dans les liens du mariage, comme le reste des hommes. Initiés à la connaissance des mœurs domestiques, par la contemplation de leur propre famille, ils contractent par là un esprit de tolérance bien éloigné des principes absolus et exclusifs du catholicisme (1).

N° 217. Nous ne saurions nier que le célibat des prêtres n'amène parfois des scandales; mais quelle est l'institution si parfaite qui n'ait des abus? Les longues épreuves par lesquelles passent les novices avant de recevoir les ordres, sont une garantie que leur volonté n'a point été forcée, et qu'ils ont persévéré dans leur dessein. Et qu'ils le sachent bien, ce n'est pas pour des intérêts pécuniaires et humains, et par des considérations de famille qu'ils doivent engager irrévocablement leur liberté, il faut qu'ils aient une vocation décidée, qu'ils se sentent assez de force et de courage pour mépriser les plaisirs du monde, et se livrer avec zèle et ardeur à la carrière qu'ils ont choisie; *Volenti non fit injuria.*

N° 218. Nous avons déjà dit aussi que les fonctions des ministres protestants ne sont point incompatibles avec le mariage; le peu de fréquences de cérémonies religieuses, la suppression de la confession auriculaire, et beaucoup d'autres motifs que nous passons sous

---

dici posse impengere. (*Van-Espen jus. eccles. univ.*, tom. I.) Telle est aussi la décision du canoniste Huygens. (*De Matrim.*, cap. II.)

(1) Contre l'excessive sévérité des mœurs sacerdotales, on cite deux textes, le premier d'Athénagore : « Quelle autre puissance, qu'une « puissance infernale a pu inspirer aux prêtres de Rhée de se rendre « eunuques ; à ceux de Diane, de se déchirer le corps à coups de fouet. « Ce n'est point Dieu qui autorise une révolte pareille contre la na- « ture. »

Le second, de saint Clément d'Alexandrie : « Voyez les prêtres des « faux dieux ; leurs cheveux sont en désordre, leurs habits sales et en « lambeaux ; ils s'abstiennent des bains et se privent de leur virilité. « Par tous ces usages barbares, ils font bien voir que les temples de leurs « idoles ne sont autre chose que des sépulcres et des cachots; ce n'est « point adorer les dieux, c'est les pleurer. »

silence, leur permettent de se livrer aux soins d'une famille. Nous n'avons plus à répondre qu'à ce reproche d'intolérance que l'on adresse assez généralement à la foi catholique. Cet argument dont on se sert contre le Catholicisme, nous le *rétorquerons* contre ses détracteurs. C'est cette intolérance même qui est à nos yeux une preuve irréfragable de la vérité des dogmes catholiques. L'unité est le critérium du vrai. L'erreur est multiple, car elle est individuelle. De ces deux faits, il suit que la vérité est intolérante et jalouse; ne point proscrire une opinion différente de la sienne, serait pour elle perdre son caractère distinctif. L'erreur, au contraire, est essentiellement tolérante, elle se sent faible et craint trop les représailles.

N° 219. Le célibat des prêtres peut donc être justifié en saine morale; peut-il l'être en bonne politique? Nous le pensons également. Quoique le sacerdoce soit une fort bonne chose en soi, il importe qu'il ne prenne pas une trop grande extension; l'influence séculière des prêtres croîtrait avec leur nombre, et nous n'aurions rien à y gagner, car chacun doit rester dans sa sphère; le célibat arrête et effraie ceux que la volonté de parents fanatiques ou des intérêts purement pécuniaires, porteraient à l'état ecclésiastique. C'est là son utilité.

N° 220. Quelle est, sur cette question, la décision du Code civil? Silence complet et absolu, dit-on. Donc le prêtre peut se marier. On ne peut pas suppléer une incapacité qui n'est point écrite dans la loi. Les canons prohibitifs du mariage des prêtres ont été abrogés par les décrets de l'Assemblée constituante et de la Convention. On ne peut donc les appliquer maintenant.

N° 221. Les esprits les plus distingués, les plus recommandables, ont adopté ces motifs; malgré toutes ces autorités, nous dirons notre avis sans crainte, parce que toutes les convictions doivent être respectées.

Les canons sur le célibat des prêtres, étaient considérés comme loi de l'État; la déclaration du 4 août 1564, l'unanimité des auteurs à la Jurisprudence constante des parlements, en sont des preuves évidentes, et qu'on a vainement essayé d'attaquer. Ces canons ont été abrogés, il est vrai, par les décrets de la convention; mais, doit-on encore donner force de lois à ces décrets, quand on sait qu'ils étaient temporaires, et qu'ils avaient pour but avéré de détruire le Catholicisme. A cette époque de crimes et de terreur, où une vile populace régnait au nom de la liberté, où tous les citoyens honnêtes faisaient ombrage, où le vice obtenait seul des triomphes, le Christianisme fut persécuté, et l'on substitua à cette religion si grande et si belle, le culte absurde d'une raison trompeuse et mensongère. Pour accomplir avec plus de sûreté ces odieux projets, on voulut enlever aux prêtres le prestige de vertus surhumaines qui assurait leur empire. Mais la plupart, fidèles à cette Eglise qu'ils savaient bâtie sur le roc et inébranlable, conservèrent, au sein de la tourmente des partis, l'antique foi de nos pères, vainement furent-ils persécutés; l'estime des gens de bien s'attacha à leur personne, tandis que ces renégats qui, obéissant aux injonctions des législateurs, brisèrent les nœuds qu'ils avaient formés avec l'Eglise et contractèrent mariage, furent généralement accueillis par le mépris et l'adversion publiques. Voyez cette femme toujours seule dans les sociétés où elle a été invitée par une sorte de pitié, les personnes de son sexe se détournent d'elle avec horreur; et les jeunes gens, si empressés auprès des autres femmes, la délaissent; c'est la femme d'un prêtre. Sa famille même l'abandonne; elle est isolée sur la terre; c'est la femme d'un prêtre! Ses enfants n'excitent pas même cet intérêt qui s'attache à l'enfance; aucun père ne voudrait leur alliance pour son fils ou pour sa fille: c'est la femme d'un prêtre! Avant même que des lois posté-

184

rieures vinssent abroger les décrets de la convention,
ils l'étaient déjà dans l'opinion du grand nombre (1).
Enfin, le concordat de 1801 fit cesser cet état de
choses. L'art. 6 est ainsi conçu : « Il y aura recours
« au conseil d'état, en cas d'abus de la part des
« supérieurs et autres personnes ecclésiastiques,
« usurpation ou excès de pouvoir, contravention aux
« lois et réglements de l'Etat, infraction des règles
« consacrées par les canons reçus en France. » Or,
il est évident, comme nous l'avons dit, que le célibat
des prêtres était devenu loi de l'Etat ; que les canons
qui faisaient des ordres sacrés un empêchement dirimant, étaient reçus depuis longtemps ; donc le mariage des prêtres est interdit par nos lois, et la nullité
doit en être prononcée. Le Code civil n'a point abrogé
le concordat par son silence. L'abrogation tacite n'a
lieu que par une disposition contraire ; loin de là,
on peut dire que l'art. 147 confirme le concordat.
Puisque la religion catholique est reconnue par la
Charte comme celle de la majorité des Français, tous

(1) Cette horreur pour le mariage des prêtres n'est pas particulière à
la France, elle a été remarquée même dans des pays réformistes.
« Le parlement d'Angleterre, en 1549, avait accordé aux prêtres la
« faculté de se marier, mais en témoignant qu'il était mieux pour eux
« de vivre dans la continence. La reine Elisabeth fit quelques efforts
« inutiles pour maintenir le célibat clérical ; et l'on fait remonter à
« son règne l'usage perpétué jusqu'à nos jours, de ne pas donner à
« la femme d'un évêque anglican le titre de milady, mais seulement
« de mistriss, quoique le mari soit lord, et siége à la Chambre haute.
« Dans les premiers temps de la réforme, les mariages des prêtres, en
« Angleterre, étaient décriés à tel point que les protestants eux-mêmes
« en rougissaient. La pudeur les empêchait de donner leurs filles à de tels
« hommes qui, la plupart, furent réduits à chercher des femmes dans
« le rebut de la société. Les détails que donne sur ce sujet Sanderus
« sont un des morceaux les plus curieux de son *Histoire du Schisme*
« *anglican* : Voyez combien de contradictions dans les institutions hu-
« maines. Les Fellows des universités de Cambridge et d'Oxfort,
« espèce de bénéficiers simples, au nombre de plusieurs centaines,
« sont astreints au célibat sous peine de perdre leurs livings,
« ou bénéfices. Quelques-uns firent, il y a peu d'années, des démar-
« ches pour en être dispensés. Le parlement rejeta leur demande. »
(Note extraite de l'Histoire sur le Mariage des prêtres, par M. Grégoire.) Voyez aussi Sanderus, *Vera et sincera Historia schismatis
anglicani*, pag. 281 et 282.

les rites et les usages du Catholicisme sont aussi reconnus par la loi; parmi ces rites se trouve, en première ligne, le mariage spirituel du prêtre avec l'Eglise. En déclarant donc qu'on ne peut contracter un second mariage, avant la dissolution du premier, le Code a implicitement frappé le prêtre d'incapacité. (Paris, 27 décembre 1828.)

N° 222. Mais le prêtre pourrait-il se marier en renonçant au sacerdoce? Non, de même qu'on ne peut pas se marier avant la dissolution légale du mariage précédent. Décider autrement, serait donner lieu aux abus que nous avons exposés plus haut; un prêtre pourrait facilement séduire une femme en lui promettant de rompre les liens qui l'engagent à l'Eglise. Il serait aussi commode de pouvoir s'affranchir par la réception des ordres sacrés de la loi du recrutement, si l'on était admis ensuite à renoncer au sacerdoce. Sans doute, on aliéne sa liberté en embrassant l'état ecclésiastique; mais ne l'aliène-t-on pas aussi en contractant mariage, puisque le divorce n'est point admis dans notre législation? Ainsi un prêtre catholique qui embrasserait la religion protestante, ne pourrait contracter mariage. Cette décision est conforme à l'ancienne Jurisprudence (1). La Cour royale de Paris et la Cour de cassation viennent, fort récemment, de décider la question dans le même sens. (14 janvier 1832. — 21 février 1833.)

N° 223. *Quid juris*, par rapport au mariage d'un prêtre fait avant le concordat de 1801? Le mariage ne peut être attaqué, dès que les lois de l'époque où le contrat a été passé, ont été observées; une loi postérieure ne saurait avoir d'effet rétroactif pour annuler le contrat. (Voyez n. 20.)

____

(1) Voyez Pothier, *Traité du Contrat de Mariage*, n. 117. *Arrêt du Parlement de Paris*, 22 août 1640, cité dans Soefve, tom. I, cent. 1, chap. XXI. Voyez-y l'*Analyse des Conclusions d'Omertalon*, qu'il serait trop long de rapporter ici.

N.º 224. Un ancien prêtre qui, à la faveur des lois de 1792, a renoncé au sacerdoce, peut-il se marier depuis le concordat de 1802? oui, pourvu que depuis ce concordat, le prêtre ne soit point rentré en communion avec son évêque (1); car sa démission des ordres sacrés est un acte consommé, parfait, irrévocable; et la loi ne peut rétroagir sur le passé. (Cour de cassation, 16 octobre 1809.)

N.º 225. *Quid juris*, si une nouvelle loi permettait le mariage aux prêtres; le mariage, contracté à la faveur de cette loi, aurait-il pour effet de légitimer les enfants que le prêtre aurait eus dans un temps où il était incapable de se marier? Il nous paraît que les enfants d'un prêtre doivent être considérés comme adultérins, et par conséquent incapables d'être légitimés. Nous pensons aussi que la reconnaissance légale des enfants d'un prêtre ne peut pas être admise; il y a la même raison de décider que, pour le cas de reconnaissance d'enfants adultérins purs et simples, la morale et l'honnêteté publique se trouveraient également blessées par cette reconnaissance du prêtre. Et, comme nous l'avons dit précédemment, le mariage spirituel de l'Eglise et du prêtre est reconnu par nos lois. Toute liaison, tout commerce criminel auquel se livre la personne qui a reçu les ordres, est donc un concubinage adultérin. On était encore plus sévère dans l'ancienne Jurisprudence; les enfants d'un simple clerc bénéficier étaient considérés, par un grand nombre de jurisconsultes, comme incapables d'être légitimés. Balde, sur la loi *parentes ff.*

(1) « Une décision de Sa Majesté, sur le rapport du grand juge et sur « le mien, porte que l'on ne doit pas tolérer le mariage des prêtres « qui, depuis le concordat, se sont mis en communion avec leurs « évêques et ont continué ou repris les fonctions de leur ministère; « on abandonne à leur conscience ceux d'entre les prêtres qui auraient « abdiqué leurs fonctions avant le concordat, et qui ne les ont plus re- « prises depuis. On a pensé que les mariages de ces derniers présente- « raient moins d'inconvénients et de scandales. » (*Lettre du Ministre des cultes au préfet de la Seine-Inférieure, le 30 janvier 1807.*)

de in jus vocando, établit des règles pour la légitimation; puis il ajoute : *Regula est ista , quod inter quas personas prohibetur concubinatus , licet non prohibeatur matrimonium, nati sunt spurii, ut extra de clerico habente tantum minores ordines , qui potest habere uxorem non tamen concubinam.* Telle est aussi l'opinion de Barthole , Panorme et Joannes Andreas (1). Quoique nous n'eussions pas poussé le rigorisme jusque-là , notre opinion nous semble du moins très soutenable. (Arrêt contraire de la Cour de cassation du 22 janvier 1812.)

N° 226. De ce qui précède , on peut conclure que la condition de se faire prêtre est contraire aux bonnes mœurs , et réputée non écrite dans les donations et testaments (900). Car cette condition aboutit, en définitive , à prohiber le mariage. (Voyez n. 124, 125.) Cette question souffrait néanmoins difficulté dans l'ancienne Jurisprudence, et elle avait été résolue en sens divers par les auteurs. Furgole (chap. VII, sect. II, n. 89) pense que la condition doit être accomplie; que l'état monastique étant un état de perfection , il est , par là , infiniment favorable. Ricard (*Dispositions condit.* n. 264, 269) soutient l'opinion contraire : la condition , dit-il, doit être rejetée, parce que le sacerdoce étant tout spirituel , c'est le profaner que de le mêler à des intérêts pécuniaires et temporels. Nous nous rangeons de l'avis de Ricard.

N° 227. Les vœux solennels de religion qui , dans les premiers temps de l'Eglise, ne formaient qu'un empêchement purement prohibitif au mariage, avaient fini par devenir un empêchement dirimant (2). Il n'en est pas de même dans la législation actuelle ; déjà l'ordonnance de Blois (3) exigeait des formalités pour

---

(1) Barthole , sur la loi *In Concubinatu ff. de concub.* Joannes Andreas, *de Regul. Jur.* Panorme , *eod. tit.* (Voyez un arrêt contraire, *Journal du Palais*, tom. I , pag. 720.)
(2) *Second Concile de Latran* , canon 7.
(3) Art. 28.

188

la validité des vœux. La loi du 13 février 1790 abolit les vœux religieux perpétuels ; les vœux et les obligations qui en résultent ont été rétablis à l'égard des religieuses faisant partie des congrégations hospitalières de femmes, mais avec des modifications qui les rendent sans danger. Aucune novice ne peut faire des vœux qu'à l'âge de seize ans accomplis, conformément à l'ordonnance de Blois, et cela après avoir obtenu les consentements requis pour contracter mariage, par les art. 148, 150, 159, 160 du Code civil ; elles ne s'engagent que pour un an, tant qu'elles n'ont pas vingt-un ans accomplis ; passé cet âge, leurs vœux peuvent être de cinq ans. L'engagement est contracté en présence de l'évêque ou de son délégué, qui dresse l'acte et le consigne sur un registre double, dont un exemplaire est déposé entre les mains de la supérieure et l'autre à la municipalité (1). L'empêchement résultant de ces vœux, est purement prohibitif et temporaire ; en aucun cas, cet empêchement ne serait dirimant (2).

(1) Décret du 18 février 1809.

(2) L'abolition des vœux religieux perpétuels est une bonne chose, sous le point de vue moral. Il n'est pas possible ici de s'appuyer sur les mêmes raisons qui conduisent à défendre le mariage des prêtres, et ce n'est que pour de graves motifs qu'il doit être permis d'engager irrévocablement sa liberté, quant au mariage, car cette liberté est de droit naturel.

Prudence, poëte chrétien, se montre ennemi des vœux religieux dans les beaux vers suivants :

Captivus pudor ingratis addicitur aris
Nec contempta perit miseris sed adempta voluptas
Corporis intacti non mens intacta tenetur ;
Nec requies datur ulla toris quibus innuba cæcum
Vulnus et amissas suspirat fœmina tædas.

(In Syg. v. 1879.)

Leur pudeur est enchaînée au service de dieux ingrats ; elles sont mortes aux plaisirs, non par choix, mais par contrainte ; leur corps peut être vierge, mais leur ame ne garde point sa pureté. Plus de repos pour ces malheureuses sur leur couche solitaire. Leur cœur nourrit une blessure cachée et d'éternels regrets d'un hymen qui n'est plus fait pour elles.

Changeons l'épithète ingratis, et les vers de Prudence, dirigés contre

N° 228. Non - seulement le mariage contracté au mépris de la disposition de l'art. 147 est nul, mais encore il y a crime de bigamie, que nos lois punissent des travaux forcés à temps. (340, Code pénal.)

N° 229. Le prévenu de bigamie, a quatre moyens de défense; il faut, 1° soutenir que son premier mariage est dissous; 2° que ce premier mariage est nul; 3° que le second mariage est nul; 4° qu'il a été de bonne foi.

N° 230. Un condamné par contumace se marie après le délai des cinq ans de grace; il peut alléguer pour défense que son précédent mariage a été dissous par la mort civile (1). Il est évident que cette question préjudicielle n'est pas de la compétence des tribunaux criminels, et qu'elle doit être jugée par les tribunaux civils. Néanmoins, il faut pour que l'on accorde un sursis que la question préjudicielle soit douteuse et de nature à être débattue. Ainsi, l'on ne devrait pas surseoir au jugement d'un prévenu de bigamie, s'il alléguait, par exemple, que l'art. 147 du Code civil est abrogé; ou, dans l'hypothèse présente, si le condamné par contumace qui s'est marié dans le délai de grace, soutenait que son premier mariage a été dissous par la condamnation même.

N° 231. Si l'accusé allègue la nullité du premier ou du second mariage, il y aura lieu à surseoir; car, d'un côté, si le premier mariage est nul, le second est seul

la corporation des Vestales, s'appliqueront aux vierges chrétiennes, à ces jeunes filles que des parents barbares ou intéressés ont fait entrer dans un couvent pour la vie, avant qu'elles connussent l'entraînement des passions et la difficulté d'observer les règles d'une chasteté absolue.

Saint Cyprien pensait que les vœux religieux ne pouvaient point être indissolubles, et que, même après avoir été consacrées à Jésus-Christ, les vierges conservaient toujours la liberté de se marier, si elles n'avaient pas assez de force pour vivre dans une parfaite continence. *Quod si ex fide se Christo dicaverunt pudicæ et castæ sine ulla fabula perseverent, et ita fortes et stabiles præmium virginitatis expectent; si autem perseverare nolunt, vel non possunt, melius est ut nubant, quam in ignem suis delitiis cadant.* (Epist. 72.)

(1) Il est évident aussi qu'il pourrait se fonder sur la nullité du second mariage contracté depuis la mort civile encourue.

valable, et l'art. 147 du Code civil et 340 du Code pénal, ne sont plus applicables. Si le second mariage est nul, quand bien même il serait prouvé que l'accusé était dans l'intention de contracter un mariage valable, néanmoins on ne pourrait prononcer contre lui aucune peine, les lois pénales ne punissant pas ici l'intention mais le fait. Il ne suffit pas au prévenu de bigamie, de soutenir que le premier ou le second mariage est nul ; il doit indiquer par quels moyens il se propose d'en établir la nullité, et s'il ne fondait sa demande que sur des nullités relatives déjà couvertes, la chambre d'accusation ne devrait y avoir aucun égard (1). Du reste, le prévenu de bigamie pourrait appeler de l'arrêt de la chambre d'accusation, qui ne lui accorderait aucun sursis, et cela d'après l'art. 299 du Code d'instruction criminelle.

N° 232. L'accusé peut aussi alléguer sa bonne foi. En vain dirait-on que, dans le Code pénal de 1791, cette exception était formellement énoncée, et que nos législateurs, en la supprimant, ont voulu changer, à cet égard, la législation pénale ; qu'il y a toujours faute et imprudence coupable de la part d'un conjoint qui, sans avoir la preuve légale du décès de son conjoint, contracte de nouveaux nœuds. Si l'on a supprimé cette disposition dans notre nouveau Code, c'est qu'il est inutile de l'énoncer ; elle est de droit commun, elle est consignée dans ce principe antérieur à tous les Codes, que là où il n'y a point de volonté, il ne peut y avoir de crime (2). Il y a une imprudence, il est vrai, à reprocher à l'accusé, mais une imprudence peut-elle équivaloir à un crime....., et l'enverra-t-on aux galères pour une simple faute (3).

N° 233. Il suffit qu'il y ait eu possibilité de bonne foi.

(1) Carnot, *Instruction criminelle*, première édition, tom. I, pag. 41 et 42.
(2) *Rapport de M. de Montseignat.*
(3) Merlin. *Questions de Droit*, au mot *Bigamie*, et *Rep. de Jurisprudence*, tom. II.

Du reste , le jury qui est juge suprême et du fait et de l'intention, devra apprécier les circonstances (1).

N° 234. La possibilité de la bonne foi ne suffirait pas, s'il s'agissait d'appliquer les articles 201 et 202 du Code civil. La bonne foi , ne pourrait être établie que par titres ou par témoins. (Voyez notre commentaire sur l'art. 201).

N° 235. D'après les termes formels de l'art. 340, il faut décider que la bigamie existe , quand bien même le premier mariage serait dissous depuis que le second mariage a été contracté. La mort civile ou naturelle du premier conjoint , ne peut avoir pour effet d'effacer le crime de bigamie. Dès que les deux mariages ont subsisté à la fois , ne serait-ce qu'un instant, il y a crime , et ce crime ne peut être couvert que par la prescription légale.

N° 236. Si , avant la mort civile encourue , le condamné par contumace se remarie du vivant de son premier conjoint , il peut être poursuivi pour crime de bigamie. Car , le second mariage contracté pendant le délai de grace peut être valable. (Voyez n° 164), et le premier n'est dissous que dès le moment où la mort civile est encourue.

N° 237. L'absent , dont le conjoint a contracté un nouveau mariage, n'aurait pas le droit de profiter de la faute ou de l'erreur de son conjoint , pour former lui-même de nouveaux liens avant la dissolution légale du premier mariage. L'art. 340 du Code pénal lui serait applicable (2), car le second mariage du conjoint de l'absent , n'a pas eu pour effet d'anéantir le premier ; il n'y a de dissolutions possibles du mariage que celles qui ont été prévues par l'art. 227.

(1) Merlin. *Questions de Droit* , lieu cité.
(2) Toullier, n. 529, pag. 445 du 1er vol. et Duranton, n. 142, tom. II, pag. 110.

ARTICLE 148

Le fils qui n'a pas atteint l'âge de vingt-cinq ans accomplis ; la fille qui n'a pas atteint l'âge de vingt-un ans accomplis, ne peuvent contracter mariage sans le consentement de leurs père et mère. En cas de dissentiment, le consentement du père suffit.

COMMENTAIRE.

Nº 238. *A quel âge est fixée la majorité pour les actes ordinaires ?*

239. *La majorité pour le mariage n'est acquise, aux hommes, qu'à vingt-cinq ans révolus.—Raisons tirées du développement moins hâtif des facultés chez les hommes.—Préjugés sur les femmes.—Nécessité d'avoir un état, une position sociale et une certaine fixité dans les idées.*

240. *Consentement du père. Droit romain.—Quid, dans le cas d'absence ?*

241. *Quid, dans le cas de fureur ou de démence ?*

242. *Suite.*

243. *Le consentement de l'aïeul était aussi nécessaire en droit romain.*

244. *Quid, pour les enfants émancipés ?—Distinction.*

245. *Les mariages contractés sans le consentement du père et de l'aïeul étaient nuls.*

246. *Droit canonique. — Lettre de saint Basile. — Conciles de Trente, de Cambray.*

247. *Ancien droit français.—Capitulaires.—Edit de Henri II, ou ordonnance de Blois.—Loi du 20 septembre 1792.*

248. *Code civil.*

249. *Le consentement du père et de la mère est-il de droit naturel ? —Distinction.*

250. *Justification des dispositions du Code.*

251. *La voix du père est prépondérante en cas de partage. —Pourquoi ?*

252. *Cependant la mère non consultée pourrait former opposition.*

253. *Exemple.—Arrêt conforme.*

254. *Mais il n'est pas nécessaire de présenter à l'officier de l'état-civil le consentement de la mère.*

255. *La mère pourrait-elle demander la nullité du mariage contracté au mépris de son opposition.—Renvoi.*

256. *Il n'est pas besoin d'un consentement exprès, il suffit de la présence du père au mariage.*

257. *Hors ce cas il faut un acte authentique.*

N° 258. L'homme est un être essentiellement intelligent et perfectible; mais les facultés se développent tard chez lui, et dans les premières années de sa vie, il est incapable de donner un consentement réfléchi : ne pas l'entourer de protection et de secours contre les piéges qui peuvent lui être tendus par des gens avides et intéressés à profiter de sa faiblesse, c'eût été méconnaître le premier devoir du législateur, celui de suivre les citoyens depuis leur naissance jusqu'à leur mort, et de leur assurer à tous, dans les différentes positions où ils se trouvent, le maintien de leurs droits et de leur liberté. Néanmoins, la loi devait établir un terme après lequel le mineur fût capable de s'obliger et sortirait de tutelle. Ce terme, est l'âge de vingt-un ans pour les deux sexes. A-t-on fait sagement d'établir cette conformité dans la fixation de la majorité, et n'aurait-il pas fallu suivre l'ordre naturel en prorogeant la majorité des hommes à un délai plus reculé, par exemple, à vingt-cinq ans; c'est une question qu'il n'est pas dans notre sujet d'examiner.

N° 239. Quoi qu'il en soit, par rapport au mariage, l'homme n'est majeur qu'à vingt-cinq ans, et on peut en donner plusieurs raisons. D'abord, c'est un fait constant, que le développement du physique influe sur le moral, et qu'en ne considérant que le droit de la nature, la femme acquiert plus promptement que l'homme la jouissance de ses facultés intellectuelles et morales; son règne qui doit finir plutôt, commence avant celui de l'homme, et d'ailleurs, si l'on prorogeait jusqu'à vingt-cinq ans la majorité des femmes, quant au mariage, outre les inconvénients qui pourraient résulter de l'impossibilité de se marier sous le point de vue moral, serait-il bien certain, qu'à vingt-cinq ans elles trouvassent d'aussi bons partis que lorsqu'elles sont encore dans la fleur de la jeunesse. C'est une opinion généralement reçue parmi les hommes, juges suprêmes en cette matière, qu'à l'âge de vingt-cinq ans une femme est déjà vieille; ce préjugé, quelque sot et ridicule qu'il soit, suffirait pour justifier la loi, si aucune autre considération ne militait d'ailleurs en sa faveur. Enfin, avant qu'un jeune homme songe au mariage, il faut qu'il ait un état, une position sociale, une garantie pour l'entretien d'une famille, et c'est, même, le plus souvent, l'état et la fortune d'un mari que l'on épouse, plutôt que sa personne. Ajoutez à cela, qu'on n'est pas de bonne heure à l'abri des séductions du plaisir; que la vie conjugale demande une constance, une fixité peu naturelle à un jeune homme, et que, s'il en est qui, à vingt ans sont déjà dégoûtés d'une existence changeante et mobile, la plupart conservent un esprit frivole et léger, même dans un âge avancé.

N° 240. Dans les premiers temps de la législation romaine, les enfants ne pouvaient se marier du vivant de leur père sans son consentement, d'après cette maxime : *Nemini hœres invito agnascitur*, et les jurisconsultes romains avaient poussé la rigueur des conséquences jusqu'à interdire absolument le mariage, aux enfants dont le père ne pouvait manifester sa volonté. Plus tard, dans le cas d'absence, on se contenta du consentement présumé que le père de famille donnerait au mariage s'il en avait connaissance. Après trois ans d'absence de l'ascendant, les fils de famille pouvaient, en consultant leurs proches, contracter un mariage sortable, que le père eût certainement approuvé s'il se fût alors trouvé sur les lieux.

N° 241. Dans le cas de démence et de fureur du père, longtemps le mariage fût interdit aux enfants ; mais la faveur qui s'attachait au mariage fit bientôt fléchir la rigueur des principes ; et l'on permit d'abord le mariage aux filles, parce qu'il y avait moins d'inconvénient pour elles que pour les fils : le père qui revenait à la raison, ne trouvait pas de nouveaux membres dans sa famille, car les enfants de la fille n'étaient pas dans la famille du père, mais bien dans celle du mari (1). Puis, comme il paraissait dur que l'état d'aliénation mentale du père, forçât ses fils à rester célibataires, on leur donna aussi la faculté de contracter mariage (2).

N° 242. Le père de famille pouvait aussi dans les premiers temps de la république romaine, s'opposer, pendant toute sa vie au mariage de ses enfants, et ceux-ci n'avaient aucun moyen de le forcer à donner son consentement. Mais la loi Julia changea la législation à cet égard, en permettant seulement au père de s'opposer au mariage de ses enfants avec telle ou telle

______

(1) C'est ce que signifie cet axiome : *Mulier caput est et finis familiæ suæ.*

(2) *Code*, l. 28, *De Episcop. aud et Code*, l. 25. *De Nuptiis.*

personne, mais lui imposant l'obligation de les doter et de les établir. *Dotare et collocare.* (1).

N° 243. Lorsque l'aïeul existait, on devait prendre son consentement; mais le consentement de l'aïeul ne suppléant pas celui du père et réciproquement, il fallait que tous deux intervinssent, à moins que l'un des deux ne fût atteint de démence ou de fureur, auquel cas, il suffisait du consentement de celui qui avait sa raison (2). On fit exception pour les petites filles qui pouvaient se marier sans obtenir le consentement de leur père, si leur aïeul consentait au mariage, car, si à la mort de l'aïeul, elles devaient tomber sous la puissance de leur père, elles y tombaient seules et sans aucune postérité (3).

N° 244. Les enfants émancipés pouvaient se marier sans le consentement de leur père (4). Mais, au temps de Gratien, on exigea pour les filles mineures, quoique *sui juris*, par l'émancipation, le consentement de leur père, et au cas du décès de celui-ci, le consentement de leur mère et de leurs proches, et si, ni le père, ni la mère, ni la famille ne voulaient consentir à son mariage, la fille pouvait en appeler aux juges publics, et leur sentence décidait du mariage (5).

N° 245. Les mariages contractés au mépris de ces défenses, étaient nuls en droit romain. *Si adversus ea quæ diximus aliqui coierint, nec vir, nec uxor, nec nuptiæ, nec matrimonium, nec dos intelligitur* (6).

N° 246. Il résulte de plusieurs passages des Pères de l'Eglise, entre autres de saint Basile, que les mariages contractés sans le consentement des parents, ne sont pas de véritables mariages (7), mais des commerces

(1) L. 19, *ff. De ritu Nuptiarum.*
(2) *Ulpien, De ritu Nuptiarum.*
(3) *De ritu Nuptiarum, ff. l.* 16, § 1.
(4) *ff. l.* 25, *eod. tit.*
(5) L. 18, *C. De Nuptiis, l.* 30, *eod. tit.*
(6) Instit., § 12, *De Nuptiis.*
(7) *Quæ sine iis qui habent potestatem fiunt matrimonia sunt fornicationes.*

criminels. Se fondant sur ces textes, les Luthériens et les Calvinistes soutinrent que le consentement des parents est nécessaire de droit naturel et de droit divin pour la validité des mariages de leurs enfants, que c'est un ordre établi de Dieu, et que quand bien même les lois positives d'un état n'annuleraient pas ces mariages, les parents peuvent le faire par leur seule autorité (1). Le Concile de Trente (2) condamna cette doctrine et prononça l'anathème contre ceux qui la partageraient. Mais, comme l'observe Pothier, il ne faut pas conclure des termes mêmes dont s'est servi le Concile, qu'il ait entendu blâmer les lois positives qui annulent les mariages faits sans le consentement des parents. Nous voyons même, d'après un concile tenu à Cambrai, que l'on fait un devoir aux pasteurs de recommander aux enfants de ne point se marier sans obtenir le consentement de leur père et de leur mère : *Moneant pastores puberes et aptos ad contrahendum matrimonium, ne pietatem erga parentes deserant, sed eorum arbitrio, et consilio, ineant matrimonia ; malintque Jacob sanctum virum imitari , quam reprobum Esaü* (3).

N° 247. Par les lois de nos rois de la première (4) et de la seconde race (5), le mariage de la fille sans le consentement de son père, était nul, mais non point celui du fils ; et voici la raison qui en est donnée dans un Capitulaire. *Sciscitandum est si vult pater virginis quia caput mulieris vir. Requirenda est voluntas a patre virginum dum Deus relinquat hominem, in manibus consilii sui.*

Henri II fit une innovation en défendant..... aux

_____

(1) Voyez l'*Apologie du Concile de Trente*, par Lemerre, et Boileau dans son *Traité des Empêchements du Mariage*, chap. IX. Voyez aussi Pothier dans son *Contrat de Mariage*, n. 321, 322 et 323.

(2) *De reformatione Matrimonii*, cap. I.

(3) Tit. XV, cap. III.

(4) *Lex Alemannorum*, cap LIV, art. I. Ce Capitulaire est du roi Dagobert.

(5) Art. 463, liv. VII *des Capitulaires*. Baluz, tom. I, pag. 1129.

fils comme aux filles de contracter mariage sans le consentement de leurs père et mère (1); mais il se borne à prononcer des peines contre les enfants, et à permettre aux parents de les exhéréder, et ne touche pas la question de nullité. C'est de l'art. 40 de l'ordonnance de Blois, que d'Aguesseau (2) et Pothier (3), font dériver la nullité du mariage des mineurs, contracté sans l'agrément de leurs parents (4). Quant à l'âge de majorité pour le mariage, l'édit de Henri II, le fixait à vingt-cinq ans pour les filles, et à trente ans pour les fils. La loi du 20 septembre 1792, abaissa le chiffre, et fixa à vingt-un ans la majorité pour le mariage, comme pour les autres actes de la vie civile, sans distinction de sexe.

N°248. Enfin, le Code civil prit un parti moyen entre la loi de 1792 et les anciennes ordonnances, et fixa la majorité des filles pour le mariage à vingt-un ans, de même que la loi de 1792, et celle des hommes à vingt-cinq ans, reculant ainsi leur majorité, à l'exemple des ordonnances. Le mariage contracté au mépris de cette prohibition est nul, conformément aux lois romaines et aux ordonnances précitées (5).

N° 249. Le consentement du père au mariage de ses enfants, n'est point dérivé du droit naturel primitif, mais du droit naturel secondaire; il est exigé dans

---

(1) Edit. de 1556. Voyez le *Recueil de Néron*.

(2) Tom. III, pag. 69 et suivantes.

(3) N. 325, lieu cité.

(4) L'ordonnance de 1629, art. 169, en prononce aussi la nullité, ainsi que la déclaration de 1639, art. 1er.)

(5) Nous lisons dans le Commentaire de Blackstone, sur les lois anglaises, qu'autrefois, en Angleterre, les mariages contractés par les mineurs, sans le consentement des parents, ne pouvaient être annulés. La sanction de loi était dans la peine à laquelle on condamnait le pasteur qui avait marié des enfants de famille sans exiger la preuve du consentement de leurs pères. Mais l'on reconnut le peu de sagesse de ces dispositions; et sous le règne de Georges II, un statut du Parlement prononça la nullité des mariages contractés par des mineurs, sans que leurs parents y consentissent. (Chap. xv, n. 3.)

On connaît l'usage absurde qui s'est introduit en Angleterre et en Ecosse, de valider les mariages bénis par le forgeron de Gretnagreen, dont la charge est héréditaire (*Paert.* tom. I, pag. 212.)

presque toutes les législations, comme condition indispensable pour la validité du mariage, mais ce fait
ne présente pas le caractère de nécessité que nous
avons attribué au droit naturel. On conçoit très bien
au contraire, que, dans les premiers temps de l'humanité, le mariage ait été indépendant du consentement
du père et de la mère; ce n'est que dans les pays
civilisés, ou du moins chez les peuples constitués en
société, que ce consentement a été de rigueur. Nous
distinguerons, cependant, entre le mariage du fils et
celui de la fille, et nous pourrons dire avec quelques
publicistes, que le consentement du père dérive du
droit naturel primitif, lorsqu'il s'agit du mariage de
sa fille. Aussi, voit-on que dans certaines nations, le
fils peut se marier sans le consentement de son père.
La raison de cette différence est évidente; la femme,
être faible, a besoin de secours et de protection, elle
ne sort de la famille de son père que pour passer
dans la famille de son époux; au contraire, l'homme
par son énergie native et sa supériorité physique,
peut de lui-même fonder une famille dont il sera le
chef et le souverain maître. On comprend par ces
considérations, que, dans le droit de la nature, le
fils peut contracter mariage sans le consentement de
son père.

N° 250. Les dispositions de notre Code sont fort
sages; le fils est obligé lui aussi, d'obtenir le consentement de sa famille. La fougue de la jeunesse, les
écarts des passions, l'indépendance naturelle au caractère de l'homme et moins décidée chez la femme,
et beaucoup d'autres causes qu'on devine assez,
justifient nos législateurs.

N° 251. Le père et la mère doivent être consultés
tous deux sur le mariage de leurs enfants; mais s'il
y a dissidence d'opinion entre eux, deux cas peuvent
se présenter, ou le père donne et la mère refuse son
consentement, ou la mère le donne et le père le refuse.

Dans le premier cas, on pourra passer outre à la célébration du mariage ; dans le second cas, au contraire, elle ne pourra avoir lieu si le père persiste dans son refus, et cela, jusqu'à ce que l'enfant soit majeur pour le mariage. Déclarer que le consentement de la mère suffisait, ç'eût été saper par ses fondements la puissance maritale et l'autorité du père de famille. La femme ne peut disposer de ses biens sans l'autorisation de son époux (217); la loi eût été inconséquente si elle eût permis à la femme de disposer de ses enfants sans cette autorisation. Quant à la prépondérance donnée au père, en cas de partage, elle est fondée sur la nature ; les meilleures lois sont celles qui dérivent de la nature même des choses.

N° 252. Il ne faut pas conclure de là que la mère ne doive pas être consultée sur le mariage de ses enfants ; car si le père, dans un moment d'aveuglement, consentait à un hymen peu sortable, peut-être la mère, en donnant ses conseils à l'enfant, l'empêcherait de consommer un acte irrévocable dont il se repentirait plus tard.

N° 253. Un père de famille, pour soustraire sa fille à l'influence de sa mère, se retire avec cette fille dans la ville où se trouve l'époux qu'il lui a choisi ; celle-ci consent au mariage, et tout se dispose pour la célébration. La mère non consultée, pourra former opposition au mariage, et forcer sa fille à écouter ses conseils avant de contracter le mariage projeté (1).

N° 254. De ce que nous venons de dire, il ne faut pas tirer la conséquence que l'officier de l'état-civil puisse se refuser au mariage, si on ne lui présente pas le consentement de la mère. Lorsqu'il n'y a pas eu opposition de sa part, on suppose que les choses se sont passées naturellement, et que la mère a été consul-

______

(1) C'est ce qu'a jugé un arrêt de la Cour de Riom du 3 juin 1817. Il fut ordonné que la fille serait ramenée à sa mère, et que la célébration du mariage ne pouvait avoir lieu que dans le cas où, après cette réunion, la fille persisterait dans son projet.

tée. Mais si la mère formait opposition, l'officier de l'état-civil ne pourrait passer outre à la célébration du mariage, qu'en se faisant représenter la main-levée volontaire ou judiciaire de cette opposition.

N° 255. Mais le mariage contracté au mépris de l'opposition de la mère serait-il nul? Nous examinerons cette question dans la seconde partie de notre traité.

N° 256. Il n'est pas besoin, du reste, d'un consentement exprès, pour que l'officier de l'état-civil puisse célébrer le mariage sans crainte; il suffit d'un consentement tacite, par exemple, de la présence du père à l'acte de la célébration, et de sa signature ou de la mention qu'il ne sait pas signer. Quand même le père ne signerait point l'acte de mariage, s'il a été présent à sa confection, et qu'il n'ait point réclamé, son silence annonce son consentement, et il serait non-recevable à attaquer le mariage (1).

N° 257. Quand le père, la mère, ou les ascendants, dans le cas où le consentement de ces derniers est requis, ne sont point présents au mariage, l'officier de l'état-civil doit se faire représenter un acte authentique qui constate leur consentement. Le consentement par acte sous seing-privé n'est pas valable (2).

N° 258. Mais si l'officier de l'état-civil se contentait d'un acte sous seing-privé, l'ascendant dont le consentement par acte authentique était nécessaire, aura-t-il l'action en nullité contre le mariage? Cette question sera examinée quand nous traiterons des nullités.

N° 259. Le consentement doit-il être spécial, et pour un mariage déterminé, ou bien peut-il être donné d'une manière générale? On dit, d'une part, que dans beaucoup de circonstances, un consentement général est nécessaire; que si le père, pour cause de maladie, ou

_____

(1) *Si pater quondam mariti tui in cujus fuit potestate cognitis nuptiis vestris non contradixit ; vereri non debes ne nepotem suum non agnoscat.* (L. 5, C. lib. V, tit. IV, De Nuptiis.)

(2) C'est donc devant notaire que l'ascendant devra faire rédiger son consentement.

pour toute autre cause, ne peut se déplacer, ou que l'éloignement des lieux dans lesquels se trouve le fils, apporte pendant un temps indéfini des obstacles à la célébration du mariage (1), le fils pourra manquer un établissement avantageux ; en second lieu, le père qui donne à ses enfants une autorisation illimitée de contracter mariage, fait un usage légal de la puissance paternelle ; il se fie à la prudence et à la sagesse de son fils, qui, jusqu'alors ne se sont point démenties. Quant à la loi romaine que l'on applique à cette question, pour établir que le consentement du père doit porter sur une personne déterminée, il nous paraît qu'elle ne tranche pas la difficulté. Dans cette loi, c'est un mandataire chargé par le père de choisir un mari (2), et non point le fils laissé maître de se choisir une femme.

Nº 260. Pour l'affirmative qui est plus généralement suivie, et que nous regardons comme mieux fondée, on argumente de l'art. 1988, qui restreint aux simples actes d'administration, la procuration illimitée conçue en termes généraux, qui embrassent toutes affaires. L'autorisation pour le mariage, donnée dans des termes semblables, n'est pas seulement réductible, elle est nulle (3) ; car il n'y a pas de milieu possible entre la validité et la nullité du mariage. L'autorisation donnée par le père en termes généraux, n'est pas un usage de la puissance paternelle, mais bien une aliénation de cette puissance, une délégation illégale, et l'art. 1388 qui défend au père de déroger par contrat de mariage à l'autorité que lui accorde la loi, est ap-

---

(1) Par exemple, le fils va fonder, outre-mer, un établissement de commerce. Il prévoit qu'il peut s'y marier et obtient de son père, qui se fie à sa prudence, une autorisation de contracter mariage avec la personne qui lui plaira. On comprend quels délais mettraient obstacle au mariage, s'il fallait obtenir un consentement spécial du père : la distance et les événements de force majeure qui, lorsqu'il s'agit d'un si grand éloignement, sont la règle générale et non point l'exception, pourraient retarder le mariage peut-être pendant deux ou trois ans.

(2) L. 34, *ff*, *De ritu Nuptiarum*.

(3) Vazeille, n. 116.

plicable également à l'abdication de cette autorité qui aurait lieu après la célébration de son mariage. Et d'ailleurs, ce n'est point seulement en faveur du père que l'art. 148 a été porté ; on a voulu protéger les mineurs contre leur inexpérience et les écarts de leurs passions; le but de la loi ne serait pas rempli, si le père pouvait, avant le terme marqué par la loi , permettre à ses enfants de se choisir un conjoint selon leur bon plaisir.

N° 261. Si donc on représentait à l'officier de l'état-civil un acte de consentement, où ne se trouverait pas déterminée la personne que l'enfant doit épouser, il devrait refuser de célébrer le mariage.

N° 262. Nous pensons aussi qu'il ne devrait pas non plus le célébrer, dans le cas où le nom du conjoint eût été laissé en blanc, ni même si ce nom était écrit d'une autre main que le corps de l'acte, parce qu'autrement il serait trop facile d'éluder la loi, en donnant à l'enfant un blanc-seing , que celui-ci remplirait quand il en aurait besoin (1).

N° 263. Jusqu'à ce que le mariage soit célébré , le père peut retirer son consentement, et par là empêcher le mariage. L'acceptation de l'enfant est ici considérée comme non avenue, et ne lie point l'ascendant. Il a pu être abusé par de faux rapports , ou même trompé par le dol de son enfant. Lui ôter le pouvoir de retirer son consentement avant le mariage, c'eût été anéantir une grande partie de son autorité et favoriser les ruses que pourrait employer soit l'enfant lui-même , soit le futur conjoint pour présenter le mariage sous un point de vue avantageux. C'est le consentement libre de l'ascendant qui est exigé au moment même de la célébration.

N° 264. En vain l'ascendant aurait-il déclaré dans l'acte authentique du consentement que sa volonté est

______

(1) Voyez cependant Duranton, *Traité du Mariage* , n. 92, tom. II, pag. 89 et 90.

inébranlable, et qu'il renonce à la faculté de révoquer cet acte, cette clause deviendrait de style, les enfants, en arrachant un consentement à la faiblesse de leurs parents, ne manqueraient pas d'y faire insérer la clause de renonciation. Il y a encore une autre raison pour décider ainsi : de même que le père ne peut point abdiquer la puissance paternelle ou maritale (1588), de même, il ne peut renoncer au pouvoir qui lui est accordé par la loi, de s'opposer au mariage de ses enfants, jusqu'à sa célébration.

N° 265. Il n'est pas douteux du reste, que le consentement des ascendants ne puisse être regardé comme nul, s'il est prouvé qu'il a été donné par erreur, extorqué par violence, ou surpris par dol (1109). Il faut appliquer à ce cas les principes généraux des obligations.

N° 266. Trompé par la ressemblance de noms, un père accorde à son enfant la permission de se marier avec Mœvia, qu'il croit la fille d'un de ses intimes amis et qui n'est qu'une aventurière ; il pourrait attaquer le mariage en prouvant qu'il a été dans l'erreur. La considération de la personne a été la cause déterminante du consentement, et ici l'erreur sur l'état de famille et sur les qualités de Mœvia, entraîne l'erreur sur la personne même : il est évident que le père n'eût point consenti au mariage de son fils, s'il eut su quelle femme celui-ci se proposait d'épouser. Ainsi, dans l'espèce prévue au n° 144, si l'enfant ne réclamait pas, le père aurait l'action en nullité. Le dol qui aurait pour objet l'erreur sur les qualités accidentelles de la personne, n'annulerait pas le consentement ; il en serait autrement s'il avait pour objet l'erreur sur la personne même. Le consentement serait nul aussi dans le cas où l'enfant, ou le futur conjoint, ou même tout autre individu, aurait exercé sur les ascendants une violence capable de leur imprimer la crainte d'exposer leur personne ou leur fortune à un mal considérable et présent. On devrait avoir égard au sexe, à la condition, à l'état de santé ou de maladie de l'ascendant (1112).

N° 267. Un père de famille sur le point de s'absenter pendant de longues années, et prévoyant que son fils ou sa fille trouveront à se marier avant son retour, donne à son frère le pouvoir de consentir au mariage. Cette délégation de la puissance paternelle est-elle valable? Nous ne le pensons pas. Tant que le père est dans la possibilité de manifester sa volonté, il faut qu'il consente lui-même au mariage; et il y a lieu d'appliquer ici les mêmes raisonnements dont nous nous sommes servis pour établir que le père ne peut pas laisser à son fils un consentement conçu dans des termes généraux. C'était la décision formelle des lois romaines : *Generali mandato quærendi mariti filiæ familias non fieri nuptias rationis est. Itaque personam ejus patri demonstrari qui matrimonio consenserit, ut nuptiæ contrahentur necesse est* (1).

N° 268. Mais le père pourrait très bien donner à des tiers un mandat spécial, v. g. le pouvoir de consentir au mariage de Titius, son fils, avec Mœvia.

N° 269. Un père pourrait-il en mourant laisser un legs par préciput à un de ses fils, sous la condition expresse qu'il ne se mariera qu'avec le consentement de telle personne? La condition serait-elle réputée non écrite, comme contraire aux lois et à l'ordre public! Ou le père a voulu qu'à tout âge son fils ne pût se marier sans obtenir le consentement d'un tiers, ou il a voulu seulement qu'il ne pût se marier sans ce consentement, avant l'âge de 25 ans accomplis. Dans le premier cas, la condition est évidemment nulle; car il n'appartient pas au père de mettre son fils en tutelle, relativement au mariage, pendant toute la durée de sa vie, une telle condition serait réputée

---

(1) L. 54, *ff. De ritu Nuptiarum.*

non écrite , comme contraire aux lois et à l'ordre
public (900), et le legs n'en serait pas moins valable.
On ne pourrait pas raisonnablement opposer que le
testateur a eu une intention louable ; que connaissant
la faiblesse et l'inexpérience de son fils, il l'a soumis à
l'obligation d'obtenir pour son mariage le consentement
d'une personne respectable, afin qu'il ne fit qu'un
mariage avantageux. Tout cela peut être vrai , mais
la loi qui fixe la majorité du fils à 25 ans , est d'ordre public , et on ne peut pas y déroger par des conventions particulières ; d'ailleurs, il serait au pouvoir
de la personne qui doit consentir , de refuser toujours ce consentement , et , par là , d'empêcher le
mariage du fils, et si c'est un parent , dont l'autorisation est requise , il aura intérêt à s'opposer à l'union
projetée, dans la crainte qu'il ne naisse de cette union
des héritiers légitimes qui lui seraient préférés ; c'est
surtout par ces dernières considérations que la condition était annulée en droit romain. *Si arbitratu
Titii seia nupserit , Hæres meus ei fundum dato :
vivo Titio , etiam sine arbitrio Titii eam nubentem
legatum accipere , respondendum est : eamque legis sententiam videri, ne quod omnino nuptiis impedimentum inferatur, sed si Titius vivo testatore
decedat, licet conditio deficit, quia tamen suspensa
quoque pro nihilo foret , mulieri sucurretur* (1).
Voyez cependant un arrêt rendu le 9 avril 1836, par
la cour de cassation (2).

(1) L. 72, *ff. De Condit et Demonstr.* M. Toullier adopte cette
solution.

(2) Le sieur Martin , en mourant, avait institué la fille Grisonnet, sa
nièce, sa légataire universelle, à condition qu'elle ne pourrait se marier qu'en prenant l'avis de sa femme, et si la fille Grisonnet contrevenait à cette condition, elle était déchue de son legs , et la dame Martin
avait le pouvoir de nommer un autre héritier. La fille Grisonnet
se marie sans prendre l'avis de la dame Martin. Celle-ci meurt sans
avoir institué un autre légataire. Le legs fut attaqué par les héritiers de
Martin , mais leur prétention fut rejetée, et nous lisons cet étrange
considérant dans l'arrêt de la Cour royale du 2 avril 1835 : « Considé-
« rant que la dame Martin n'a point usé, contre la fille Grisonnet, de
« la clause du testament qui lui conférait le droit d'instituer un autre

N° 270. Si le père a imposé pour condition du legs, que son fils ne pourrait se marier avant vingt-cinq ans, sans le consentement de telle personne, deux cas se présentent : ou à la mort du père, la mère et les ascendants vivent encore, alors la condition est nulle ; car le père ne peut point leur enlever le droit qui leur est accordé par la loi, de consentir seuls au mariage de leur fils ou de leur petit-fils ; ou ils n'existent plus, et, dans cette hypothèse, le fils peut se marier à vingt-un ans, sans le consentement du conseil de famille. La condition de ne se marier jusqu'à vingt-cinq ans que d'après l'arbitre d'autrui, est donc contraire à la loi et, comme nous l'avons dit, les lois sur la minorité et sur la majorité des citoyens, intéressent, à n'en pas douter, l'ordre public. Donc l'inexécution de la condition de se marier *arbitrio alterius*, ne sera jamais une cause de nullité du legs ou de la donation (900) (1).

N° 271. En aucun cas, la fille jusqu'à vingt-un ans, le fils jusqu'à vingt-cinq ans, ne peuvent s'affranchir de l'obligation d'obtenir le consentement de leurs parents à leur mariage. Ni l'émancipation expresse, ni l'émancipation, tacite qui a lieu par le mariage, ne fait cesser leur dépendance relativement au mariage. Ainsi, les qualités de veuf et de veuve, ne serviraient point au fils et à la fille, pour qu'ils pussent seuls consentir à une seconde union, avant

---

« héritier, dans le cas prévu par ledit testament, et que son silence ra-
« tifie le mariage. » Il paraît que si la veuve Martin eût usé de la faculté que lui accordait le testament de son mari, l'arrêt de la Cour eût été rendu en faveur des héritiers. Nous ne saurions trop nous élever contre cette fausse jurisprudence que la Cour de cassation elle-même a semblé adopter. En effet, un de ces considérants porte : «Attendu que
« l'arrêt s'est fondé sur l'interprétation du testament et sur l'intention
« présumée de la veuve du donateur. » Il résulte de là que le testament eût été nul si la veuve du donateur en eût manifesté l'intention. Cette solution nous paraît contraire à la morale et à l'ordre public, et nous espérons que si la question se présente de nouveau pure et simple, et dégagée de circonstances étrangères, la Cour de cassation reviendra à de plus saines opinions

(1) Toullier, tom. V, pag. 264, à la note.

l'âge fixé par l'art. 148 du Code (1). Il en est autrement dans le Code Frédéric ; le veuf et la veuve peuvent se remarier sans obtenir le consentement de leurs parents (2).

✳

ARTICLE 149.

Si l'un des deux est mort, ou s'il est dans l'impossibilité de manifester sa volonté, le consentement de l'autre suffit.

COMMENTAIRE.

(1) Il en était de même en droit ancien. (Voyez Basnage, sur l'art 232 de la Coutume de Normandie, et Bouvot, partie 2ᵉ, au mot, *Mariage*, question 33 ; arrêt de Paris, le 27 février 1647. Soefve, tom. I, cent. 2, c. v.

(2) Traduction déjà citée, tom. I, pag. 105, part. 1ʳᵉ, liv. II, tit. II, § 2.

※

N°272. Lorsque la mère est morte et que le père lui
survit, la puissance paternelle demeure pleine et entière entre les mains du père, et ses enfants ne peuvent
se marier sans son consentement , et pour donner ce
consentement , il n'a besoin de consulter personne.

N° 273. A la mort du père, ses droits et son autorité
passent à la mère survivante ; mais non dans toute
leur plénitude, lorsqu'il s'agit de provoquer la dé-
tention de l'enfant (381). Quant au droit de consentir
au mariage, la mère a la même puissance que le
père ; elle est substituée en son lieu et place. Le mariage contracté sans son consentement serait nul ; l'officier de l'état-civil serait passible d'une amende et
d'une peine corporelle (156), et son opposition ren-
drait le mariage impossible, tant que l'enfant n'aurait
pas atteint la majorité de l'art. 148.

N° 274. Malgré les termes formels de l'art. 149, on
a élevé la question générale de savoir, si la mère remariée et non maintenue dans la tutelle, peut donner un
consentement valable au mariage de ses enfants. L'enfant
peut-il se marier sans ce consentement en se contentant

de celui de la famille? L'opposition de la famille au mariage devrait-elle être admise contre le consentement de la mère? Telles sont les deux questions particulières qu'il s'agit d'examiner.

N°275. On peut dire pour l'affirmative de la première question, qu'il y a tout à craindre de l'influence d'un second mari, sur l'esprit d'une femme déjà peut-être sur le retour de l'âge, et dont les passions sont plus vives et plus aveugles que dans la jeunesse. Il est rare, surtout dans nos climats tempérés, qu'au printemps de son âge, une femme soit exclusivement livrée aux volontés de celui qu'elle aime; elle a tant de moyens pour captiver son cœur et le retenir dans ses chaînes, qu'elle dédaigne les artifices de la maturité. Les charmes de sa beauté, les graces de sa personne suffisent pour lui faire et lui conserver des conquêtes. A quoi bon chercher des moyens extérieurs et factices quand on a en soi tout ce qu'il faut pour séduire. Au contraire, la femme qui se trouve à la fin de son rapide été, et qui, par caprice ou par un regret du temps qui n'est plus, soumet de nouveau son cœur au joug de l'hyménée et se donne un jeune maître; redoutant sans cesse la perte de la tendresse de son époux, désespérée de ne plus avoir en elle-même de quoi assurer la durée de son empire, sera disposée aux plus grands sacrifices, ne croyant pas payer trop cher, à ce prix, la continuation de cet amour qui est toute sa vie. Cette supposition n'est point exceptionnelle dans l'hypothèse présente, et le refus du conseil de famille de maintenir la mère dans la tutelle, est une preuve de défiance ou dans la mère elle-même, ou plutôt dans le mari qui aurait été co-tuteur nécessaire des enfants (396). Le mari aura intérêt à user de son ascendant sur sa femme, pour qu'elle ne donne pas son consentement au mariage projeté; les délais pourront faire manquer ce mariage, et si le fils ou la fille meurent sans descendants légitimes, la mère sera naturellement appelée à la succession, et les biens de la famille du premier mari passeront dans celle du second. Sans même avoir égard à ces considérations d'intérêt plus ou moins éloigné ; en ne se fondant que sur cette haine instinctive et naturelle d'un second conjoint pour les enfants d'un premier lit, on déciderait qu'il y a du danger à permettre à la mère remariée et non maintenue dans la tutelle, de s'opposer, pendant le temps légal, au mariage de ses enfants, et à ne pas soumettre l'opposition de la mère, à l'appréciation du conseil de famille ou à l'impartialité des tribunaux.

N° 276. Quoi qu'il en soit, la loi est formelle à cet égard, et il est évident que le consentement de la mère est d'une nécessité absolue à l'enfant qui veut contracter mariage.

N° 277. L'affirmative de la seconde question est soutenue par M. Delvincourt (1). Après plusieurs arguments puisés dans les principes généraux de la tutelle, il se fonde principalement sur la discussion au Conseil d'état, et la proposition qui fut faite, d'ajouter à l'art. 149 : « Le consentement de l'autre suffit, quand « même le premier aurait contracté un second mariage. » La suppression de ces mots a eu lieu, dit-il, parce qu'on a pensé que, selon les circonstances, l'opposition du conseil de famille pourrait être prise en considération par les tribunaux. Enfin, la mère non maintenue dans la tutelle, ne peut autoriser la disposition de l'objet le plus modique appartenant à ses enfants. Comment pourrait-elle les autoriser à disposer d'eux-mêmes, et à faire des donations par contrat de mariage.

N° 278. D'abord, nous répondrons que tous ces raisonnements, fussent-ils vrais, nous n'en appliquerions pas moins l'art. 149, qui n'établit aucune exception, et dont l'esprit de généralité est incontestable. Pour en venir aux objections de M. Delvincourt, il paraît,

(1) Tom. I, pag. 56, n. 2.

d'après les procès-verbaux du Conseil d'état (1), que les mots que l'on proposait d'ajouter à l'art. 149, ont été supprimés sur cette observation, qu'il ne fallait point faire d'exception au principe, et que la règle générale suffisait.

Nº 279. M. Delvincourt, dans la seconde objection qu'il adresse au système de l'art. 149 sainement interprété, confond évidemment la tutelle et la puissance paternelle, qui sont cependant deux choses distinctes et séparées. La puissance paternelle est un droit, la tutelle est une charge. La première est établie en faveur des parents, la seconde est toute en faveur des enfants. Le tuteur est mandataire du pupille; le père et la mère, en usant de la puissance paternelle, agissent en leur nom personnel (2). De ce que le père tuteur ne peut point autoriser ses enfants à aliéner leurs biens, en conclue-t-on qu'il n'a pas le droit de les autoriser à se marier, à aliéner leur personne? Il en est de même pour la mère non maintenue dans la tutelle. La puissance paternelle est tout-à-fait indépendante de la tutelle, et la déchéance de la tutelle n'emporte point celle de la puissance paternelle. En vain le père ou la mère commettraient-ils toutes les malversations possibles dans la gestion des affaires du mineur, l'autorité que la loi leur accorde ne peut leur être enlevée que dans les cas prévus par la loi. Si donc la mère, quoique déchue de la tutelle, conserve la puissance paternelle, elle peut consentir au mariage de ses enfants, et les autoriser à faire des donations valables; ce qui n'est que l'accessoire, la suite du mariage, ou même, le plus souvent, une des conditions du mariage (3).

Nº 280. M. Duranton, dont nous respectons les doctrines, nous semble mal raisonner quand il oppose à

(1) Voyez Locré, édit de 1827, tom. III.
(2) Proudhon, tom. II, pag. 170.
(3) Duranton, n. 90, et Vazeille, n. 120, partagent la même opinion.

M. Delvincourt l'art. 174, qui porte que l'opposition des collatéraux ne sera reçue que pour démence et pour défaut de consentement du Conseil de famille quand il est requis. Or, dit-il, le consentement de la famille n'est pas requis dans le cas dont il s'agit ; c'est résoudre la question par la question. Car on peut prétendre, dans le système de M. Delvincourt, que le consentement de la mère n'est pas suffisant et qu'il faut encore obtenir celui du conseil de famille, puisque sans cette précaution, on s'expose à voir indéfiniment entraver son mariage par une opposition valable.

N° 281. Nous nous fonderons donc : 1° sur le texte même de l'art. 149 ; 2° sur ce que nous avons longuement développé, savoir que la déchéance de la tutelle n'entraîne pas celle de la puissance paternelle.

N° 282. Lorsque le père est mort ou qu'il est dans l'impossibilité de manifester sa volonté, le consentement de la mère suffit. Cette impossibilité a lieu : 1° si le père est absent de longue absence ; 2° lorsqu'il est en état de mort civile ; 3° lorsqu'il est interdit ; 4° s'il a été condamné à une peine afflictive ou infamante.

N° 283. Nous avons vu que lorsque l'absence se prolongeait pendant trois ans, on pouvait, dans le dernier état de la législation romaine, passer outre à la célébration du mariage. (Voy. n. 240, *loi* 10, 11 *ff. De ritu Nuptiarum.*)

N° 284. La déclaration de Louis XIV, du 6 août 1686, dispense les enfants d'avoir pour leur mariage, le consentement du père et de la mère qui se sont retirés hors du royaume pour cause de religion ; mais le mineur doit suppléer à ce consentement par celui de son tuteur, et par un avis de six des plus proches parents et alliés, ou s'il n'y a point de parents, d'amis et de voisins assemblés devant le juge royal, et à défaut de juge royal, devant le juge ordinaire des lieux. Mais cette déclaration ne s'applique pas aux enfants de ceux

214

qui pour toute autre cause que celle de religion , pour
des affaires commerciales, par exemple , se sont éloignés de France et se trouvent dans des pays inconnus (1). Néanmoins, Pothier (2) décide que dans le
cas de longue absence , et lorsqu'on ignore le lieu de
la résidence du père, le mineur peut, après information
préalable , être dispensé d'obtenir le consentement de
celui-ci , qui doit, en ce cas, être suppléé par celui du
tuteur et de la famille (3).

N° 285. Sous l'empire du Code civil , il faut distinguer entre la déclaration et la simple présomption
d'absence. La plupart des auteurs sont d'accord (4)
que la représentation du jugement qui déclare l'absence , est une justification suffisante de l'impossibilité
où se trouve le père, de donner son consentement au
mariage. Cependant la question souffre difficulté ;
l'art. 155 n'est applicable que lorsqu'il s'agit d'un acte
respectueux, et alors la loi est moins sévère , puisque nonobstant le refus permanent du père , le mariage peut être célébré après les délais voulus , tandis
que dans le cas de l'art. 149, le consentement du
père est, durant la minorité de ses enfants absolument nécessaire , pour que ceux-ci puissent contracter mariage.

N° 286. L'insuffisance de nos lois sur cette matière
a été remarquée par le Conseil d'état. Par un simple
avis du 4 thermidor an XIII, il déclare que la preuve
positive du décès ou de l'absence du père et de la
mère , pourra être suppléée par l'attestation des ascendants, et à défaut d'ascendants, par une délibération
du conseil de famille. Cette décision n'est pas très
sage, il est presque impossible qu'il n'en résulte pas
de graves abus. La mère dont le consentement seul

<hr>

(1) Voyez aussi *la Déclaration de Louis XV*, du 24 mai 1724.
(2) *Contrat de Mariage*, n. 329.
(3) *Arrêt du Parlement de Bretagne*, 28 mars 1738, rapporté au
tom. II du Journal de Bretagne. (Voyez Denisart, au mot *Absent.*)
(4) Toullier, n. 543; Duranton, n. 86, et Vazeille, n. 123.

est requis, à défaut du père, attestera faussement le décès ou la longue absence d'un mari, dont elle connaît peut-être la résidence ; et lorsque le père, de retour, réclamera contre ce mariage contracté sans son consentement, sera-t-il écarté par une fin de non-recevoir? Quelle imprudence, de se confier au serment de la mère, qui est ici partie intéressée, et ne valait-il pas mieux exiger, dans cette hypothèse, un acte de notoriété recommandable par le nombre des témoins, ou bien la délibération du conseil de famille, homologuée par les tribunaux.

Nº 287. Mais quelle est l'autorité de cet avis du Conseil d'état? Est-il vrai que, comme nous l'avons dit, le père réclamant pourra être écarté par une fin de non-recevoir? La négative n'est pas douteuse. Cet avis ne saurait lier les tribunaux, et la nullité du mariage pourra être prononcée suivant les circonstances; le vice du mariage ne saurait se couvrir par aucun laps de temps; dès que le père apprendra l'existence du mariage, son action en nullité sera reçue. On a, dans une espèce assez célèbre, l'exemple d'un mariage annulé après vingt-trois ans, pour défaut de consentement du père (1).

Nº 288. Le mort civil est dans l'impossibilité de donner son consentement. Ainsi, la représentation du jugement qui prononce la mort civile, devra suffire à l'officier de l'état-civil, pour qu'il puisse célébrer le mariage, sans crainte de s'exposer aux peines portées par l'art. 156. Mais *quid juris*, si le jugement est par contumace? M. Toullier (2), pense que le condamné par contumace n'étant pas mort civilement, dans le délai de cinq ans, il faut obtenir son consentement ou constater son absence. Cette solution a été combattue avec raison, par un grand nombre d'auteurs, entr'autres par M. Duranton et par M. Vazeille;

(1) Arrêt de cassation, du 16 avril 1817.
(2) Tom. I, n. 543, pag. 457.

216

pendant le délai des 5 ans , encore que la mort civile
ne soit point encourue, le condamné par contumace est
frappé d'interdiction , (art. 28 du Code civil , et 465
du Code d'instruction criminelle) , et par conséquent
incapable de consentir au mariage de ses enfants. Il
est dans la même position qu'un interdit pour cause
de démence. D'ailleurs , comme on l'a observé , la
fuite et l'absence sont constatées par le jugement de
contumace. Pothier le décide formellement (1) ,
d'après une loi romaine (2). Mais il ajoute qu'en for
intérieur , les enfants du mort civil , sont tenus de
demander son consentement à leur mariage , d'après
cette maxime. *Civilis ratio naturalia jura corrum-*
pere non potest (3).

N° 289. L'interdit pour cause de démence , d'imbécillité , ou de fureur , est aussi dans l'impossibilité
de manifester sa volonté. On devra présenter à l'officier de l'état-civil, l'expédition du jugement d'interdiction. Mais, si l'interdiction est seulement provoquée,
et qu'il n y ait pas un jugement passé en force de
chose jugée , l'officier de l'état-civil ne doit pas procéder à la célébration du mariage. Il n'est pas juge
de la question de savoir , si le père peut ou ne peut
pas donner un consentement valable. C'est dans ce
sens qu'a été rendu un arrêt de la Cour de Poitiers ,
à la date du 11 mars 1830.

N° 290. Mais si le père est atteint d'une de ces
maladies , qui rendent tout consentement impossible,
comment pourra-t-on constater l'état du père ? C'est
encore ici qu'il faut remarquer l'imprévoyance de la
loi. La maladie du père peut durer longtemps , et si
l'on attendait son retour à la santé , peut-être le ma-

(1) *Contrat de Mariage*, n. 331.
(2) Loi 12 , § 15, *ff. De Captiv et Postlim*, red.
(3) Il y a un arrêt, en droit ancien, qui décide la question dans ce dernier sens , même pour le for extérieur. C'est un arrêt du Parlement de
Toulouse, prononcé en robes rouges, le 14 août 1653, après partage qui
fut vidé par toutes les chambres assemblées. (*Graverol, sur la Roche*
Flavin , liv. II, tit. IV , art. 36.)

riage n'aurait plus lieu. Provoquera-t-on son interdiction? Mais d'après l'art. 489, il faut que celui que l'on veut faire interdire, soit dans un état habituel d'imbécillité, et, du reste, il répugnerait à un enfant de demander l'interdiction de son père, pour assurer son mariage. Il nous paraît donc, que si le parti était sortable et avantageux, et qu'un retard pût nuire à l'union projetée, on pourrait se contenter de l'attestation de deux médecins, donnée devant le président du tribunal de première instance, et la représentation du jugement qui interviendrait, dispenserait l'officier de l'état-civil de la responsabilité qui pèse sur lui : il serait sage, dans ce cas, de soumettre le consentement de la mère ou des ascendants à l'homologation du tribunal, qui aurait à apprécier, si le mariage est tel que le père y eût certainement consenti, s'il eût été capable de donner un consentement valable.

N° 291. Dans l'état actuel de la législation, l'officier de l'état - civil serait - il personnellement convaincu de la démence du père, ne peut point se contenter du seul consentement de la mère ou des ascendants ; il ne doit célébrer le mariage que sur le vu d'une expédition en bonne force du jugement d'interdiction ; de même aussi, quand on lui représente l'acte authentique du consentement du père, il n'a point à s'enquérir de son état mental.

N° 292. La condamnation à la peine afflictive et infamante, de la réclusion ou des travaux forcés, frappe d'une interdiction légale pendant la durée de la peine. (Art. 29 du Code pénal.) Le condamné est assimilé à l'interdit judiciaire ; il lui est nommé un curateur pour gérer et administrer ses biens, dans les formes prescrites pour la nomination des tuteurs aux interdits. Ce n'est que lorsque le temps de la peine est écoulé que ses biens lui sont rendus, et que le curateur doit lui en rendre compte. (Art. 30 du Code pénal.) Il ne peut donc pas consentir au mariage de ses enfants, pas plus que l'interdit, et le jugement de condamnation est ici l'acte authentique qui fait foi de l'incapacité du père.

N° 293. Le bannissement n'est point une peine qui entraîne avec elle ou la mort civile, ou l'interdiction; par conséquent, si l'on connaît la résidence du banni, ses enfants ne pourront se marier sans son consentement ; dans le cas où l'on ignorerait le lieu qu'il habite, il faut observer les mêmes règles que pour l'absence du père.

N° 294. Si le père qui a donné son consentement au mariage par acte authentique, meurt ou est interdit, ou frappé de mort civile avant la célébration du mariage, faut-il nécessairement un nouveau consentement de la mère ou des ascendants, ou de la famille ?

N° 295. Le consentement du père est suffisant, dit-on. Il n'y a pas lieu ici d'appliquer le principe de l'art. 932. Cet article est au titre des donations, pour la validité desquelles, les formes sont rigoureuses; mais le mariage est favorable ; ce serait ne pas comprendre l'esprit de la loi, que d'étendre ce principe au cas dont il s'agit. Le consentement du père sera censé subsister encore au moment de la célébration du mariage. De même, le testament fait par un individu, qui, depuis, tombe en démence, et meurt dans un état d'interdiction, est valable; c'est la doctrine de Domat. « La démence, et les autres infirmités qui « surviennent au testateur après son testament , « et le rendent incapable d'en faire un nouveau, « fixent sa volonté à l'état où elle s'est trouvée au « dernier moment de l'usage qu'il a pu en faire (1). » Ce principe est également applicable à la question proposée, il y a même raison de décider ; le consentement du père est révocable jusqu'à la célébration du mariage, de même que le testament est révocable jus-

(1) Domat, *Lois Civiles*, liv. III, tit. 1, sect., II.

qu'à la mort du testateur; et cependant l'on valide le testament de l'interdit; c'est aussi ce que signifie cette loi romaine. *Non est novum ut quæ semel utiliter constituta sunt durent, licet ille casus extiterit a quo initium capere non potuerunt* (1). M. Delvincourt adopte cette solution (2).

N° 296. Quelque spécieuses que semblent les raisons que nous venons d'alléguer, l'opinion contraire est, selon nous, plus conforme aux vrais principes; en adoptant le système déjà exposé, on serait conduit à un résultat dont l'injustice est frappante. En effet, supposons que le père ait consenti au mariage de son fils âgé de 18 ans avec Mœvia; il meurt quelques jours après, et il faudrait dire que l'enfant pourra, dans 5 ou 6 ans, contracter mariage avec la même personne, sans obtenir un nouveau consentement. Cette thèse est insoutenable. A la mort du père, la puissance paternelle passe sur la tête de la mère, ou sur celle des ascendants. Le père ne peut point étendre les effets de sa puissance, à un temps où il ne sera plus, et le droit de la mère et des ascendants, ne saurait leur être enlevé. D'ailleurs, il importe au mineur, que le consentement du père soit actuel, *in presenti negocio*, de même que l'autorisation du tuteur chez les Romains; il y en a les motifs. Depuis que le père a donné son consentement, la position respective des parties peut avoir changé, et s'il vivait encore, peut-être ne consentirait-il pas au mariage (3).

N° 297. Si l'on suit l'opinion de M. Delvincourt, l'opposition de la mère et des ascendants ne peut être reçue qu'autant qu'ils offriraient de prouver que le consentement du père est nul, pour vices radicaux, tels que l'erreur, le dol, et la violence (1109).

(1) Loi 85, § 1, *ff. De Regul. juris.*
(2) Tom. I, pag. 58, n. 4.
(3) Duranton, tom. II, pag. 81, n. 94. Cet auteur résout la question dans ce dernier sens.

N° 298. Si l'on adopte notre avis, l'officier de l'état-civil, à qui l'acte de décès du père serait représenté, devrait se refuser à passer outre à la célébration du mariage, sans le consentement de la mère, des ascendants ou de la famille. Néanmoins, si le mariage avait été célébré sans opposition, ce silence serait une ratification tacite de la volonté du père, pourvu toutefois que le fait du mariage fût connu de la mère et des ascendants.

*

ARTICLE 150.

Si le père et la mère sont morts, ou s'ils sont dans l'impossibilité de manifester leur volonté, les aïeuls et aïeules les remplacent ; s'il y a dissentiment entre l'aïeul et l'aïeule de la même ligne, il suffit du consentement de l'aïeul. S'il y a dissentiment entre les deux lignes, ce partage emportera consentement.

COMMENTAIRE.

N° 299. *L'article 150 est une innovation.—Droit romain.—Ancien droit français.*

300. *Justification de nos lois.—Raisons morales.*

301. *Les ascendants n'ont aucun droit pour le mariage de leurs petits-enfants, du vivant de leur père et de leur mère.*

302. *Il en est autrement quand ceux-ci sont morts ;*

303. *Ou incapables de manifester leur volonté.—Renvoi.*

304. *S'il y a dissentiment entre les deux lignes, ce partage emporte consentement.*

305. *La voix de l'aïeul est prépondérante dans chaque ligne.*

306. *Conséquence.—Critique de la loi, par M Delvincourt.*

307. *Renvoi.*

308. *L'article 150 comprend-il les bisaïeuls ?*

*

N.º 299. L'art 150 du Code civil, est une innovation. Chez les Romains, l'aïeul devait bien être consulté, mais seulement l'aïeul paternel, et cela d'après les motifs que nous avons fait valoir plus haut (N.º 243). Sous l'empire des anciennes ordonnances, on n'exigeait que le consentement des pères et des mères, et à leur défaut, celui du tuteur autorisé par la famille; les aïeuls et aïeules avaient seulement voix délibérative (1).

N.º 300. Ce changement dans la législation, est-il heureux et conforme aux véritables intérêts des enfants? Oui, sans doute, l'affection naturelle des aïeuls pour leurs petits-fils en est un motif suffisant et leur consentement doit nécessairement avoir plus de poids que celui d'un tuteur, peut-être étranger à la famille. On a remarqué que les aïeuls aimaient mieux leurs petits-enfants que leurs enfants, et que leur tendresse augmentait précisément en raison inverse de la proximité des degrés dont ils étaient séparés de leurs descendants. On peut découvrir la raison de ce fait. L'homme est animé du désir de l'immortalité, il ne veut point mourir tout entier; mais ce désir, cette soif d'éternité n'est point bornée à l'espérance d'une vie meilleure, cette terre qu'il a arrosée de ses sueurs et de ses larmes, ce monde qui longtemps a été son séjour, lui paraît aussi un digne théâtre, où se conservera et se perpétuera la mémoire de son nom. Guidé par ces motifs, l'homme aime et produit. C'est ce qui fait dire aux poètes, ces prophètes du monde moral, que l'idée de l'amour qui est en apparence la plus gaie et la plus douce, renferme en soi l'idée la plus triste et la plus lugubre. Le désir de se reproduire, est un pressentiment de mort; à quoi bon créer, si nous étions immortels sur cette terre. L'unité n'a pas besoin de succession. Quand un

(1) Édit de Henri II, ordonnance de Blois, art. 40. Ordonnance de 1629, art. 169, et Déclaration de 1639, art. 1.

fils vient à naître de notre mariage, nos vœux ne sont qu'à moitié satisfaits, une fin prématurée peut l'enlever à notre tendresse; mais quand de ces fils sont sortis des petits-fils, la multiplicité de nos descendants est pour nous une consolation et une joie, et leur nombre est, jusqu'à un certain point, une garantie contre la mort.

N° 301. Toutefois, la puissance paternelle résidant tout entière sur les père et mère, tant que ceux-ci existent, les aïeuls et aïeules peuvent n'être pas consultés; leur opposition fondée sur ce qu'on ne leur a point demandé leur conseil, ne serait pas reçue.

N° 302. Mais, quand les père et mère ne sont plus, la loi, sage interprète de la nature, exige le consentement des aïeuls et aïeules, au mariage des petits-enfants.

N° 303. A la mort du père et de la mère est assimilée l'impossibilité où ils sont de manifester leur volonté; il faut là-dessus se rapporter aux n°s 282 et suivants.

N° 304. De même qu'on exige que le père et la mère soient tous deux consultés, de même aussi, les aïeuls et les aïeules de la ligne paternelle et maternelle doivent consentir au mariage, en suivant les mêmes règles que pour le consentement du père et de la mère. On eût dû, en cas de dissentiment, donner la prépondérance à la ligne paternelle; mais on a décidé qu'en cas de dissentiments entre les deux lignes, ce partage emporte consentement au mariage. C'est là du droit purement arbitraire, et sans que par là, nous voulions blâmer la loi, nous concevons parfaitement qu'on eût pu admettre ici la règle de l'art. 148, conformément au Code prussien (1).

(1) C'est sans doute du Code prussien que l'on a tiré la disposition de l'art. 150, et peut-être trouverait-on que l'original vaut mieux que la copie; voici la disposition du Code Frédéric : « Si quelqu'un se permet, « sans le consentement de son père ou de sa mère, en cas que le père

Nº 305. Dans chaque ligne, l'aïeul et l'aïeule doivent être consultés, et s'il y a dissentiment entre eux, c'est l'avis de l'aïeul qui fait foi.

Nº 306. Il résulte de là que lorsqu'il y a quatre ascendants, la voix d'un seul l'emporte sur celles des trois autres, et dans le cas où dans une ligne, il n'y a plus qu'une aïeule, on pourra passer outre à la célébration du mariage sur son consentement. Cette conséquence frappe l'esprit observateur et judicieux de M. Delvincourt; il craint, avec raison, que la faiblesse de l'aïeule et sa tendresse pour son petit-enfant, soient telles qu'elle consente facilement à un mariage désavantageux; le but de la loi n'est donc pas rempli. C'est abandonner le mineur sans défense, aux écarts et de sa jeunesse, et de ses passions; l'expérience, la maturité, et la force morale de l'aïeul, présentent des garanties, que ne sauraient offrir la complaisance et l'obséquiosité d'une aïeule.

Nº 307. On doit appliquer à l'art. 150, la solution des nos 252, 253, et 254, l'opposition de l'ascendant non consulté, pourrait être admise pour ce motif, et le futur époux devrait être mis en communication avec l'opposant; le mariage ne serait célébré qu'autant que l'enfant persisterait dans son dessein.

Nº 308. Quoique l'article 150 ne parle pas des bisaïeuls, on ne peut douter qu'il ne faille obtenir leur consentement, à défaut d'aïeuls et d'aïeules. Si la loi ne les embrasse pas dans ses termes, c'est qu'il arrivera rarement que des bisaïeuls soient appelés à consentir au mariage de leurs arrière-petits-enfants. Elle a prévu les cas généraux, elle a statué sur ce qui

« soit mort, ou du grand-père paternel, au défaut du père ou de la
« mère, ou de la grand'mère du côté paternel, si le grand-père est dé-
« cédé, du grand-père maternel, au défaut des ascendants paternels, ou
« de la grand'mère du côté maternel, lorsque le grand-père maternel
« n'est plus en vie, les promesses de mariage seront nulles, supposé
« même que ces promesses eussent d'ailleurs été contractées légiti-
« mement. » Tom. I, pag. 100 de la traduction citée.

arrive le plus fréquemment : *Ad ea quæ plerumque fiunt leges constituuntur.* Et n'est-t-il pas vrai de dire aussi que cette expression générique d'aïeuls et d'aïeules embrasse les bisaïeuls, de même que le mot *liberi*, chez les Romains, s'appliquait aussi aux petits-enfants.

✻

ARTICLE 151.

Les enfants de famille, ayant atteint leur majorité, fixée par l'art. 148, sont tenus, avant de contracter mariage, de demander, par un acte respectueux et formel, le conseil de leur père et de leur mère, ou celui de leurs aïeuls ou aïeules, lorsque leur père ou leur mère sont décédés, ou dans l'impossibilité de manifester leur volonté.

COMMENTAIRE.

N⁰ 309. *Quelle est la raison de l'article 151 ?*
310. *Droit romain.*
311. *Code Frédéric.*
312. *Lois anglaises*
313. *Droit français ancien.—Edits de 1556, de 1639 et de 1697.*
314. *L'acte respectueux doit-il être notifié à chacun des époux, s'ils habitent séparément ?*
315. *Il suffit d'un seul original, mais il faut deux copies.*
316. *Quid, si les époux habitent ensemble ? Une seule copie est-elle suffisante ?*
317. *L'inobservation de l'art. 151 entraîne-t-elle la nullité du mariage ?*
318. *Raisons pour l'affirmative.—Arrêt de la Cour de Toulouse.*
319. *Critique de cet arrêt.*
320. *Comparaison des articles 148 et 151.*
321. *La peine d'exhérédation prononcée par nos anciennes ordonnances, n'existe pas dans nos lois.*

N° 309. Le fils majeur, de vingt-cinq ans, et la fille majeure, de vingt-un ans, peuvent contracter mariage, sans le consentement de leurs pères et de leurs mères, de leurs aïeuls et de leurs aïeules. Mais comme, à tout âge, l'enfant doit honneur et respect à ses parents (371), d'après la loi naturelle et divine, aussi bien que d'après la loi positive et humaine, il ne pourra se marier qu'après avoir demandé leur conseil. Lorsque son physique et son moral ont atteint un certain développement, et que l'expérience du monde commence à lui venir; que d'ailleurs un plus long retard dans la libre faculté de se marier occasionerait de grands maux, la loi a dû l'affranchir de cette dépendance absolue dans laquelle il se trouvait. Mais le mariage étant par lui-même un acte si important et qui impose tant de devoirs, l'enfant ne pourra contracter mariage sans demander conseil à son père et à sa mère et, à leur défaut, aux autres ascendants. Pour être majeurs, le fils et la fille ne sont pas à l'abri de l'entraînement des sens et de l'erreur des passions. Les sages conseils de leurs pères et de leurs mères ou de leurs ascendants pourront les faire changer de dessein, et les arrêter dans la mauvaise voie où ils allaient entrer. Et, du reste, plusieurs obligations naissent, pour les parents, du mariage de leurs enfants (205, — 206, — 207). Quoi de plus juste alors que de les consulter, de leur demander leur avis sur un contrat où ils sont eux-mêmes parties intéressées? C'est par un acte respectueux et formel que le conseil devra être demandé.

N° 310. A Rome, les actes respectueux ne furent point en usage; l'enfant ne pouvait se marier à aucun âge sans le consentement de son père et de l'aïeul paternel. Lorsque ceux-ci persistaient dans leur refus, sans motifs légitimes, l'enfant pouvait s'adresser au magistrat, dans les derniers temps de la jurisprudence romaine (1).

(1) L. 19, *ff. De Nuptiis.*

N° 311. Sous l'empire du Code Frédéric, l'enfant ne put aussi se marier, quel que fut son âge sans le consentement de ses parents. L'on n'a donc pas adopté l'usage des actes respectueux. Quand les parents refusent obstinément leur consentement, on peut en appeler aux cours de justice qui, après avoir tenté inutilement la voie d'accommodement entre les parties, prononcent sur leurs différends, et, selon les circonstances, suppléent d'office le consentement des parents, et permettent aux enfants d'accomplir le mariage (1).

N° 312. En Angleterre, dès que les enfants ont atteint leur majorité, ils peuvent se marier sans faire signifier d'actes respectueux à leurs parents (2).

N° 313. L'origine des actes respectueux est, en France, l'édit de Henri II, du mois de février 1556. « Ne voulons aussi et n'entendons comprendre les « mariages qui auront été et seront contractés par les « fils excédant l'âge de trente ans, et les filles ayant « vingt-cinq ans passés, pourvu qu'ils se soient mis « en devoir de requérir l'avis et conseils de leurs dits « père et mère. » Cet édit fut confirmé par la déclaration de Louis XIII, du 26 novembre 1639. « En- « joignons aux fils qui excèdent l'âge de trente ans, « et aux filles qui excèdent l'âge de vingt-cinq ans, « de requérir, par écrit, l'avis et conseil de leur « père et de leur mère pour se marier. » Les mêmes dispositions se trouvent dans l'édit de Louis XIV, du mois de mars 1697. L'écrit par lequel on demandait le conseil des pères et mères, s'appelait sommations respectueuses (3).

---

(1) Partie 1re, liv. II, tit. II, *De Sponsalibus*, § 22, tom. I, pag. 103.
(2) Voyez Blackstone.
(3) La loi du 20 septembre 1792 ne suivit point l'usage établi en France. Selon l'art. 3, les mineurs seuls ont besoin, pour se marier, du consentement de leurs pères et mères, et l'art. 2 fixe la majorité à vingt-un ans; après cet âge, le fils ou la fille, pouvaient se marier sans requérir le conseil de leurs parents, ils étaient entièrement affranchis alors de la puissance paternelle.

N° 314. Si le père et la mère sont tous deux en état de manifester leur volonté, l'acte respectueux doit-il être notifié à la résidence de chacun d'eux? Oui, car, dit-on, tous deux doivent être consultés (voyez n. 252, 253, 254.); s'ils ont des habitations séparées, il faut qu'ils puissent chacun prendre connaissance de l'acte. Nous adopterons une solution contraire : pendant le mariage, le domicile de la femme n'est autre que celui de son mari; en signifiant l'acte respectueux à la demeure conjugale, on signifie donc au domicile de l'un et de l'autre époux.

N° 315. Mais devrait-on se contenter d'un seul original? nous le pensons, pourvu qu'une copie fût laissée à chacun.

N° 316. Si les époux habitent ensemble, est-il nécessaire que la copie de l'acte respectueux soit double? La copie doit être laissée double, car l'art. 151 veut que la demande du conseil soit faite au père et à la mère, et chacun d'eux a un droit et peut avoir un intérêt distinct. Un grand nombre d'arrêts de Cours royales l'ont décidé, et ont annulé des actes respectueux pour lesquels cette formalité n'avait pas été remplie. (Bruxelles, 5 mai 1808. Caen, 12 décembre 1812.) (1).

N° 317. Sur l'art. 151 s'élève une question importante, c'est celle de savoir si l'inobservation des formalités prescrites par l'art. 151 entraîne la nullité du mariage.

N° 318. Pour l'affirmative, on dit qu'en prescrivant des actes respectueux, la loi s'exprime en termes impératifs, qu'elle défend expressément de passer outre au mariage sans avoir fait signifier ces actes, et que ce serait rendre cette prohibition illusoire, que de ne lui donner pour sanction que les peines prononcées contre l'officier de l'état-civil. C'est dans ce

(1) Il y a cependant des arrêts qui ont jugé le contraire. (Bruxelles, 19 mars 1820 et 9 janvier 1824.

sens qu'a jugé la cour de Toulouse, par son arrêt en date du 29 juillet 1828.

N° 319. Cet arrêt nous semble mal rendu ; il a confondu deux époques essentiellement différentes, celle où l'enfant, jeune encore et sans expérience de la vie, céderait facilement à l'égarement de son cœur, et celle où il est sorti de tutelle, où la gestion de ses affaires, par lui-même, lui a donné ce tact qui ne s'acquiert que par la pratique, où enfin sa raison est plus mûre et déjà capable de le retenir. Dans la première époque, le consentement des parents est absolument nécessaire pour donner au mineur une capacité qu'il n'a pas ; dans la seconde, ce consentement n'est requis que par déférence, par respect filial, et ce serait pousser bien loin la sévérité, que d'annuler un mariage pour manque de convenances et d'égards.

N° 520. Cela résulte évidemment de la comparaison des art. 148 et 151. L'art. 148 porte : « Le « fils ou la fille ne peut contracter mariage sans le « consentement, etc. » Il y a lieu ici d'appliquer la célèbre maxime de Dumoulin. « *Negativa præposita* « *verbo potest, tollit potentiam juris et facti.* » Dans l'art. 151, au contraire, le Code emploie cette locution, « sont tenus » ; elle est donc simplement impérative.

N° 521. De même aussi, la peine d'exhérédation qui, sous les anciennes ordonnances, frappait les enfants qui se mariaient sans requérir le conseil de leurs parents (1), ne peut plus avoir lieu aujourd'hui, puisque notre Code ne la rappelle point.

______

(1) Voyez l'Edit de 1556, la Déclaration de 1639 et l'Edit de 1697.

ARTICLE 152.

Depuis la majorité fixée par l'article 148 jusqu'à l'âge de trente ans accomplis pour les fils, et jusqu'à l'âge de vingt-cinq ans accomplis pour les filles; l'acte respectueux prescrit par l'article précédent et sur lequel il n'y aurait pas de consentement au mariage, sera renouvelé deux autres fois, de mois en mois, et un mois après le troisième acte, il pourra être passé outre à la célébration du mariage.

ARTICLE 153.

Après l'âge de trente ans, il pourra être, à défaut de consentement sur un acte respectueux, passé outre, un mois après, à la célébration du mariage.

COMMENTAIRE.

Nᵒ 322. Les enfants ne sont point, à tout âge, obligés de faire le même nombre d'actes respectueux, quand les parents persistent à refuser leur consentement. Plus celui qui veut se marier est jeune, plus il est à craindre qu'il ne se laisse emporter par une aveugle passion. Et comme on doit, d'autre part, supposer que l'ascendant ne s'opposerait pas, sans raison, au mariage de son descendant, il était convenable 1º que les actes respectueux fussent réitérés, afin que la volonté de l'enfant parût formelle et explicite jusqu'au bout; 2º que des délais fussent établis entre les divers actes respectueux, et entre le dernier acte de la célébration du mariage, pour donner, soit à celui qui doit se marier, soit à l'ascendant qui refuse son consentement, le temps de réfléchir et de pouvoir, l'un renoncer à son projet, ou bien l'autre reconnaître son premier tort et donner à un mariage, où toutes les convenances sont observées, un consentement qu'il avait d'abord refusé.

Nᵒ 323. Jusqu'à l'âge de trente ans accomplis pour les fils, et de vingt-cinq ans pour les filles, l'acte respectueux devra être notifié trois fois, de mois en mois, et un mois après le troisième acte, on passera outre à la célébration du mariage. Après cet âge, il suffira d'un seul acte respectueux.

Nᵒ 324. Un doute, peu sérieux il est vrai, s'élève de la comparaison des art. 152 et 153. L'art. 153 ne dit point : « Après l'âge de trente ans pour les fils, « et de vingt-cinq ans pour les filles. » Il ne rappelle pas la distinction de l'article précédent, distinction qui est l'esprit général de la matière. Mais cette omission est trop évidente, pour que l'on puisse raisonnablement s'en prévaloir. Le retard est souvent fatal aux mariages. Ne permettre à la fille âgée de vingt-cinq ans de se marier qu'après le délai de quatre mois, ce serait quelquefois nuire à son avenir et à son bonheur. Une fille, à la fleur de l'âge, peut se montrer difficile dans le choix d'un époux. Celui qu'elle refuse sera bientôt remplacé. Mais quand elle a déjà atteint vingt-cinq ans, en laissant échapper l'occasion qui se présente, elle risquerait de demeurer fille toute sa vie. Il y a donc ici les mêmes raisons de décider que dans les cas prévus par les art. 148 et 152. Il y a lieu d'appliquer cet adage : *Lex omisit incauta.* Et d'ailleurs c'est une règle de saine interprétation, qu'il ne faut point considérer tel ou tel article d'une manière isolée, qu'il faut comparer les lois entre elles, pour que de cette combinaison, de ce choc, jaillisse la lumière. On doit donc interpréter l'art. 153 par l'art. 152. Or, ce dernier article limite formellement, à l'âge de vingt-cinq ans, l'obligation pour les filles de demander à trois reprises différentes, le consentement de leurs parents (1).

N° 325. Si les parents, dont le conseil est requis, consentent au mariage sur le premier, sur le second, ou sur le troisième acte respectueux, le mariage sera célébré sans aucun nouveau délai.

N° 326. Si le père et la mère vivent tous deux, et que le père consente au mariage sur le premier acte respectueux, malgré le dissentiment de la mère, il n'est pas nécessaire de lui notifier d'autres actes respectueux ; il suffit qu'elle ait eu connaissance du mariage, et qu'on ait, une fois au moins, demandé son conseil. (Art. 148.) *Si unus contradicat, sufficiet consensus patris qui in potestate habet filios.* (Rebuffe, sur l'édit de 1556.)

N° 327. Si, au contraire, la mère consent, et que le père refuse, les actes respectueux devront être notifiés à celui-ci en même nombre, car le consentement de la mère n'est ici d'aucune valeur, il ne

____

(1) Voyez Toullier, tom. I, pag. 461, à la note du n. 548. Voyez aussi les arrêts de la Cour de Bordeaux, du 22 mai 1806 ; de la Cour de Paris, du 19 septembre 1815; de la Cour de Besançon, du mois de mai 1808. Voyez Duranton, pag. 90 du tom. II, n. 108, à la note. Vazeille, n. 135, tom. I, pag. 175 et 176.

peut point l'emporter sur le refus constant du père, qui, durant le mariage, est le chef de la famille.

N° 328. De même, s'il y a consentement de la part d'un aïeul, de la ligne paternelle ou maternelle, ou même d'une aïeule, qui est seule dans la sienne, le mariage pourra être célébré sans délai et sans autres actes respectueux. (Art. 150.)

N° 329. Aux termes de l'art. 1033 du Code de procédure, on ne compte ni le jour de la signification, ni celui de l'échéance, pour les ajournements, citations, etc. Cet article s'applique-t-il aux actes respectueux ? M. Delvincourt prétend que la règle qui veut qu'on ne compte ni le jour *a quo*, ni le jour *ad quem* est générale, qu'elle s'applique à tous les actes, et qu'on ne doit pas faire exception au principe, par rapport aux actes respectueux, dont les délais sont favorables et conformes aux intérêts des mineurs.

N° 330. D'autres auteurs (1), pensent que l'art. 1033, ne dispose que ponr les actes de procédure, et qu'on ne saurait leur assimiler les actes respectueux, pour lesquels la loi établit ses règles spéciales, en les affranchissant de toutes les formalités judiciaires; l'acte respectueux, n'a pas le caractère hostile d'un acte de procédure, c'est un conseil que l'enfant demande, et le nom même qui est attaché à l'acte, indique sa nature (2).

N° 331. Nous adoptons ce dernier avis, non parce qu'il nous semble que l'art. 1033, n'est pas la règle générale; mais par la raison que l'art 152, en se servant de cette expression : « L'acte sera renouvelé de « mois en mois », a fait exception à l'art 1033 (3). Il en serait autrement si cet article portait, de trente à

____

(1) Vazeille, *Traité des Prescriptions*, n. 331, et *Traité du Mariage*, n. 135.

(2) Arrêt de la Cour de Paris, du 19 octobre 1809.

(3) Arrêt de la Cour de cassation, du 27 décembre 1811, de la Cour de Bruxelles du 29 mars 1820.

trente jours ; l'art. 1033 , pourrait alors s'y appliquer.

N° 332. Si les actes respectueux étaient faits avant le délai d'un mois, ils seraient nuls, sans cela on tomberait dans un arbitraire absolu, et la loi serait illusoire.

N° 333. Mais s'ils ont été faits à un délai plus long, sont-ils nuls aussi? Il est, dira-t-on, dans l'esprit de la loi, que les actes respectueux ne soient pas faits à un trop grand intervalle, pour qu'ils démontrent un projet fixe et arrêté de la part de l'enfant. L'art. 152 ne dit pas: les actes respectueux ne seront renouvelés qu'après un mois , mais bien: seront renouvelés de mois en mois. Dans le sens de cette opinion , il faudrait décider, que l'acte est nul pour un jour de retard ; ou bien quelle limite certaine adopterait-on? Cette dernière conséquence ne nous paraît pas recevable ; de ce que l'enfant n'aura notifié l'acte respectueux, que le lendemain de l'expiration du délai, cet acte sera entaché de nullité. Une telle sévérité serait excessive ; sans doute , nous reconnaissons qu'il vaudrait mieux fixer un délai de rigueur , après lequel l'enfant ne serait plus recevable à faire signifier un second , ou troisième acte respectueux ; mais en l'absence d'une loi formelle , il faut se prononcer pour la validité de l'acte , dont la notification n'a eu lieu qu'après l'expiration du délai d'un mois (1). Si l'on venait à déterminer le maximum du temps qui pourrait s'écouler entre les actes, une fois le délai expiré , l'enfant devrait recommencer à signifier ses actes respectueux , et les actes précédents ne lui compteraient pas ; ils seraient considérés comme non avenus.

(1) Arrêt conforme de la Cour de Liége, du 20 janvier 1813.

***

ARTICLE 154.

*L'acte respectueux sera notifié à celui ou à ceux
des ascendants désignés en l'art. 151, par deux
notaires, ou par un notaire et deux témoins, et,
dans le procès-verbal qui doit en être dressé,
il sera fait mention de la réponse.*

COMMENTAIRE.

N° 334. *Arrêt du Parlement de Paris, du 27 août 1692, consacré
en partie par l'art. 154 du Code.*

335. *Il faut suivre, en ce qui concerne les actes respectueux, les
formalités nécessaires pour les actes notariés.—Quid juris,
si les témoins ne signaient pas la copie?—Arrêt qui prononce la nullité.*

336. *Arrêts contraires. — Raisons de décider que l'acte n'est
pas nul.*

337. *Le procès-verbal de la notification doit être signé par les
témoins.*

338. *Quid, si un autre que le notaire faisait la notification?*

339. *Quid, de l'absence des témoins ou du second notaire?*

340. *L'enfant doit-il être présent?—Arrêts contradictoires.*

341. *Raisons pour l'affirmative.—But de la loi.*

342. *Opinion de Pothier.—Auteurs modernes.*

343. *Raisons pour la négative.*

344. *Solution de la question.—La loi est-elle bonne telle qu'elle
est?—Raisons morales contre la loi—Première hypothèse.*

345. *Seconde hypothèse.*

346. *Suite.—Peut-on ordonner que l'enfant qui se trouve dans
une maison, où l'on soupçonne qu'il n'est pas libre, soit
conduit pour un temps dans une maison tierce.—Raisons
pour l'affirmative. — Censure d'un arrêt de la Cour suprême.—Nouvelle jurisprudence plus conforme à l'esprit
de la loi.*

347. *Le Tribunal peut ordonner la comparution de l'enfant.*

348. *Le notaire ne peut agir qu'autant qu'il en a reçu le pouvoir.*

349. *La procuration doit-elle être renouvelée à chaque acte respectueux?—Affirmative.*

350. *La négative doit être adoptée.*

351. *Sera-t-il nécessaire, dans ce cas, que chaque procès-verbal
d'acte respectueux contienne la mention que la réponse a
été connue des enfants?*

✺

N° 334. Autrefois, la sommation respectueuse se faisait par un huissier assisté de recors ; il résultait de là que quand bien même le mariage était convenable et avantageux, les parents s'obstinaient à refuser leur consentement. Déjà, le 27 août 1692, le parlement de Paris, conformément aux conclusions de M. de Lamoignon, rendit un arrêt solennel, par lequel il ordonnait que la sommation respectueuse se ferait par deux notaires royaux, ou un notaire royal et deux témoins , après avoir obtenu toutefois la permission du juge. A l'exception de cette dernière formalité, le Code civil a consacré l'arrêt du parlement, et l'art. 159 est conçu dans les mêmes termes, et soit que l'on considère l'intérêt des enfants, soit que l'on prenne pour règle le respect dû à des parents, on reconnaîtra la sagesse de la loi qui a substitué au ministère odieux et irrévérentiel des huissiers, le ministère des notaires, qui, par leur caractère, leur position sociale, et la nature de la juridiction qu'ils exercent dans tous les actes, sont bien plus capables d'amener un arrangement entre les parties dissidentes.

N° 335. Les actes respectueux sont donc soumis aux formalités des actes notariés, et ils seront nuls pour l'inobservation de ce qui est prescrit aux notaires pour les actes de leur juridiction (1). Ainsi, l'absence de la signature des deux témoins entraînerait la nullité de l'acte respectueux; mais, en serait-il de même si les témoins ne signaient pas la copie? Cette question est controversée. L'art. 154, dit-on, dans un sens, en ordonnant au notaire chargé de la notification, de prendre avec lui un autre notaire ou deux témoins, établit ces deux derniers coopérateurs indispensables de l'acte, et par rapport aux ascendants, à qui, en cas d'absence, serait laissée copie de l'acte respectueux, cette coopération des témoins ne peut être valablement constatée, que par leur signature au bas de la copie; et puis, ajoute-t-on, l'acte respectueux n'est autre chose qu'un acte d'huissier confié au notaire. Or, les huissiers sont assujétis à faire signer par leurs recors les copies qu'ils délivrent; c'est ainsi que l'a jugé un arrêt de la Cour royale de Paris (2).

N° 336. Depuis, la jurisprudence a changé, et tous les arrêts intervenus sur cette question l'ont décidée dans un sens contraire (3). Sur ce point, nous sommes d'accord avec la jurisprudence, et voici ce qui nous détermine. L'argument le plus fort, le plus sérieux que l'on fasse valoir pour l'autre opinion, c'est que

(1) Voyez la loi du 25 ventôse an 12.
(2) Du 12 février 1811.
(3) Arrêts de la Cour royale de Caen, du 1er décembre 1819 ; de Montpellier, 31 décembre 1821 ; de Toulouse, 7 juin 1830; de Paris, 26 avril 1836.

l'art. 154 a exigé la présence de deux témoins, et que, pour constater cette présence, il est besoin de leur signature. Nous répondons que l'art. 154 n'est point une innovation, et que quand bien même il n'exigerait pas la présence de deux témoins ou d'un notaire, l'acte respectueux n'en serait pas moins nul à défaut d'un second notaire ou de deux témoins, et la nullité devrait être prononcée d'après l'art. 9 de la loi sur le notariat. L'art. 154 n'étant point une innovation, mais une application des lois déjà existantes, il faut conclure que pour juger de la validité ou de la nullité de l'acte respectueux, on doit suivre le droit commun en cette matière. Or, les notaires, pour aucun des cas dépendants de leur ministère, ne sont sujets à la formalité de la signature des témoins sur la copie. Quant à ce qu'on nous dit, que l'acte respectueux n'est qu'un acte d'huissier confié au notaire, cela est inexact; car, selon les orateurs du gouvernement, cet acte n'a ni la dénomination, ni les formes des actes judiciaires. Et admettrait-on l'identité de l'acte respectueux avec les autres actes des huissiers, il ne serait pas vrai de dire qu'il faille nécessairement que la copie soit signée par les témoins, puisque les huissiers ne sont pas soumis, en règle générale, à cette formalité, si ce n'est dans des cas spécifiés et particuliers.

N° 337. Le procès-verbal de la notification de l'acte respectueux, doit, pour être valable, être signé par les témoins, car c'est un acte distinct et séparé de l'acte respectueux lui-même, il faut donc observer les formalités prescrites pour les actes notariés.

N° 338. Quoique l'art. 154 ne prononce pas la nullité de l'acte respectueux qui aurait été notifié par tout autre que par un notaire, cette conséquence est de droit, le notaire ayant seul qualité pour signifier cette espèce d'acte : l'acte respectueux, qu'un huissier, par exemple, aurait notifié, serait entaché d'un vice radical, il n'aurait aucune existence légale.

238

Nº 339. L'absence des témoins, ou du second notaire annulerait aussi l'acte.

Nº 340. Mais est-il nécessaire pour la validité de
la notification , que l'enfant soit présent? Cette question a donné lieu à des arrêts contradictoires, à des
discussions interminables entre les auteurs; nous allons résumer les raisons pour et contre.

Nº 341. La présence de l'enfant à l'acte respectueux est essentielle; si elle n'est pas formellement
exigée par le Code, elle est dans son esprit. Pourquoi, en effet, a-t-on soumis les enfants à la formalité d'un acte respectueux? C'est afin qu'il y eût un
rapprochement entre les père et mère et les enfants,
qu'ils fussent forcés de s'expliquer : « Lorsque ce sont
« des père et mère *vis-à-vis* de leurs enfants, se voir
« et entrer en explication , c'est presque toujours dis-
« siper les nuages et rétablir l'harmonie (1). » L'acte
respectueux est un hommage de reconnaissance et de
soumission, qui ne peut-être rendu par un étranger.
Sans la présence de l'enfant, ce n'est plus qu'une
vaine formalité, un jeu pour l'enfant, un sujet d'ir-
ritation pour les parents, et dont l'unique résultat
est le retard de quelques semaines, apporté à la célébration du mariage.

Nº 342. Dans l'ancienne jurisprudence , la présence de l'enfant n'était point non plus formellement
exigée par les ordonnances, déclarations et édits, et
cependant Pothier s'attachant moins à la lettre qu'à
l'esprit de la loi, pense que celui-ci doit être présent
à la sommation. « Il doit, dit-il, se transporter chez
ses père et mère » (2), et, de nos jours, M. de la
Porte (3), et Chrestien de Poly (4), ont soutenu la
doctrine de Pothier. Un arrêt de la Cour de Caen, en

(1) Discours de M. Bigot de Préameneu sur le projet de loi relatif
aux actes respectueux.
(2) *Traité du Mariage*, n. 340.
(3) *Pandectes françaises*, tom. III, pag. 177.
(4) *Essai sur la Puissance Paternelle*, tom. I, pag. 221 et suiv.

date du 1er prairial an XIII, accueillit l'opposition d'un père au mariage de sa fille, sur ce motif qu'elle n'avait point été présente à la signification des actes respectueux.

Nº 343. L'opinion contraire a beaucoup plus de partisans, et voici sur quels arguments on se fonde : personne ne peut être tenu de remplir des obligations que la loi n'exige pas, et nulle part, nous ne lisons dans le Code que la présence de l'enfant soit nécessaire à la validité de l'acte respectueux. En prescrivant au notaire de faire mention de la réponse de l'ascendant, la loi suppose que l'enfant peut n'être pas présent à la notification (1). Et d'ailleurs, n'y a-t-il pas des circonstances qui ne permettent point à ce dernier de se rendre auprès de ses parents, v. g. Dans le cas d'un mariage *in extremis*, ou de l'éloignement de l'enfant, ou de l'ignorance absolue du lieu où les père et mère, aïeuls et aïeules ont leurs domiciles, ou de la disparition des ascendants : et même sous le rapport moral, il est sage de ne pas forcer l'enfant d'être présent à la notification. La circonstance des actes respectueux annonce une persistance de la part des parents à refuser leur consentement, et un dessein arrêté du côté de l'enfant. Ce dernier, ne se résout à faire signifier ces actes que lorsqu'il a perdu l'espoir de fléchir la rigueur de son père et de sa mère, c'est un remède extrême, qui n'est employé que lorsque des moyens plus doux ont été infructueux ; les dispositions réciproques des parties rendraient tout rapprochement nuisible (2). La jurisprudence presque constante des Cours royales et de la Cour de cassation ont consacré cette solution (3).

(1) Arrêt de la Cour de Bordeaux, du 22 mai 1806.

(2) Cette opinion est celle de la plupart des auteurs. Toullier, n. 549, tom. I, pag. 462. Delvincourt, note 14 sur la pag. 59. Duranton, tom. II, pag. 91, n. 111. Vazeille, tom. I, pag. 180 et suivantes, n. 138 et suiv.

(3) Cour d'Amiens, 17 prairial an 11, 7 frimaire an 12, 12 fructidor an 13. Cour de Rouen, 16 mars 1806 ; de Riom, 11 mars 1806, de

Nº 344. Nous pensons aussi qu'il serait bien difficile de prononcer la nullité des actes respectueux pour non présence de l'enfant ; mais nous partageons l'avis de M. Delvincourt, qui s'exprime ainsi : « An« ciennement on exigeait que l'enfant se transportât « avec le notaire ; il me semble que ce serait plus « convenable ; l'enfant demandant conseil à son père, « il faut bien qu'il soit là pour le recevoir. » Il est à désirer que nos lois prescrivent à l'enfant de se rendre avec le notaire chez ses parents, en posant à cette règle générale des exceptions nécessitées par les circonstances. Qu'un fils entraîné par sa passion ou par de mauvais conseils, soit disposé à braver la colère de ses parents et l'opposition de sa famille à un mariage disproportionné et peut-être même honteux ; en rentrant sous le toit paternel, en revoyant ces lieux où il a passé le temps de son enfance, où il fut toujours accueilli par la tendresse de son père et de sa mère, que de pensées ne viendront point alors se presser dans son esprit. Que sous le poids de ces souvenirs il entende la voix grave et sévère d'un père irrité, mais prêt à pardonner au repentir ; qu'il soit témoin des larmes et des prières d'une mère chérie, ah ! ou il sera bien corrompu, et la source des doux sentiments sera tarie en lui, ou ce spectacle déchirant balancera dans son cœur la funeste influence d'un amour insensé. Peut-être même cédera-t-il au remords qui l'oppresse, et ce moment aura décidé de son avenir. Quant à la fille, qui, victime d'une odieuse séduction, a été ravie à la maison de son père, et qui, subjuguée par le fatal ascendant d'un homme consommé dans l'art de feindre, se prépare à l'épouser contre le vœu de sa famille ; combien ne serait-il pas raisonnable de la forcer de se rendre avec le notaire auprès de ses parents. Sortie de la puissance du sé-

Bordeaux, 22 mai 1806 ; de Rouen, 27 février 1807 ; de la Cour de cassation, 4 novembre 1807 ; de Bruxelles, 12 juillet 1808 ; de Douai, 22 avril 1819, 8 janvier 1828.

ducteur, et rentrant pour un moment sous cette autorité paternelle dont elle n'aurait jamais dû s'affranchir, il est presque impossible que sa vertu ne triomphe, et qu'elle n'écoute les sages conseils d'un
père et les supplications d'une mère éplorée.

N° 345. Si, d'un autre côté, l'alliance que l'enfant se
propose de contracter est honorable et digne de lui,
il est rare que des parents s'obstinent à refuser leur
approbation à cette union, lorsqu'il vient avec soumission et respect, les conjurer de ne point s'opposer
à son bonheur.

N° 346. Sous un autre point de vue, il serait
moral d'exiger la présence de l'enfant. Car, dans
beaucoup de circonstances, celui-ci ne sera porté
au mariage que par les perfides insinuations de ceux
qui l'entourent, c'est pour ces cas surtout, que
l'acte respectueux ne sera qu'une formalité illusoire,
et que l'enfant éloigné de l'influence salutaire de sa
famille, n'aura qu'une liberté apparente quand il
contractera mariage. Ce sont ces raisons qui ont
porté la Cour de Paris, à ordonner qu'une fille qui
s'était retirée chez son amant, fût obligée, avant de
contracter mariage, de passer quelques mois chez une
de ses parentes; voici un des motifs de cet arrêt du
26 août 1807. « Attendu que le fait de la cohabi-
« tation était constant; qu'en cet état, la volonté de
« Louise Folignier, n'était point censée libre. » Sur le
pourvoi en cassation, l'arrêt du 21 mars 1809 cassa
l'arrêt de la Cour royale de Paris, pour violation des
art. 151, 372, 488. Quelle que soit l'autorité de la
Cour de cassation, et la confiance qu'impose son jugement, nous ne devons point nous laisser arrêter
par cette considération. Le jurisconsulte est, relativement à toutes les cours du royaume, et à la Cour ré-
gulatrice elle-même, un tribunal supérieur dont
relèvent tous leurs arrêts. L'arrêt du 21 mars 1809,
qui casse celui de la Cour royale de Paris est mal
rendu. Les art. 151, 372, 488, disent bien que

l'enfant à un certain âge est affranchi de l'autorité paternelle, en ce sens qu'il pourra se marier sans en être empêché, mais non point en ce sens qu'il ne doive pas recevoir les conseils de ses parents. L'esprit de la loi sur les actes respectueux, est de les considérer comme un moyen de rapprochement, comme devant donner lieu à de sages représentations de la part du père et de la mère. La fille sera-t-elle en état de les entendre; sera-t-elle libre dans sa volonté en restant toujours en la puissance de son séducteur? Les art. 152, 153, 155 du Code, deviennent inutiles dans l'espèce que nous avons posée, et qui n'est point ici l'exception, mais le cas général. On ne conçoit de la part de la fille, la circonstance de l'acte respectueux, qu'autant qu'elle s'est retirée dans une maison étrangère. L'influence des personnes qui entouraient la demoiselle Folignier, rendait impossible son retour à la raison et à la vertu, et l'empêchait d'écouter les conseils de son père; donc le but de la loi n'était pas rempli; donc la Cour de Paris devait juger comme elle l'a fait, donc c'est la Cour de cassation qui a violé la loi: aussi plusieurs Cours royales ont protesté contre l'arrêt de la Cour de cassation, en adoptant la décision de la Cour royale de Paris, 1º à l'égard d'une fille qui s'était retirée dans la maison de son futur époux (1); 2º à l'égard d'une fille qui avait quitté la maison de son père, et s'était retirée dans celle de personnes mal intentionnées pour son père et pour sa mère (2).

Nº 347. A plus forte raison, déciderons-nous que le tribunal pourrait ordonner la comparution de l'enfant devant un juge, à ce commis, afin qu'il fût certain que sa volonté est libre et dégagée de toute contrainte. Cette mesure n'est point ordonnée par la

----

(1) Montpellier, 31 décembre 1821. Aix; 6 janvier 1824; Agen, 27 août 1829.
(2) L'arrêt est récent. Paris, 29 novembre 1836.

loi , mais elle est dans le pouvoir discrétionnaire des Tribunaux (1).

N° 348. Le notaire ne peut signifier des actes respectueux , que d'après la procuration de l'enfant ; et les ascendants qui douteraient de la mission des notaires , pourraient en exiger la preuve (2).

N° 349. Mais faudrait-il que cette procuration fut renouvelée à chaque acte respectueux? Quelques auteurs soutiennent l'affirmative. La procuration générale et pour les trois actes, indique dans l'enfant, la volonté arrêtée de ne point céder aux conseils de son père et de sa mère ; il ne faut point, comme nous l'avons dit déjà, que l'acte respectueux dégénère en une vaine formalité (3).

N° 350. La négative est plus conforme aux principes, la loi n'exige pas que le mandat soit renouvelé. En vertu de quelle disposition, de quel article annulerait-on le second ou le troisième acte respectueux? D'après l'art 152 ? Mais de ce que l'enfant a donné une procuration générale, on ne peut conclure, qu'il l'ait fait dans l'intention formelle de ne point écouter l'avis de ses parents. Il a donné une procuration générale pour éviter des frais inutiles, se réservant toujours la faculté de révoquer le mandat, si son projet vient à changer (4), selon la disposition de l'art. 2004.

N° 351. Serait-il nécessaire, dans ce cas, que le procès-verbal de chaque acte respectueux , constatât que la réponse des ascendants a été connue de l'enfant. Nous pensons que l'on pourrait difficilement annuler un acte respectueux, sous ce prétexte, car cette formalité n'est point formellement exigée par la loi, et la présomption est que l'enfant a eu con-

____

(1) Voyez cependant un arrêt contraire de la Cour de Bruxelles en 1811.
(2) *Contra*, arrêt de la Cour de Liége, du 26 décembre 1812.
(3) Bruxelles, 3 avril 1823; Rouen , 19 mars 1828; Paris , 9 août 1828.
(4) Arrêt de Caen du 11 avril 1822.

naissance des réponses. Seulement, ainsi que nous l'avons dit plus haut, les parents seraient reçus à demander que leur enfant fût interrogé par le juge, ou obligé de se retirer dans une maison où il serait à l'abri de la séduction et des piéges qui lui sont dressés; mais les actes respectueux précédemment faits, ne pourraient être annulés par la seule raison que le procès-verbal de chaque acte, ne contient pas la preuve que l'enfant a eu connaissance de la réponse du père et de la mère.

N° 352. Dans le cas où l'on résoudrait les questions précédentes, dans un sens opposé à notre opinion, que l'on annulerait les actes respectueux, pour lesquels un mandat spécial n'a point été donné, il faudrait aussi déclarer nulles les procurations qui auraient été données pour les trois actes respectueux, séparées, il est vrai, mais à la même date. Autrement, il serait facile d'éluder la prohibition, et ici il y aurait plus forte raison de décider, puisque, dans cette dernière hypothèse, l'enfant n'aurait pas pour lui l'excuse des frais.

N° 353. L'enfant n'étant point obligé d'être présent à l'acte respectueux, peut fort bien donner à un tiers le mandat de le représenter dans la notification de l'acte respectueux. Cette conséquence est incontestable : qui peut le plus peut le moins. Il y a plus de révérence de la part de l'enfant à se faire représenter, il est censé n'avoir pas voulu paraître devant ses parents de peur que, dans la position respective des parties, ce rapprochement ne fît qu'aigrir les esprits ; et en commettant à un tiers le soin d'être présent à la notification de l'acte, il a voulu par là que la réponse de ses père et mère, que toutes les paroles qu'ils ont prononcées dans cette grave circonstance lui soient fidèlement rapportées

N° 354. Une procuration générale donnée à un tiers, pour les trois actes respectueux, suffit pour que l'enfant y soit valablement représenté (1).

Nº 355. L'enfant pourrait-il choisir, pour mandataire et représentant, le notaire chargé de la notification ? Il ferait mieux sans doute de choisir un autre que le notaire, car il y a, en quelque sorte, incompatibilité entre les qualités de représentant et d'officier instrumentaire (2). Néanmoins, l'enfant n'ayant pas besoin de nommer un mandataire, le notaire sera considéré comme ayant été officier instrumentaire pur et simple, l'absence d'un fondé de pouvoirs, d'un représentant, ne saurait vicier l'acte (3).

Nº 356. Le mandat par lequel le notaire est chargé de la notification de l'acte respectueux, et celui par lequel le tiers est désigné pour représenter l'enfant, peuvent être donnés, ou par acte public, ou par écrit sous seing-privé, même par lettre (1985), sauf le droit qu'ont les ascendants de contester le pouvoir des notaires. Puisqu'il n'y a point d'exception pour le mandat dans le cas d'acte respectueux, on doit suivre les règles ordinaires. (Art. 1984 et suiv.)

Nº 357. Si le notaire ou le tiers agissaient sans avoir reçu une procuration expresse, les actes par eux faits ne seraient nuls qu'autant que l'enfant ne les confirmerait pas ; mais s'il les ratifie, ils seront valables d'après cette maxime : *Ratihabitio mandato æqui paratur*.

Nº 358. L'acte respectueux, pour être valable, ne doit contenir aucun terme injurieux. Il résulte même implicitement de deux arrêts, l'un de la Cour royale de Rouen, du 6 mars 1806 ; l'autre de la Cour de cassation, du 4 novembre 1807, que le mot *sommé* pourrait rendre l'acte nul, s'il n'était accompagné d'aucune formule qui en mitigeât la rigueur. Voici, dans l'arrêt de la Cour royale, le considérant auquel nous faisons allusion : « Considérant que le mot

(1) Caen, 24 février 1827.
(2) Douai, 8 janvier 1828.
(3) Douai, 27 mai 1835.

« *sommé*........ se trouve d'ailleurs accompagné de
« prières, d'humbles supplications et de tous les
« témoignages d'égards, de soumission et de res-
« pect pour l'autorité paternelle, déclare lesdits
« actes suffisants et réguliers. » Cet arrêt se fonde
aussi sur ce que le mot *sommé* n'est pas textuellement prohibé. Ce dernier considérant est bon et inattaquable; mais la Cour de cassation ne l'adopte pas
et rejette le pourvoi. Par ce seul motif, « que le mot
« *sommation* est précédé, suivi et accompagné de
« termes révérentiels et respectueux. » Nous pensons que ce motif n'est pas recevable, et que le mot
sommé n'annulerait point l'acte respectueux, quoiqu'il
s'y trouvât seul. C'était l'expression consacrée en droit
ancien, et l'acte par lequel on demandait le conseil
de ses père et mère s'appelait sommation respectueuse. Aucun terme n'ayant été spécialement re-
commandé par le Code, on peut se servir de tous,
pourvu qu'ils ne soient pas inconvenants et contraires
au respect que l'on doit à ses parents. Ainsi, les mots
requis, sommé, interpellé n'annuleraient l'acte qu'autant qu'ils seraient suivis d'autres expressions plus
irrévérentielles. Tout dépendrait donc des circonstances, et l'on ne peut pas donner là-dessus de
règle absolue.

N° 359. Si, dans l'acte respectueux, l'enfant disait
qu'il est dans la ferme résolution de contracter mariage, malgré toutes les représentations, et qu'il
agira, dans tous les cas, après les actes respectueux,
comme si ses parents avaient donné leur consentement, il nous paraît évident qu'un tel acte devrait
être annulé (1) : on ne peut pas déclarer valable
un acte dont le contenu est directement contraire
à l'esprit et au but de la loi. La loi a voulu que
par l'acte respectueux les parents fussent avertis du
mariage que leur enfant se propose de contracter, afin

____

(1) Bordeaux, 12 fructidor an 13.

de lui faire entendre leurs conseils, et peut-être de l'empêcher de mettre son projet à exécution. L'enfant qui déclare, dans l'acte respectueux, qu'il contractera mariage quoique ses parents puissent lui dire, peut donc être assimilé à un juge qui, avant d'entendre les parties, déclarerait qu'il rendra tel ou tel jugement, ou à un juré qui, avant la déposition des témoins et les défenses de l'accusé, affirmerait qu'il est décidé à prononcer ou l'acquittement ou la condamnation.

Nº 360. Quand l'acte respectueux ne contient aucune disposition sur les intentions de l'enfant, la présomption est qu'il se trouve dans les intentions voulues par les lois, c'est-à-dire, qu'il est prêt à recevoir les avis de ses parents et à renoncer à son dessein, s'il les reconnaît justes et conformes à la raison.

Nº 361. Si l'enfant, au lieu de demander le conseil de ses père et mère, avait demandé leur consentement, l'acte serait, sans contredit, valable, et nous nous sommes étonnés qu'il y ait eu des personnes assez insensées pour mettre en doute une chose si évidente; et à la honte de l'esprit humain, cette question a été plus d'une fois agitée. (Voyez l'arrêt de la Cour de cassation, du 24 décembre 1807; Toulouse, 27 juin 1821, 21 juillet 1821; Amiens, 8 avril 1825.)

Nº 362. Le procès-verbal doit contenir la réponse de l'ascendant, ou son refus de répondre. Celui-ci peut, après l'acte respectueux, faire signifier les réponses par écrit au notaire qui, en ce cas, sera tenu de les faire parvenir à l'enfant; il est nécessaire que chaque ascendant, dont on requiert le conseil, donne une réponse séparée; il ne suffirait pas qu'un mari répondît tant pour lui que pour sa femme (1).

Nº 363. Il ne faut pas conclure de là que la noti-

(1) Douai, 25 janvier 1815.

fication de l'acte respectueux doive nécessairement être faite à la personne des ascendants, autrement, par une absence volontaire, ceux-ci pourraient indéfiniment retarder le mariage. Les règles générales de la procédure sont applicables puisqu'aucune exception n'a été établie, et il est de principe que la signification est valable quand elle est faite au domicile de la personne à qui on signifie. C'est ainsi que la Jurisprudence constante l'a jugé (1).

N° 364. Il est cependant du devoir des notaires de chercher à rencontrer les ascendants pour recevoir leur réponse de vive voix. Une telle conduite est plus conforme à l'esprit de la loi et plus régulière. Ils feraient bien même, s'ils ne trouvaient pas les ascendants à leur domicile, de laisser une copie de l'acte respectueux, avec la mention de l'heure à laquelle ils se présenteront de nouveau ; il eût été sage d'en faire une obligation aux notaires. Mais, en l'absence d'une loi positive, le défaut de cette formalité n'entraînerait point nullité. Les nullités sont de droit étroit (2).

N° 365. *Quid juris*, s'il était prouvé que, sur le conseil de l'enfant, le notaire a épié la sortie des ascendants pour notifier l'acte respectueux en leur absence ? Il nous semble que, même dans ce cas, l'on ne pourrait point annuler l'acte, de même qu'en pareille circonstance un exploit ne serait pas nul. On oppose que l'art 154 exigeant dans le procès-verbal de la notification de l'acte respectueux, la mention de la réponse, a dérogé aux règles ordinaires de la procédure ; que l'acte respectueux n'est soumis à aucune formalité judiciaire ; que c'est une classe d'actes à part, *sui generis*. Ce qui nous détermine, malgré toutes ces raisons, c'est que le but de la loi pourra

(1) Bruxelles, 21 frimaire an 13 ; Douai, 22 avril 1819; Toulouse, 27 juin 1821, 21 juillet 1821; Amiens, 8 avril 1825; Cour de cassation, 17 juillet 1827; Nîmes, 8 juillet 1831.

(2) Angers, 10 mars 1813 ; Colmar, 6 avril 1813 ; Toulouse, 12 juillet 1821.

également être rempli dans l'hypothèse actuelle ; l'ascendant ayant toujours le droit, dans l'intervalle qui sépare les trois actes respectueux , ou le dernier acte respectueux et le mariage , de faire signifier ses réponses (1).

N° 366. Néanmoins , cette circonstance , qu'on a choisi pour la notification de l'acte , l'absence de l'ascendant, pourra conduire les juges à l'annuler plus facilement, s'il s'y rencontre des termes peu respectueux.

N° 367. L'acte ne serait point nul, pour défaut de la mention du parlant à (2) , ou pour avoir été notifié un jour de fête légale (3) ; il ne faut pas appliquer ici les règles de l'ajournement.

ARTICLE 155.

En cas de l'absence de l'ascendant auquel eût dû être fait l'acte respectueux , il sera passé outre à la célébration du mariage , en représentant le jugement qui aurait été rendu pour déclarer l'absence; ou, à défaut de ce jugement, celui qui aurait ordonné l'enquête , ou s'il n'y a point encore eu de jugement, un acte de notoriété délivré par le juge de paix du lieu où l'ascendant a eu son dernier domicile connu. Cet acte contiendra la déclaration de quatre témoins appelés d'office par le juge de paix.

COMMENTAIRE.

N° 368. *Développement de l'art.* 155.
   369. *L'art.* 155 *doit être combiné avec l'art.* 151.
   370. *Quels sont les cas d'impossibilité ?*
   371. *Quid, en cas d'absence ?*

(1) Arrêt contraire de la Cour de Caen , du 12 décembre 1812.
(2) Jugé ainsi, avec raison, par la cour de Bastia, 21 novembre 1832.
(3) Agen , 27 août 1829.

✻

Nº 368. Quand les ascendants auxquels les actes respectueux eussent dû être notifiés, sont dans l'impossibilité de manifester leur volonté, on peut alors passer outre à la célébration du mariage, en établissant la preuve de cette impossibilité devant l'officier de l'état-civil.

Nº 369. Mais de même que dans le cas où le père ne peut manifester sa volonté, la mère ou les ascendants le remplacent; de même, si le père seul est dans l'impossibilité de donner un consentement, l'enfant n'est pas dispensé, pour cela, d'adresser des actes respectueux aux ascendants plus éloignés. Il faut combiner l'art. 155 avec l'art. 151.

Nº 370. Quatre cas d'impossibilité peuvent se présenter : 1º l'absence; 2º l'interdiction; 3º la mort civile; 4º la condamnation à une peine afflictive et infamante.

Nº 371. Si l'ascendant auquel eût dû être fait l'acte respectueux est absent, il sera passé outre à la célébration du mariage, en représentant le jugement de déclaration d'absence, ou même celui qui ordonnerait l'enquête; ou si aucun jugement n'est encore intervenu, un acte de notoriété délivré par le juge de paix du lieu où l'ascendant a eu son dernier domicile; cet acte doit contenir la déclaration de quatre témoins, appelés d'office et non sur la désignation des parties intéressées, de peur qu'il n'y ait fraude et collusion.

Nº 372. Ces dispositions de l'art. 155 ne doivent pas être étendues par analogie, aux art. 149 et 150; la loi doit être plus sévère lorsque l'enfant ne peut contracter mariage sans le consentement formel des ascendants. Ainsi, il ne suffirait pas, dans les différentes hypothèses des art. 149 et 150, de représenter le jugement qui ordonnerait l'enquête, ni un acte de notoriété; il n'y a pas identité de motifs.

Nº 373. L'acte de notoriété que prescrit l'art. 155 doit être fait au dernier domicile connu de l'ascendant, parce qu'on suppose que c'est là surtout qu'on a pu recevoir des nouvelles de l'absent; il est aussi du devoir du juge de paix d'appeler en témoignage, les parents, amis ou voisins de l'ascendant : en un mot, ceux qui ont eu avec lui des relations d'amitié, et qui sont plus à portée de donner sur lui d'exacts renseignements.

Nº 374. Mais il arrive souvent que le lieu du dernier domicile ou du décès de l'ascendant est inconnu; il serait donc impossible de remplir les formalités exigées par l'art. 155 pour l'acte de notoriété. Le conseil d'état a décidé, par un avis approuvé le 4 thermidor an XIII, qu'à défaut d'actes de décès des pères et mères, aïeuls et aïeules, et si leur non-présence, sans nouvelles, ne peut être prouvée dans les formes prescrites par l'art. 155, il pourra être procédé à la célébration du mariage des majeurs, sur leur déclaration à serment, que le lieu du décès et celui du dernier domicile de leurs ascendants leur sont inconnus; laquelle déclaration devra être certifiée par les quatre témoins du mariage, qui affirmeront aussi par serment, que quoiqu'ils connaissent les futurs époux, ils ignorent le lieu du décès, et celui du dernier domicile de leurs ascendants. Les officiers de l'état-civil doivent faire mention de ces déclarations, dans l'acte de mariage.

Nº 375. Cet avis du 4 thermidor an XIII, ne s'applique qu'à l'art. 155, et non point aux art. 149 et

150. Cette expression *majeurs*, doit être entendue dans ce sens : il s'agit ici de la majorité requise pour le mariage, vingt-un ans pour les filles, et vingt-cinq ans pour les fils ; ce n'est qu'à cet âge qu'on pourra célébrer le mariage, sans qu'aucune preuve positive du décès de l'ascendant soit représentée, et sans que son absence soit déclarée par un acte de notoriété, dans la forme prescrite, lorsqu'on ignore le lieu du dernier domicile (1).

N° 376. Si la résidence de l'absent était connue, l'enfant ne serait point dispensé de lui faire notifier des actes respectueux, quel que soit l'éloignement de l'ascendant et quelque retard que dut éprouver le mariage.

N° 377. La représentation du jugement d'interdiction, de celui qui condamne l'ascendant à une peine emportant mort civile, ou à la réclusion et aux travaux forcés, suffira pour que l'officier de l'état-civil puisse célébrer le mariage, si toutefois il n'y a pas d'autre ascendant dont on doive requérir le conseil.

---

(1) C'est ce que fait entendre un des considérants de l'avis du conseil d'état : « Considérant que cette déclaration (de quatre témoins) aussi « solennelle qu'un acte de notoriété, est sans danger relativement au « mariage des majeurs, pour lequel le consentement ou le conseil des « ascendants n'est pas d'une nécessité absolue et dirimante. » Or, ce n'est qu'à vingt-cinq ans, pour les fils, que le consentement des ascendants n'est pas absolument nécessaire.

ARTICLE 156.

Les officiers de l'état-civil qui auraient procédé à la célébration des mariages contractés par des fils n'ayant pas atteint l'âge de vingt-cinq ans accomplis, ou par des filles n'ayant pas atteint l'âge de vingt-un ans accomplis, sans que le consentement des père et mère, celui des aïeuls et aïeules et celui de la famille, dans le cas où ils sont requis, soient énoncés dans l'acte de mariage, seront, à la diligence des parties intéressées et du procureur du roi près le Tribunal de première instance du lieu où le mariage aura été célébré, condamnés à l'amende portée par l'article 192 (de 16 à 300 fr.), et en outre à un emprisonnement dont la durée ne peut être moindre de six mois (et dont le maximum est un an).

COMMENTAIRE.

Nº 378. *Exposé de l'art.* 156.
378. *La peine est encourue quand même le mariage serait valable.*
380. *La peine est encourue par le simple défaut de mention.*
381. *Les parties peuvent obtenir des dommages et intérêts.*
382. *Le procureur du roi peut poursuivre d'office, sans avis préalable du conseil d'état.—Pourquoi n'observe-t-on pas ici les principes de la garantie des fonctionnaires publics?*
383. *Est-ce le Tribunal civil ou criminel qui connaît la contravention.*
384. *Raisons de décider que c'est le Tribunal civil.*
385. *Par quel temps l'action du ministère public est-elle prescrite?*
386. *L'art. 193 du Code pénal abroge-t-il l'art. 156 du Code civil?*
387. *L'acte sous seing-privé du consentement suffit-il?*
388. *Quid, en cas de collusion de l'officier de l'état-civil?*
389. *Quid, en cas de faux?*

❈

Nº 378. L'officier de l'état-civil qui, dans le contrat de mariage, n'énonce pas le consentement des père et mère, aïeuls et aïeules, ou celui du conseil de famille, est puni d'une amende qui ne peut excéder trois cents francs (192 du Code civil), et d'un emprisonnement qui ne peut être moindre de six mois.

Nº 379. La peine est encourue, par cela seul que l'officier de l'état-civil a omis l'énonciation exigée, quand bien même les parties ne s'en seraient pas prévalues pour demander la nullité du mariage; car l'existence du délit ne dépend point de la validité de l'acte. L'officier de l'état-civil est toujours en faute, et c'est la faute qu'on punit, non point le résultat. Ainsi, un prévenu d'assassinat ne serait point acquitté par le motif que sa victime est guérie de ses blessures et qu'elle a échappé à la mort. On ne peut faire à qui que ce soit un mérite de ce qui est indépendant de sa volonté. (195 du Code pénal.)

Nº 380. La peine de l'article 156 est applicable à l'officier de l'état-civil pour la simple omission de mentionner le consentement dans l'acte, et cela quoique le consentement des père et mère ait été réellement donné; car l'enfant qui avait obtenu ce consentement a pu, sur la foi du contrat de mariage, anéantir l'acte et se trouver dans l'impossibilité de prouver qu'il s'est marié avec l'approbation de ses parents, et d'ailleurs il peut se faire que le consentement ait été donné verbalement. L'officier de l'état-civil ne serait pas moins passible de la peine si les parents ne réclamaient pas, et que la nullité fût couverte par leur silence.

Nº 381. La sanction de l'art. 156, est toute de droit criminel, et le taux de l'amende n'est pas la fixation des dommages-intérêts qui peuvent résulter de la contravention à l'égard des parties contractantes, si le mariage vient à être cassé. Celles-ci ont le droit de poursuivre civilement le contrevenant, pour le faire condamner aux dommages-intérêts, provenant de la nullité du mariage.

N° 382. Le procureur du roi peut poursuivre d'office, l'officier de l'état-civil, pour lui faire appliquer la peine de l'art. 156 (1). Il n'est pas besoin d'obtenir l'autorisation préalable du conseil d'état, car les maires et adjoints, en rédigeant les actes de mariage, ne font point des actes d'administration, et ce n'est que dans l'exercice de leurs fonctions administratives, que le privilége de la loi du 24 août 1790, peut être invoqué par eux. En effet, si nous recherchons la raison de cette loi, nous la trouverons dans la nécessité de rendre l'autorité administrative indépendante de l'autorité judiciaire; mais les maires et les adjoints réunissent en leur personne des attributions différentes, et sont, tour à tour, officiers de l'état-civil, de police judiciaire, agents de l'administration générale, et quoique leur qualité de maire et d'adjoint soit indivisible, en ce sens que l'on ne confie pas à des personnes distinctes, les diverses fonctions que nous avons énumérées; cependant ils ne peuvent se prévaloir de la garantie que les lois accordent aux agents du gouvernement, que quand ils remplissent les fonctions d'administrateurs. C'est ainsi que l'a décidé un avis du conseil d'état, du 30 nivôse an XII, approuvé le 4 pluviôse an XII (2).

N° 383. On a élevé des doutes sur la question de savoir, quel tribunal connaîtrait des contraventions reprochées aux officiers de l'état-civil. Quelques auteurs sont d'avis, que c'est le tribunal criminel, et ils se fondent sur ce que l'article 193 du Code pénal, en

____

(1) Turin, 6 avril 1808; Besançon, 3 juin 1808.

(2) On a beaucoup trop étendu, selon nous, la garantie des fonctionnaires publics. (Art. 75 de la constitution de l'an 8.) Il est à regretter que le projet de loi, destiné à la restreindre et présenté le 12 décembre 1832, n'ait point été discuté par les chambres; toutefois il n'est pas douteux que les maires ne puissent pas invoquer la faveur des lois précitées, quand ils font les fonctions d'officiers de l'état-civil. (Arrêt de cassation, du 11 juin 1807.)

256

rappelant la peine prononcée par l'art. 156, fait exception à cet article, et que dans toutes les matières prévues par le Code pénal, les tribunaux criminels sont seuls compétents.

N°. 384. Nous n'adopterons pas cette opinion, et nous déciderons que c'est devant le Tribunal civil, que la cause doit être portée. La poursuite de la contravention est attribuée aux procureurs du roi, près les tribunaux de première instance, afin qu'ils suivent l'application des peines devant les tribunaux, auxquels ils sont attachés; et le texte précis du Code, (art. 156, art. 50), veut que le Tribunal civil soit saisi de l'affaire (1).

N° 385. Par quel espace de temps l'action du ministère public se prescrira-t-elle? Cette question ne manque pas d'importance, mais elle ne nous paraît pas difficile... On dit, il est vrai, en faveur de la prescription triennale, que l'on doit appliquer à ce cas, l'art. 638 du Code d'instruction criminelle; que les peines prononcées contre l'officier de l'état-civil sont correctionnelles, puisqu'elles excèdent cinq jours d'emprisonnement et 15 francs d'amende (art. 179 du Code d'instruction criminelle); qu'il n'a pas été évidemment dans l'esprit du législateur, de laisser pendant si longtemps les officiers de l'état-civil sous une si grande dépendance du ministère public : pourquoi les placer dans un état moins favorable que les autres citoyens? Nous avouons que ces dernières raisons nous touchent, mais nous ne pouvons pas admettre que l'art. 638 soit applicable à l'action du procureur du roi, par le motif que la répression des délits et infractions prévus par le Code civil, et accordée aux Tribunaux civils, ne saurait être régie par les règles qui concernent les délits de la compétence correctionnelle; c'est ce qui a été jugé par un arrêt de la Cour de cas-

(1) Avis du Conseil d'état, du 4 pluviôse an 12. Arrêt de cassation, du 11 juin 1805. Jugement du Tribunal de première instance de Verceil, du 1er juin 1807, confirmé par arrêt de la Cour de Turin, du 6 avril 1808.

sation du 30 juin 1814, il s'agissait dans l'espèce de
cet arrêt de contraventions à la loi sur le notariat, du
25 ventôse an XI, avant que la loi du 16 juin 1824,
réduisît à deux ans le temps nécessaire pour prescrire
contre toute poursuite. Il y a ici identité de motifs,
et puisqu'aucun texte de loi n'admet une prescription
abrégée contre l'action du ministère public, il faut
faire l'application des règles générales de l'art. 2262
du Code civil, selon lequel toutes les actions, tant
réelles que personnelles, sont prescrites par le laps de
trente ans.

N° 386. La différence de rédaction de l'art. 193
du Code pénal, avec l'art. 156 du Code civil, peut
donner lieu à une question importante. L'art. 193 est
ainsi conçu : « Lorsque, pour la validité d'un mariage,
« la loi prescrit le consentement des pères, mères
« ou autres personnes, et que l'officier de l'état-civil
« ne se sera point assuré de l'existence de ce consente-
« ment etc. » On voit que le Code pénal ne punit pas
le défaut de mention, dans l'acte de mariage du consentement des pères et mères, aïeuls et aïeules ; mais
la négligence de l'officier de l'état-civil, qui ne s'est
pas assuré du consentement. On pourrait donc soutenir que l'art. 156 du Code civil a été abrogé par
l'art. 193 du Code pénal, qui ne rappelle pas comme
punissable, le défaut de mention du consentement
des ascendants ; et d'après ce principe, que toute loi
qui adoucit ou abroge une peine, est favorable, et
que dans le doute, il faut prononcer en faveur de
l'accusé, peut-être admettrait-on ce système, quoiqu'il apparaisse cependant que l'art. 193 n'est qu'une
confirmation de l'art. 156, et qu'il a eu pour objet
de fixer le minimum de l'amende et le maximum de
l'emprisonnement (1).

(1) Dans son rapport, au nom de la commission de législation,
M. Noailles dit : « Les peines portées par les articles 156 et 157 du
« Code Napoléon contre les officiers civils, qui négligeraient de s'assurer
« du consentement des parents, lorsqu'il est requis pour la validité du
« mariage, sont maintenues. »

N° 387. Il faut pour que l'officier de l'état-civil soit dégagé de toute responsabilité, qu'il se soit assuré du consentement des ascendants. Devrait-il célébrer le mariage, sur la représentation d'un consentement par acte sous seing-privé?

Ce n'est point l'esprit de la loi, on veut, ou la présence de l'ascendant à l'acte, ou un consentement dont l'authenticité soit démontrée, et dont la signature du notaire établisse la vérité. Un acte sous seing-privé ne fait pas assez de foi par lui-même, pour que l'officier de l'état-civil se contente de son seul témoignage; mais comme dans l'art. 193 du Code pénal, il s'agit d'une certitude personnelle, l'officier de l'état-civil pourrait procéder à la célébration du mariage, s'il reconnaissait que l'acte fût réellement signé par l'ascendant: dans ce cas, il faudrait annexer l'acte sous seing-privé du consentement, à l'acte du mariage, d'après l'art. 44 du Code civil.

N° 388. Si l'officier de l'état-civil agissait par collusion avec les parties contractantes, il serait passible des peines portées dans l'art. 177 du Code pénal, c'est-à-dire de la dégradation civique (1), et d'une amende double des présents promis ou reçus, et les complices seraient passibles de la même peine. (Art. 179.)

N° 389. Que si l'officier de l'état-civil se rendait coupable d'un faux, on lui appliquerait les dispositions des art. 147 et suivants, et la même peine atteindrait les complices.

(1) Dans le Code de 1810, c'était la peine du carcan.

ARTICLE 157.

Lorsqu'il n'y aura pas eu d'actes respectueux, dans le cas où ils sont prescrits, l'officier de l'état-civil qui aurait célébré le mariage, sera condamné à la même amende (de 16 à 300 fr.), et à un emprisonnement qui ne pourra être moindre d'un mois.

COMMENTAIRE.

N° 389 *bis. Pourquoi la loi est-elle plus indulgente lorsqu'il s'agit d'actes respectueux?*

390. *Pourquoi, néanmoins on a dú infliger une peine à l'officier de l'état-civil?*

391. *Quelle est cette peine?*

392. *Différence de rédaction entre l'art. 157 et l'art. 156.*

393. *L'art. 157 est-il abrogé.—Erreur de M. Carnot.*

394. *Quel est, dans le cas de l'art. 155, le maximum de l'emprisonnement?*

N° 389 *bis.* Lorsqu'il s'agit d'actes respectueux, la loi doit se montrer plus indulgente; car, malgré le refus de consentement des ascendants, l'enfant pourra se marier après l'expiration du délai légal; de plus, le défaut de consentement, lorsqu'il est absolument nécessaire, annule le mariage; il n'en est point de même du défaut d'actes respectueux. (Voyez n°s 317, 318, 319). Ainsi, soit que l'on considère l'intérêt des parents, soit que l'on considère l'intérêt des parties contractantes, le défaut d'actes respectueux n'entraîne pas d'aussi graves conséquences que le défaut de consentement. L'ascendant aura pour consolation, l'assurance qu'il n'aurait pu empêcher le mariage, quand même il eût été averti par des actes respectueux; et, d'un autre côté, le mariage sera inattaquable.

N° 390. Cependant, la loi qui prescrit la notification d'actes respectueux, doit avoir une sanction, autrement elle serait illusoire; et d'ailleurs, l'enfant eût peut-être obéi aux désirs de ses parents, en renonçant à un mariage peu convenable; il ne serait point irrévocablement uni à une personne indigne ; l'officier de l'état-civil a donc, par sa conduite, pu nuire non-seulement aux intérêts de l'ascendant, mais à ceux de l'époux lui-même.

N° 391. L'amende est la même que dans l'article précédent, mais l'emprisonnement est réduit à un mois.

N° 392. De plus, il y a une différence de rédaction dans les art. 156 et 157 ; l'art. 156 punit l'omission de l'énonciation du consentement, tandis que l'art. 157 ne punit que la célébration du mariage, à défaut d'actes respectueux. Outre les raisons que nous venons d'alléguer, et qui rendent compte de cette différence, on peut dire aussi, que le défaut d'énonciation des actes respectueux, peut facilement être suppléé, puisque ces actes étant de la compétence des notaires, il en reste toujours minute.

N° 393. M. Carnot dans son commentaire sur l'art. 193 du Code pénal, a poussé plus loin l'indulgence, il pense que l'art. 193 du Code pénal ne rappelant pas comme délit, la célébration du mariage, à défaut d'actes respectueux, on doit en conclure que l'art. 157 est abrogé. C'est, à notre avis, une grande erreur. Les art. 193 et suivants n'ont pas eu pour objet d'introduire un droit nouveau, mais de compléter le Code civil; ainsi l'art. 193 a fixé le minimum de l'amende et le maximum de l'emprisonnement, dans l'application de l'art. 156.

L'article 157, ne détermine pas le maximum de l'emprisonnement, mais on peut, par la combinaison des art. 193 du Code pénal, 156 du Code civil, décider que l'emprisonnement ne pourrait pas excéder un an, car il serait absurde de punir l'officier de l'état-civil, beaucoup plus dans l'hypothèse de l'art. 157, que dans celle de l'art. 156.

❈

ARTICLE 158.

Les dispositions contenues aux articles 148 et 149, et les dispositions des articles 151, 152, 153, 154 et 155, relatives à l'acte respectueux qui doit être fait aux père et mère dans le cas prévu par ces articles, sont applicables aux enfants naturels légalement reconnus.

COMMENTAIRE.

✳

N° 394. Dans la législation romaine, le consentement des ascendants au mariage de leurs enfants, était une conséquence inséparable de la puissance paternelle; les enfants naturels, non légitimes, ne devaient donc pas être soumis à cette obligation, puisque la puissance paternelle ne pouvait s'acquérir que par les justes noces, par la légitimation ou par l'adoption.

N° 395. Dans l'ancien droit français, on admit le même principe, savoir que le consentement au mariage des enfants mineurs, n'était requis que de la part de ceux qui les avaient en leur puissance; aussi Pothier nous apprend que les bâtards pouvaient se marier sans l'agrément de leurs père et mère (1). Il rapporte un arrêt qui l'a ainsi jugé, il est du parlement de Paris, à la date du 1er février 1662 (2), rendu sur les conclusions conformes du procureur général Talon.

N° 396. Nos législateurs ont pensé que le consentement des parents au mariage de leurs enfants, est un attribut de la puissance paternelle, non de cette puissance paternelle, développée et réglée par les lois civiles; mais de cette autorité qui dérive de la nature même des choses, et que, par conséquent, les enfants naturels ne devaient point contracter mariage, sans obtenir le consentement de leur père et de leur

______

(1) *Traité du Contrat de Mariage*, n. 342.
(2) *Journal des Audiences*, liv. VIII, chap. XLVII, Soefve, t. II, cent. 2, 56.

mère, s'ils sont mineurs, et sans requérir leur conseil, s'ils sont majeurs.

N° 397. Remarquons que l'art. 150 est le seul qui ne soit pas rappelé dans l'art. 158, c'est-à-dire, que lorsque le père et la mère des enfants naturels, seront décédés ou dans l'impossibilité de manifester leur volonté, celui-ci ne sera point obligé de demander le consentement des ascendants plus éloignés; car la reconnaissance de son père et de sa mère, ne lui donne des droits qu'à leur égard, et non point à l'é-gard de leurs parents. On est fondé à dire que l'exigence du consentement du père et de la mère naturels, est, pour l'enfant, une compensation des avantages que la loi lui accorde sur leur succession. (757 et suivants.)

N° 398. Non-seulement il partage leur succession, mais il a aussi droit à une réserve. Cette question qui avait d'abord été vivement débattue, est maintenant résolue en faveur des enfants naturels, par la jurisprudence constante et l'unanimité des auteurs.

N° 399. Mais pour avoir ces droits, l'enfant naturel doit être légalement reconnu; ce n'est aussi que dans le cas d'une reconnaissance légale, que l'article 158 a son effet.

N° 400. La reconnaissance légale d'un enfant naturel doit être faite par un acte authentique, ou par l'acte de naissance.

N° 401. La reconnaissance sous seing-privé ne conférerait donc aucun droit au père naturel sur le mariage de son enfant. Néanmoins, cela peut être révoqué en doute. Quelques auteurs prétendent que la reconnaissance sous seing-privé, est un acte qui n'est point opposable aux tiers, mais que le père est lié à l'égard de l'enfant, que l'acte sous seing-privé fait la même foi entre les parties contractantes qu'un acte authentique, que, par une conséquence nécessaire, le père est soumis envers l'enfant aux obligations qui dérivent de la paternité naturelle, v. g. à la dette alimentaire. L'art. 334, qui règle la forme des reconnaissances légales, est conçu en termes simplement impératifs, et il est de principe que les lois prohibitives seules, entraînent la nullité des actes passés au mépris de leurs dispositions. Lorsque les législateurs ont voulu que les actes fussent nuls pour avoir été faits contrairement à une loi impérative, ils l'ont formellement exprimé. C'est ainsi que l'article 931 porte : « Tous actes entre vifs seront passés « devant notaires, dans la forme ordinaire des con- « trats, et il en restera minute sous peine de nullité. » On doit donc décider, d'après le silence de l'art. 334, que la reconnaissance par acte sous seing-privé, n'est point absolument nulle, et qu'elle lie le père qui l'a souscrite, d'après les principes généraux des obliga- tions, (art. 1320, 1322 et suiv.) (1). Si le père est lié par la reconnaissance sous seing-privé; s'il est tenu de remplir, à l'égard de l'enfant reconnu, les obligations prescrites par les lois, il doit avoir pour compensation le droit de consentir à son mariage, car la paternité est indivisible (2).

N° 402. Sans entreprendre de réfuter ces arguments un à un, comme l'ont fait plusieurs auteurs (3) bien à tort, à mon avis, puisqu'en principe ils sont inattaquables, je me contenterai de faire remarquer que cet axiome, que la transgression des lois impératives n'est pas une cause de nullité dans un acte, n'est point applicable aux lois d'ordre public, et que la violation de toute loi qui intéresse l'ordre public, entraîne la nullité de l'acte où les formes prescrites n'ont point été observées. Or, il est de toute évidence que la disposition de l'art. 334, intéresse à un très

---

(1) Toullier s'est prononcé pour cette opinion, tom. II, pag. 238 et suiv.

(2) Cette indivisibilité de la paternité a été proclamée par deux arrêts de la Cour de cassation, l'un du 3 ventôse an 11; l'autre, du 26 mars 1806.

(3) Duranton, n. 224 et suiv. Merlin, v° Filiation, addition, n. 9, et suiv. Voyez aussi Proudhon, tom. II, pag. 12.

grand degré le repos des particuliers et celui de l'État. On n'a pas voulu que sur la foi d'un acte sous seing-privé, un enfant pût venir porter le trouble dans une famille, ou, après la mort de son prétendu père, réclamer des droits dans sa succession, et dépouiller les héritiers légitimes d'une partie de leur patrimoine. La reconnaissance par acte sous seing-privé, est donc nulle, comme contraire à une loi d'ordre public (1); il n'est pas vrai de dire que le père serait tenu de donner des aliments à son enfant, à moins, toutefois, que, dans la reconnaissance sous seing-privé, le père ne se fût engagé à payer une pension alimentaire. Cette promesse pouvant être faite par acte sous seing-privé, vaudrait indépendamment de la reconnaissance d'après cette maxime : *Utile per inutile non vitiatur* (2), et, dans ce cas, le père n'est point admis à prétendre qu'il a le droit de consentir au mariage de l'enfant, comme compensation de la dette alimentaire, car ce n'est point en sa qualité d'enfant naturel, que celui-ci reçoit des aliments, mais en sa qualité de stipulant et de créancier, et le droit de consentement est, ainsi que nous l'avons vu, un attribut de la puissance paternelle.

Nº 403. Si l'auteur de la reconnaissance sous seing-privé était assigné en justice pour le paiement d'une pension alimentaire, et qu'en présence du Tribunal il déclarât formellement, que l'acte qui lui est présenté est valable, qu'il l'a souscrit dans une pleine et entière liberté et qu'il reconnaît cet enfant; cette déclaration solennelle, cet aveu judiciaire équivaudrait à un acte authentique (3); seulement, les effets de cette reconnaissance n'auraient lieu, par rapport aux tiers, que du jour de la comparution en justice, et l'enfant

---

(1) Cour de cassation, 16 mai 1809.

(2) Pau, 18 juillet 1810. Paris, 22 juillet, 1811. Cour de cassation, 4 octobre 1812. Voir Toullier, tom. II, n. 976, pag. 252. Duranton, 228 et suiv.

(3) Merlin, vº Filiation addit., n. 11. Duranton, n. 225 et suiv. Cassation, 16 novembre 1808. Colmar, 24 mars 1813.

naturel ainsi reconnu , ne pourrait se marier sans obtenir le consentement de son père ou requérir son conseil.

N° 404. L'authenticité de l'acte de reconnaissance, ne résulte pas nécessairement de ce que l'acte est fait par devant notaires. Pour que l'acte fût authentique, il suffirait qu'il fût fait par devant un juge de paix, assisté de son greffier, et même il a été jugé (1), que la déclaration faite devant le greffier, était suffisante pour donner à l'acte l'authenticité voulue par la loi,

N° 405. Il en serait de même d'une reconnaissance consignée dans une transaction notariée ; elle serait valable, l'art. 333 n'indiquant pas dans quelle forme cette reconnaissance doit être faite pour avoir le caractère authentique.

N° 406. La reconnaissance forcée de l'enfant naturel provenant d'un jugement passé en force de chose jugée, est authentique, et la mère dont le consentement ne serait pas demandé, pourrait former opposition au mariage de son enfant naturel.

N° 407. L'art. 158 est-il aussi applicable aux enfants adultérins , reconnus par la force même des choses , par un jugement passé en force de chose jugée ?

N° 408. Cette question peut être controversée. On dit, d'une part, que dans l'esprit même de la loi, le droit de consentement n'est point attaché à la paternité civile seulement, mais bien à la paternité effective, et que malgré le crime qui a présidé à leur naissance, les enfants ne sont point affranchis des liens naturels qui les rendent dépendants de leur père et de leur mère ; que cette expression enfants naturels comprend aussi les enfants adultérins ; que d'ailleurs la reconnaissance judiciaire des enfants adultérins

---

(1) Bruxelles, 17 juin 1807. Nous serions disposés à penser que cet arrêt a été trop loin. Le greffier n'a point ici qualité pour recevoir de tels actes. (Voyez Merlin, v° Filiation addit., n. 14. Duranton, tom. III, n. 220. Delvincourt, tom. I, pag. 94, n. 3. Toullier, tom. II, n. 963.

leur donne le droit de réclamer des aliments (762).

N° 409. Nous tenons trop à honneur de justifier nos législateurs, quand le texte de la loi n'y est pas absolument rebelle, pour adopter une pareille interprétation. L'esprit général de la loi, est de proscrire toutes les reconnaissances volontaires d'enfants adultérins qui sont pernicieuses pour la morale publique, et l'on n'admet la parenté et la filiation adultérines que lorsqu'on y est forcé, en quelque sorte, par les circonstances. Dans ce cas seulement (1), par des motifs de justice et d'équité, on accorde des aliments aux enfants adultérins; mais il y a loin de là, à donner un avantage quelconque à leur père et à leur mère; la reconnaissance judiciaire est toute contre eux et ne saurait leur profiter. Nous déciderons, d'après ces principes, que l'art. 383, conçu dans les mêmes termes que l'art. 158, n'est point applicable aux enfants adultérins. L'art. 156 obligeant l'officier de l'état-civil à mentionner le consentement du père et de la mère, une pareille mention du consentement des parents adultérins, faite dans un acte authentique et qui doit rester sur les registres de l'état-civil serait immorale, ce serait renouveler le scandale d'un procès déjà trop fameux; et si le consentement n'était pas demandé au père et à la mère, en vertu de quel titre formeraient-ils opposition au mariage? En vertu du

---

(1) Nous faisons ici allusion à une question qui a divisé les auteurs, et qu'il n'est pas dans notre sujet d'examiner longuement; c'est celle de savoir si la reconnaissance d'un enfant adultérin ou incestueux peut lui donner le droit de demander des aliments. On dit, pour l'affirmative, que, sans cela, l'art. 762 ne recevra que rarement son application, et que, dans le doute, il faut entendre la loi dans le sens où elle aura plus d'effets; qu'il est injuste de ne pas accorder aux enfants le droit de demander des aliments; la prohibition de l'art. 335 n'est pas faite *in odium eorum*, mais bien dans l'intérêt des mœurs. Ce n'est point notre avis, la reconnaissance de l'enfant adultérin ou incestueux est nulle, et ne peut produire aucun effet. Permettre aux enfants adultérins de se prévaloir du fait contenu dans une reconnaissance illégale, serait éluder le but de la loi qui est d'éviter, autant que possible, les scandales publics; et l'intérêt privé ne peut jamais être préféré à l'intérêt général.

jugement qui déclare l'adultère et les note d'infamie ? Mais, ce serait implicitement alléguer en justice leur propre turpitude ; ils devraient donc être écartés par une fin de non-recevoir.

N° 410. Nous donnerions la même solution dans l'hypothèse d'un mariage adultérin ou incestueux, qui serait annulé et ne produirait pas les effets civils, attendu la mauvaise foi des époux. Aucun d'eux ne devrait être consulté pour le mariage de leurs enfants. Les art. 158 et 383 ne sont applicables qu'aux enfants naturels dans le sens propre du mot, qu'à ceux nés d'un concubinage simple. La reconnaissance de la filiation adultérine ou incestueuse, ne produit, en règle générale, aucun effet; on n'a fait exception qu'en faveur des enfants, et seulement pour leur accorder une pension alimentaire ; mais prétendre que le père et la mère adultérins ou incestueux, jouiront, par cette reconnaissance, des droits et avantages de la puissance paternelle; c'est prêter gratuitement une injustice, bien plus, une immoralité à nos législateurs.

N° 411. Si la mère seule était de bonne foi, son consentement suffirait au mariage de l'enfant qui, par rapport à elle, est réputé légitime, mais qui est adultérin ou incestueux par rapport au père coupable.

N° 412. L'enfant adoptif pourra se marier avec le seul consentement de son père naturel, car ce dernier conserve la puissance paternelle, et l'adopté ne change pas de famille (347); réciproquement, le consentement du père adoptif ne suffirait pas à l'adopté.

N° 413. Il n'en était point ainsi en droit romain ; la puissance paternelle passait avec tous ses attributs et ses droits à la personne de l'adoptant, et les liens de la nature étaient rompus, du moins dans leurs effets civils (1).

(1) Néanmoins, dans le cas où l'adoptant était étranger à la famille de l'adopté, l'enfant adopté conservait ses droits de succession sur les biens du père naturel; cette restriction était surtout nécessaire chez les Romains, qui admettaient la révocabilité de l'adoption par l'émancipation.

ARTICLE 159.

L'enfant naturel qui n'a point été reconnu, et celui qui, après l'avoir été, a perdu son père et sa mère, ou dont les père et mère ne peuvent manifester leur volonté, ne pourra, avant l'âge de vingt-un ans révolus, se marier qu'après avoir obtenu le consentement d'un tuteur ad hoc qui lui sera nommé.

COMMENTAIRE.

N° 414. *Raisons de l'article 159.*
415. *Qui doit nommer le tuteur ad hoc?*
416. *Quelles personnes composeront le conseil de famille?*
417. *Application de l'article 409.*
418. *Le tuteur déjà nommé à l'enfant, doit, pour consentir au mariage, être spécialement autorisé.*
419. *Quid, si l'enfant a perdu ses père et mère naturels, ou s'ils ne peuvent manifester leur volonté?*
420. *Quid, de l'enfant adultérin ou incestueux?*
421. *A vingt-un ans, le consentement d'un tuteur ad hoc n'est plus nécessaire à l'enfant.*

✻

N° 414. La loi doit veiller à l'intérêt et à la garantie des droits de tous les citoyens, sans distinction de fortune, de rang, de naissance; l'enfant abandonné, dont les parents ne sont pas connus..., ne devait pas être livré sans défense à ses mauvaises passions et aux intrigues dont il pourrait être l'objet. On a donc décidé que l'enfant naturel, non reconnu, ne pourrait se marier sans le consentement d'un tuteur *ad hoc*, c'est-à-dire, nommé pour cet objet seulement.

N° 415. Le Code n'a point indiqué par qui se

ferait la nomination de ce tnteur ; nous sommes, à ce sujet, sous l'empire des règles générales, et c'est devant un conseil de famille, présidé par le juge de paix du lieu du domicile de l'enfant, que le tuteur sera nommé ; mais l'enfant naturel qui n'a pas été légalement reconnu, n'a aucun parent ; quelles seront donc les personnes qui composeront le conseil de famille ?

N° 416. L'art. 409 du Code civil, veut qu'à défaut de parents et d'alliés, on appelle des amis du père et de la mère du mineur. Comme dans notre supposition, le père et la mère de l'enfant sont inconnus, nous déciderons, par analogie, que le juge de paix devra convoquer, pour composer l'assemblée, les amis de l'enfant.

N°417. Cependant, nous pensons qu'il y aurait beaucoup d'inconvénients à laisser cette assemblée d'amis, élire souverainement un tuteur pour consentir au mariage, car ils pourraient, par une bienveillance mal entendue, choisir un tuteur disposé à ne point gêner la volonté du mineur, à consentir à l'union projetée quand même. Il paraîtrait donc sage de soumettre la délibération de l'assemblée à l'homologation du tribunal ; cette assemblée ne présentant point autant de garantie que celle de parents et d'alliés.

N° 418. Le tuteur déjà nommé à l'enfant, n'aurait droit de consentir au mariage, qu'autant qu'il y serait spécialement autorisé par la délibération de l'assemblée des amis du futur époux. L'art. 159 veut qu'il soit élu un tuteur *ad hoc* pour le mariage seulement, et cela à cause de la grande importance de cet acte.

N° 419. Si l'enfant naturel légalement reconnu, a perdu son père et sa mère, ou que ceux-ci soient dans l'impossibilité de manifester leur volonté, l'assemblée qui remplit l'office du conseil de famille, sera composée des personnes qui ont eu des relations d'amitié avec le père ou la mère (art. 409); et, dans ce cas, on pourrait se dispenser de soumettre la nomination d'un tuteur *ad hoc* à l'homologation du tribunal.

Nº 420. L'enfant adultérin ou incestueux ne peut se marier sans le consentement d'un tuteur *ad hoc* choisi par les amis de l'enfant, quoiqu'il ait été reconnu par la force des choses, v. g., par une décision judiciaire, et même en supposant que le père et la mère existassent encore.

Nº 421. Cette obligation d'obtenir le consentement d'un tuteur *ad hoc*, cesse, pour l'enfant, lorsqu'il a atteint l'âge de vingt-un ans, et, après cet âge, il n'a à demander ni consentement, ni conseil de la part de qui que ce soit, sans distinction du sexe de l'enfant. (Art. 159.). Cet article est fondé en raison: l'enfant qui a toujours vécu sans père ni mère, qui a été livré aux soins de personnes étrangères, acquiert une expérience prématurée des hommes et des choses ; il y a moins de danger à le laisser libre, de bonne heure, de disposer de sa personne.

❋

ARTICLE 160.

S'il n'y a ni père ni mère, ni aïeuls ni aïeules, ou s'ils se trouvent tous dans l'impossibilité de manifester leur volonté, les fils ou filles mineurs de vingt-un ans ne peuvent contracter mariage sans le consentement du conseil de famille.

COMMENTAIRE.

Nº 422. Raisons de l'article 160.
423. En l'absence de règles exceptionnelles sur la convocation et sur la formation du conseil de famille, on suivra les règles ordinaires exposées au titre de la tutelle.

N° 422. Lorsque les ascendants sont morts, ou qu'ils se trouvent dans l'impossibilité de manifester leur volonté, cette circonstance ne saurait donner au mineur une capacité qu'il n'a pas ; au contraire, plus il est abandonné à lui-même, plus il est exposé à céder à l'entraînement de son cœur, et aux influences funestes d'amis perfides et intéressés ; il ne pourra se marier qu'avec le consentement d'un conseil de famille.

N° 423. Comme il n'y a point ici de règles exceptionnelles et particulières, on observera, dans la formation du conseil de famille, les règles qui se trouvent au titre de la tutelle.

N° 424. L'art. 160 ne soumettant pas la délibération du conseil de famille à l'homologation du tribunal, le mineur peut, sans l'accomplissement de cette dernière formalité, contracter un mariage valable.

N° 425. Mais un des membres de ce conseil de famille, pourrait-il, en cas de refus, se pourvoir devant les tribunaux, pour faire annuler la délibération ? Soit que l'on embrasse l'affirmative ou la négative de cette question, l'on a pour soi de graves autorités.

N° 426. Pour l'affirmative, on se fonde sur l'intérêt personnel qui peut porter les collatéraux à refuser leur consentement. La tendresse de ceux-ci n'est point aussi vive, aussi désintéressée que celle des ascendants, et si les tribunaux ne doivent pas apprécier les motifs qui guident les ascendants, s'il est convenable de s'en rapporter à leur bienveillance naturelle pour leurs enfants, les mêmes raisons ne sanraient être alléguées ici (1); de ce qu'il y a eu partage d'opinions dans l'assemblée de famille, de ce qu'un ou deux de ses membres se sont prononcés en faveur du mariage, on est conduit à conclure, que l'alliance projetée avait son côté avantageux pour le mineur, et si ces membres dont l'avis n'a pas prévalu, en appellent à la sagesse et à l'impartialité des tribunaux, doit-on les déclarer non recevables dans leur action? Une telle persévérance de leur part n'annonce-t-elle pas qu'ils sont convaincus de l'injustice du refus. L'art. 883 du Code de procédure, est d'ailleurs rédigé d'une manière générale et qui ne souffre aucune distinction : « Toutes « les fois que les délibérations du conseil de famille « ne seront pas unanimes..., les membres de l'assem- « blée pourront se pourvoir contre la délibération. » Ainsi, toutes les fois que le conseil de famille délibère, et que les avis ne sont point unanimes, il est permis d'en référer aux tribunaux? L'art. 160 n'établit aucune exception à ce principe général? De quel droit distin- guez-vous là où la loi ne distingue pas! et n'y a-t-il pas véritable absurdité à faire exception à l'art. 883, pour un objet aussi important que le mariage? Plus les intérêts qui sont agités devant le conseil de famille sont graves, plus il est nécessaire de ne pas donner à la délibération le caractère de l'irrévocabilité?

N° 427. A ces raisons péremptoires tirées de l'ar- ticle 883, que répond M. Durantòn : « Cet article, « dit-il (2), n'est point applicable à la délibération « qui est prise d'une manière régulière relativement

(1) Toullier, n. 547, tom. I, pag. 460.
(2) Tom. II, pag. 86, n. 101. Delvincourt, pag. 59, n. 9.

274

« au mariage du mineur, qu'elle ait pour résultat de
« l'approuver ou de l'empêcher, la loi exige le con-
« sentement du conseil de famille, et non pas une
« décision des tribunaux. » Cette manière de raisonner
n'est pas concluante, sans doute, c'est le consentement du conseil de famille que l'art. 160 requiert ;
mais ce consentement est le résultat d'une délibération, et on peut appeler du résultat de cette délibération comme de ceux de toute autre délibération du
conseil de famille. L'argument de l'auteur que nous com-
battons ne touche pas le véritable point de la difficulté.

N° 428. Quant à cette objection, que les motifs du
conseil de famille seraient peu honorables pour l'autre
partie, cet inconvénient, à supposer qu'il existe, peut
être facilement évité. Le tribunal ordonnera alors,
que les plaidoiries se feront à huis-clos, usant, en
cela, de la faculté qui lui est accordée par l'art. 85 du
Code de procédure civile ; et pour le prononcé du
jugement, on pourrait, à la rigueur, appliquer, par
analogie, les art. 356 et 357 du Code civil et déclarer
simplement : *La délibération du conseil de famille
est ou n'est pas maintenue* (1).

N° 429. Lorsque le fils aura atteint l'âge de vingt-
un ans accomplis, il sera libre de contracter mariage
sans consentement étranger, tandis que si les ascendants existaient encore, il ne jouirait de cette faculté
qu'à vingt-cinq ans. Cette conséquence peut choquer,
au premier coup d'œil, mais il est aisé de la justifier :
l'enfant, quel que soit son sexe, est majeur à vingt-un
ans, et capable de faire, lui seul, tous les actes de la
vie civile ; mais lorsque son père et sa mère, ses aïeuls
et ses aïeules existent, il est naturel qu'il les consulte
au sujet de l'acte le plus important, et qui influe le
plus sur la destinée de l'individu. Nos législateurs ont
pensé qu'à tout âge les enfants doivent, au moins

(1) Il nous paraît cependant difficile que l'on puisse étendre à ce cas
les dispositions exceptionnelles des articles 356 et 357. Du reste, cela
ne nous fait pas changer d'opinion.

pour leur mariage, requérir le conseil de leurs parents, et même ils ont jugé convenable de ne permettre au fils de famille de se marier malgré le refus de ceux-ci, que lorsqu'il aurait atteint l'âge de vingt-cinq ans, par la raison que son mariage peut être retardé sans inconvénients. Les mêmes motifs ont donc présidé, soit à la prorogation de l'époque de la majorité des hommes, relativement au mariage, soit à la nécessité d'actes respectueux; mais ces dispositions n'ont été établies que par rapport aux ascendants, et lorsque ces derniers n'existent plus ou ne peuvent manifester leur volonté, on est revenu au droit commun.

N° 430. Des considérations morales viennent encore se joindre aux raisons déjà alléguées. L'enfant qui a perdu son père et sa mère, et qui a été de bonne heure abandonné aux soins d'un tuteur, acquiert plus vite l'expérience du monde : quand elle se sent isolée sur la terre, et n'ayant rien à attendre que de sa propre énergie, l'ame prend une trempe plus ferme en se repliant sur elle-même; cette concentration fait sa force, et l'épreuve du malheur et de l'abandon, l'épure et la vivifie. Tant que l'on a autour de soi des parents tendres et attentifs, on se repose sur eux du soin de sa propre conduite, et de la gestion de ses affaires; et ce n'est que plus tard que la raison acquiert ce développement, cette fermeté nécessaire, pour ne point jouer sur la scène du monde le rôle de dupe.

❈

Consentement du roi au mariage des princes du sang, et consentement nécessaire pour le mariage des officiers et sous-officiers, dans les armées.

N° 431. *Consentement du roi au mariage des seigneurs et Grands du royaume avec des étrangers.—Déclaration de 1583.*
432. *Cette nécessité tomba peu à peu en desuétude.*

❋

Nº 431. Par la déclaration de l'assemblée des notables, convoquée à Saint-Germain-en-Laye , par Henri III, l'an 1583, nul seigneur, grand du royaume, ne pouvait se marier avec des étrangers sans obtenir le consentement du roi, sous peine d'être privé de ses états, titres, dignités et seigneuries (art. 21) (1). A cette époque, la féodalité était encore puissante, et le mariage d'un seigneur français, avec la fille d'un seigneur étranger, pouvait avoir les plus graves conséquences.

Les mêmes raisons politiques s'opposaient aussi au mariage de la fille d'un seigneur français avec un seigneur étranger. Permettre de telles unions c'eût été laisser s'établir dans le sein de la France, une puissance ennemie qui, par une rapide extension, aurait pu inspirer de sérieuses craintes à la nationalité française.

Nº 432. Quand la révolution de 1789 eut achevé de détruire l'édifice féodal et de ruiner le crédit des Grands, cette prohibition contenue dans la déclaration de 1583, s'évanouit avec les causes qui lui avaient

____

(1) *Recueil des Ordonnances concernant le Mariage*, pag. 35 de l'édition de 1660.

donné naissance, et, nous voyons, d'après un plaidoyer de Daguesseau, qu'elle était, depuis longtemps, tombée en désuétude.

N°. 433. Le consentement du roi au mariage des princes du sang, est de droit constant et perpétuel. Un Capitulaire de Louis-le-Débonnaire, est dans notre législation, le premier monument qui atteste cette nécessité (1); c'est l'art. 13 de l'acte de division du royaume, entre Lothaire, Pépin et Louis : « *Volumus* « *etiam ut si ablicui illorum, post decessum nos-* « *trum tempus nubendi venerit, ut cum consilio et* « *consensu senioris fratris uxorem ducat. Illud* « *tamen..., cavendum decernimus ut de exteris* « *gentibus nullus illorum uxorem accipere pre-* « *sumat.* »Plusieurs exemples de nullité des mariages de princes, faits sans l'autorisation du roi se présentent dans l'histoire. C'est ainsi que Charles-le-Chauve fit annuler le mariage de Baudoin et de sa fille Judith, contracté sans son propre consentement ; et Hincmar nous apprend que c'est de sa qualité de roi, que Charles-le-Chauve excipa pour faire rompre le mariage : *Quia in hominem regem et leges sœculi, peccatum est.* Louis-le-Bègue, autre fils de Charles-le-Chauve, vit aussi son mariage annulé ponr le même motif, et ses deux fils Louis et Carloman, déclarés illégitimes.

N° 434. On peut encore citer un exemple célèbre, celui du mariage de Gaston d'Orléans, frère de Louis XIII, avec Marguerite de Lorraine. Il fut annulé par un arrêt du parlement, du 5 septembre 1634, et cette décision fut approuvée par une délibération du clergé de France, le 7 juillet 1635.

N° 435. Napoléon, par un sénatus-consulte du 28 floréal an XII, renouvela l'ancienne prohibition du mariage des princes ou princesses, sans l'autorisation préalable du monarque (art. 12); mais il ne pronon-

______

(1) An 815.

çait pas la nullité du mariage, il se bornait, à l'exemple de la déclaration de 1583, à priver les contrevenants de tout droit à l'hérédité, privation qui s'étendait aussi aux descendants. Le statut impérial du 30 mars 1806, prononça la nullité. (Art. 4). « Le mariage des « princes et princesses de la maison impériale, à « quelque âge qu'ils soient parvenus, sera nul et de « nul effet, de plein droit et sans qu'il soit besoin de « jugement, toutes les fois qu'il aura été contracté « sans le consentement formel de l'Empereur. »

Nº 436. Le Code civil n'ayant point abrogé ces dispositions, elles sont encore en pleine vigueur, et le défaut de consentement du roi au mariage des princes et des princesses, serait une cause de nullité.

Nº 437. On ne peut pas argumenter du silence du Code, pour prétendre que la prohibition dont il s'agit ait été abrogée; il n'appartient pas au Code de régler les effets de la puissance royale, et ce n'est point par le silence du Code qu'une loi antérieure, qu'un usage constant est abrogé. On peut se servir ici des mêmes raisonnements que nous avons employés pour établir que la prohibition du mariage des prêtres n'a point été abrogée par notre Code.

Nº 438. La défense faite aux princes de se marier avant d'avoir obtenu l'autorisation du roi, est conforme au droit canonique; les théologiens se fondent sur deux passages de la Genèse (1). Lorsque Charles-le-Chauve annula le mariage de sa fille Judith, le pape Nicolas reconnut son droit, et n'usa point contre lui

______

(1) « Isaac donc appela Jacob et le bénit, et lui commanda en disant : Tu ne prendras point de femme d'entre les filles de Ch an. » (*Genèse*, chap. XXVIII, v. 1.) Et monseigneur Abraham m'a fait jurer en disant : « Tu ne prendras point de femme pour mon fils, d'entre « les filles des Chananéens, au pays desquels je demeure. » (*Genèse*, chap. XXIV, v. 37.) Ce fut, dit-on, comme princes et non comme pères qu'Abraham et Isaac firent cette recommandation à leurs fils; car il n'y avait point de loi de Dieu qui défendît le mariage du peuple d'Israël avec les Chananéens; ce sont des raisons politiques qui décidèrent Abraham et Isaac.

de censures ecclésiastiques (1). Mais il employa les prières : *Non jussa misimus, sed preces obtulimus* (2), et le pape Jean VIII ne voulut jamais approuver le premier mariage de Louis-le-Bègue, contracté sans le consentement du roi, ni déclarer ses deux fils légitimes. Urbain VIII, il est vrai, refusa de déclarer nul le mariage de Gaston d'Orléans; mais il est assez raisonnable de présumer, que son refus était fondé sur des motifs de haines particulières contre le cardinal de Richelieu. Quoi qu'il en soit, l'assemblée solennelle du clergé de France, à qui la question fut soumise, se prononça pour la nullité du mariage, ainsi qu'on l'a lu plus haut.

N° 439. D'anciennes ordonnances soumettaient les soldats en activité de service à obtenir, pour leur mariage, la permission du roi (3); la loi du 8 mars 1793 les avait abrogées, mais le décret du 16 juin 1808 les a remises en vigueur. Voici ce que porte ce décret : « Les officiers, de tout genre, en activité de ser- « vice, ne pourront, à l'avenir, se marier sans obtenir « la permission du ministre de la guerre, et les sous- « officiers et soldats devront obtenir la permission du « conseil d'administration de leur corps. » On voit par le silence de ce décret, relativement à la nullité des mariages contractés sans l'accomplissement des formalités prescrites, que lesdits mariages ne seraient point nuls; la sanction de la loi est dans la destitution de l'officier de l'état-civil, qui, sciemment, aura marié un officier, sous-officier ou soldat, sans s'être fait remettre les permissions requises, ou même pour la simple omission de la jonction des pièces à l'acte de

---

(1) On ne peut pas dire que le pape Nicolas ait pris en considération la qualité de père de Charles-le-Chauve, car le défaut de consentement des parents ne formait point alors, en droit canonique, un empêchement dirimant.

(2) Lettre 21.

(3) Ordonnances du 15 décembre 1681, du 6 avril 1686, du 13 septembre 1713, du 24 mai 1728, du 29 janvier 1764, du 1er juillet 1788.

mariage. D'un autre côté, l'officier qui se marie sans permission, est destitué de ses fonctions, et perd tout droit, tant pour lui que pour sa veuve et ses enfants, à toute pension ou récompense militaire.

Nº 440. Ces dispositions furent étendues aux officiers de marine et aspirants, etc., etc. (1), et aux intendants et sous-intendants militaires, commissaires-ordonnateurs et ordinaires des guerres, aux officiers de santé militaires, etc. (2); aux officiers de réforme qui, d'un moment à l'autre, peuvent être mis en activité (3).

❋

ARTICLE 161.

En ligne directe, le mariage est prohibé entre tous les ascendants et descendants légitimes ou naturels et les alliés, dans la même ligne.

COMMENTAIRE.

Nº 441. *La défense du mariage entre ascendants et descendants en ligne directe est de droit naturel secondaire.*
442. *Est-elle de droit naturel primitif?—Première opinion.*
443. *Horreur naturelle de l'inceste.*
444. *Différence des âges.—Confusion des pouvoirs.*
445. *L'inceste du père et de la fille est moins contraire au droit naturel que l'inceste de la mère et du fils.—Trois raisons de ce fait.*
446. *La prohibition est étendue même à la parenté naturelle.*
447. *Faut-il nécessairement une reconnaissance légale, dans les formes de l'art. 334?—Raisons pour décider l'affirmative.*

(1) Décret du 3 août 1808.
(2) Décret du 28 août 1808.
(3) Avis du Conseil d'Etat, du 21 décembre 1808.

✳

Nᵒ 441. La défense du mariage entre parents en ligne directe, se trouve dans toutes les législations, et tous les peuples, d'un concert unanime, proscrivent ces unions où le sang remonte, en quelque sorte, à sa source, et considèrent avec horreur l'inceste de l'enfant et des auteurs de ses jours. Cela n'est pas douteux en droit naturel secondaire, c'est-à-dire, dans ce droit qui dérive de l'accord et de l'identité des législations; mais, en serait-il de même, si, par la pensée, nous nous transportions à l'époque où il n'y avait encore ni société, ni institutions, ni lois positives.

N° 442. Les philosophes qui ont voulu ne voir qu'une différence du plus au moins, entre l'homme et la bête, ont nié que la défense du mariage du père et de la fille, du fils et de la mère, tirât son origine du droit naturel primitif. Ils ont trouvé cette origine dans la nécessité de conserver les mœurs pures et intactes dans le sanctuaire de la famille.

N° 443. Il n'en est point ainsi; l'horreur de l'inceste, de l'enfant avec son père et sa mère, est fondée sur un sentiment spontané et instinctif, dont il est difficile de se rendre un compte exact, mais auquel il nous est impossible de nous soustraire; l'exemple de ceux qui ont violé cette loi constitutive de leur nature, et qui, sciemment et à dessein, se sont livrés à ces commerces incestueux ne prouve rien ici contre notre opinion; de même qu'on ne peut pas conclure de l'existence de quelques meurtriers, que l'assassinat ne soit point naturellement défendu.

N° 444. Et même en faisant abstraction de cette révélation intime de Dieu à l'homme, de cette intervention continuelle de la Providence dans le monde moral, de ces principes impersonnels et immuables, qui sont le fond de la nature humaine, et en ne considérant que l'ordre même des choses, on arrive à reconnaître, que la défense de se marier entre ascendants et descendants est, dans la force du mot, comtemporaine de l'humanité. Ces alliances monstrueuses sont le bouleversement de toutes les lois de la nature. Quand l'un des conjoints est dans la vigueur de l'âge, l'autre est encore incapable; et quand vient le tour de ce dernier, le premier est déjà vieux et décrépit. Si nous prenons l'hypothèse du mariage du fils avec la mère, la puissance maritale réside dans la personne du fils, et l'autorité paternelle dans celle de la mère : cahos et confusion !

N° 445. Dans ce dernier sens, il faut remarquer que le mariage du père et de la fille est moins contraire au droit naturel que celui du fils et de la mère : le père ayant l'autorité comme père, l'aura, de plus, comme mari; il n'y a plus opposition et contrariété de deux pouvoirs. Enfin, l'homme est capable d'engendrer jusqu'à un âge avancé, et, d'un autre côté, la femme conserve peu de temps cette faculté; l'union du père et de la fille n'est donc pas tout-à-fait contraire aux fins du mariage. Joignez à cela, que dans le fait même de la conception et de la naissance de l'enfant, le père n'a qu'une influence passagère, qu'une intervention instantanée; les rapports de la mère avec son enfant sont plus intimes et plus longs, et par là même, son union avec cet enfant est plus criminelle (1).

N° 446. L'art. 161 du Code civil n'a donc fait que consacrer des principes déjà universellement reçus. Le mariage est interdit d'une manière absolue, entre tous les ascendants et les descendants légitimes ou naturels. On a étendu la prohibition à la parenté naturelle, parce que, dans le cas dont il s'agit, c'est le fait plutôt que le droit qui doit être examiné, et les mêmes raisons se représentent pour défendre le mariage entre ascendants et descendants naturels; et l'horreur universelle de l'inceste, et la différence d'âges et la confusion des pouvoirs.

N° 447. Mais, comment, dans l'application de l'article 161, cette parenté naturelle se constatera-t-elle? Faudra-t-il décider que le mariage ne sera défendu qu'au père naturel qui aura reconnu légalement son enfant, suivant les formes de l'art. 334? Oui, dit-on, l'art. 161, en ne posant pas de règles spéciales pour établir les rapports de parenté et de filiation, renvoie au droit commun, aux règles générales de cette matière; on ne peut donner une solution contraire sans éluder l'esprit de la loi, qui est de ne reconnaître de parenté naturelle, qu'autant qu'elle est prouvée par un acte authentique.

(1) Nous ne voulons pas dire pour cela que le mariage du père et de la fille ne soit point contraire au droit naturel. (Voyez n. 443).

N° 448. Ces motifs n'ébranlent point notre conviction; on a vu, n. 402, quelles ont été les raisons qui ont fait proscrire par les législateurs la preuve de la filiation naturelle par acte sous seing-privé; ils ont voulu qu'on ne pût pas, sur la foi d'un pareil acte, nuire au repos des familles, et dépouiller les héritiers de la loi. L'acte sous seing-privé est insuffisant pour donner à l'enfant le droit de réclamer une part dans la succession de son père ou une pension alimentaire.

Ainsi, la filiation naturelle non établie par acte authentique ne produit aucun effet civil; mais les rapports nécessaires qui existent entre le père et son enfant ne sauraient être détruits par la loi positive : *Ratio civilis naturalia jura corrumpere non potest* (loi 8, *ff. De Capit. minut.*), et la prohibition de l'art. 161, tirant son origine de la loi naturelle et divine, c'est la parenté purement naturelle qui doit servir de guide dans l'application de cet article.

N° 449. La même solution a lieu dans le cas où un enfant adultérin ou incestueux, a été reconnu par un acte que la loi annule (art. 335); le père ne pourrait épouser cet enfant. Il n'y a point de filiation adultérine aux yeux de la loi civile; mais, encore une fois, on doit faire abstraction des lois positives, et ne considérer que les rapports de la nature, puisqu'il est question d'appliquer un principe de droit naturel.

N° 450. On pourrait trouver plus de difficultés à se décider, dans l'hypothèse où l'enfant naturel, adultérin, incestueux, n'aurait point été reconnu par le père. Pourrait-on former opposition au mariage, en présentant des preuves écrites émanées d'actes privés, v. g., une lettre du père, dans laquelle il donnerait à la personne qu'il se propose maintenant d'épouser, la qualité d'enfant naturel. Cet acte privé, quoique n'ayant aucun effet pour constater la parenté, s'il s'agissait de réclamer l'état-civil et les droits de succession, est suffisant pour établir le fait qui est un obstacle au mariage. Il serait d'ailleurs contraire à la morale et à l'honnêteté publique, qu'il fût permis de se marier avec la personne pour laquelle, à tort ou à raison, on a pu concevoir les sentiments d'un père.

N° 451. Cependant, nous serions assez disposés à penser que l'on ne pourrait pas admettre la preuve testimoniale, à cause de son incertitude, ni la preuve par commune renommée. Dans le doute, on ne devra pas supposer le crime, et il sera naturel de croire à l'attestation des conjoints qui, à moins qu'ils ne soient tout-à-fait pervertis, craindraient, sans doute, de se *souiller* d'un inceste.

N° 452. Les alliés en ligne directe ne peuvent pas non plus contracter mariage ensemble ; cette défense dérive, sous quelques rapports, du droit naturel. Le mariage, en droit naturel, non point tel que l'a fait la civilisation moderne, était moins fondé sur la fortune et sur la naissance, que sur le caractère, l'âge, et la force des contractants. Rarement devait-on voir des unions disproportionnées. De cette égalité d'âges(1) entre les époux, on peut conclure qu'il y avait aussi égalité d'âges entre les parents de l'un et de l'autre, et, par rapport à la propagation de l'espèce, les mêmes raisons militaient contre le mariage d'un des époux avec les parents de l'autre époux, que contre le mariage de l'enfant et du père ou de la mère. A l'origine des sociétés, lorsque le défaut de lois rendait nécessaire le despotisme domestique du père, chef de la famille, l'autorité de celui-ci s'étendait à tous ceux qui venaient augmenter le nombre des membres de sa famille, à la femme de son fils, par exemple, et il eût été dangereux de donner au père l'espérance de se marier un jour avec sa belle-fille.

N° 453. En droit positif, il y a bien d'autres motifs : le beau-père et la belle-mère sont assimilés au père

______

(1) Il faut tenir compte néanmoins de la différence des sexes ; l'égalité n'était que relative.

et à la mère, et il ne faut point que des personnes qui ont entr'elles les noms de père et de fille, de mère et de fils ; puissent , en aucun cas , s'appeler époux.

N° 454. Mais, soit en droit positif, soit en droit naturel, le mariage de la belle-mère et du gendre, est moins contraire au bon ordre de la famille, que celui du beau-père et de la belle-fille, dans les pays où il est d'usage que la femme aille habiter avec son époux : dans ceux où l'usage opposé prévaut, le mariage de la belle-mère et du gendre, serait le plus dangereux à la morale.

N° 455. Toutes les législations ont défendu le mariage des alliés en ligne directe.

N° 456. Le Code ne s'arrête point à l'alliance légitime, il embrasse aussi dans sa prohibition les alliés naturels en ligne directe. Ainsi, un père ne peut épouser la veuve de son fils naturel, ni le fils naturel la veuve de son père ; la mère naturelle ne peut point épouser le mari de sa fille, ni la fille le mari de sa mère.

N° 457. Mais une union criminelle ou un mariage qui serait annulé sans avoir d'effets civils, attendu la mauvaise foi des époux, produirait-il l'affinité, de telle sorte que le mariage fût interdit entre l'un des concubinaires et les parents de l'autre? Une fille peut-elle épouser celui qui a vécu en mauvais commerce avec sa mère ?

N° 458. En droit romain, le *concubinatus*, et même le *contubernium* des esclaves produisait l'affinité, du moins relativement au mariage, et l'affranchi ne pouvait se marier avec le descendant ou l'ascendant de l'esclave, avec qui il avait vécu (1) en commerce intime.

N° 459. L'Église reconnut aussi cette dernière

____

(1) L. 14, *ff. De ritu Nupt.* § 2 et 3, l. 4 *Cod. de Nupt: Liberi parentum suorum concubinas uxores ducere non possunt.*

espèce d'affinité par de nombreuses décisions (1), entr'autres par le célèbre concile de Trente (2); mais l'empêchement n'était dirimant que pour les deux premiers degrés canoniques, et pour les autres degrés on pouvait obtenir des dispenses; et si le mariage était contracté sans dispenses, il ne pouvait pas être annulé; l'empêchement était donc purement prohibitif.

N° 460. Dans le nouveau droit français, il n'est pas douteux, d'abord, que les dispositions du concile de Trente, adoptées en droit ancien, ne soient abrogées. Nous ne devons donc nous décider sur la question, que d'après le texte même du Code civil, et l'esprit général de la législation. Deux hypothèses se présentent, ou le concubinage est légalement établi, ou la preuve n'en résulte que de la notoriété publique.

N° 461. Il est évident qu'on ne doit pas admettre une opposition fondée sur un commerce criminel qui n'est point constaté, soit par un mariage nul et sans effets civils, soit par la reconnaissance d'un enfant naturel faite à la fois par son père et par sa mère. Il ne doit pas être permis de porter le trouble dans le sein d'une famille heureuse et tranquille, par des inquisitions scandaleuses et des preuves toujours plus ou moins incertaines, soit qu'elles dérivent d'écrits privés ou de la simple déposition de témoins. Sans parler du peu de confiance que doit inspirer le résultat de ces recherches, elles seraient fatales aux bonnes mœurs; c'est ce qui a été jugé par un arrêt de la Cour de Nîmes (3). Il s'agissait d'une opposition formée par un père au mariage de sa fille, sur ce motif, que son époux futur avait été l'amant de sa femme, et son opposition fut rejetée par la raison

____

(1) Septième canon du concile de Compiègne. Baluz, tom. I, pag. 181, Concile de Reims, conc. Labbe et Cossart, pag. 895; de Bordeaux, pag. 958.
(2) *Sessio* XXIV. *De reform. matrim.*, cap. IV.
(3) 3 Décembre 1811.

que le concubinage n'était pas légalement établi.

N° 462. Mais, si l'union illicite était constatée par un acte public et authentique, l'affinité qui en résulte serait-elle un empêchement au mariage en ligne directe? Ainsi, un homme et une femme ont reconnu un enfant; le père naturel de l'enfant pourra-t-il épouser la fille de sa concubine? La plupart des auteurs (1) permettent le mariage, parce que, disent-ils, l'affinité ne peut naître que d'une alliance légitime; ils argumentent (2) d'un texte de Pothier (3), dans lequel il est porté à croire que ce principe des lois romaines, *affinitatis causa ex nuptiis fit*, ne souffrait aucune exception, et que l'on ne peut pas tirer parti de la loi 4 au Code *De Nuptiis*, qui défend aux fils le mariage avec les concubines de leur père. Le concubinage, chez les Romains, ne peut point être confondu, avec ce qu'on appelle maintenant concubinage. Le concubinage, dans les usages de Rome, n'était autre chose qu'un mariage moins solennel, approuvé par les lois civiles et religieuses, et que l'Église chrétienne toléra longtemps. Mais le commerce criminel de deux individus, n'est point actuellement permis et reconnu par les lois, il ne saurait produire entre chacune des parties et les parents de l'autre aucune espèce d'alliance; l'affinité résultant du mariage est de pur droit civil et ne doit pas être étendue hors de son cas.

N° 463. Cet axiome *affinitatis causa ex nuptiis fit*, malgré ce qu'en a dit Pothier, nous paraît avoir eu, en droit romain, de nombreuses exceptions; nous avons précédemment cité des textes sur le *concubinatus* et le *contubernium* des esclaves. Nous pouvons ajouter à ces textes déjà suffisants, la loi 7 *ff. De Grad*

(1) Merlin, v° *Empêchement*, § 4, art. 3, n. 3. Duranton, tom. II, pag. 118, et la note, pag. 119 et suiv. Vazeille, tom. I, pag. 135 et 136, n. 108.

(2) Tels ne sont point les arguments directs et suivis de M. Duranton; mais, d'après sa note, à la page 18, nous présumons qu'ils sont dans sa pensée.

(3) *Traité du Contrat de Mariage*, n. 162.

et aff. de laquelle les commentateurs (1), ont conclu que les unions vagues et illicites qui produisaient des enfants appelés *vulgo concepti, spurii*, avaient quelques effets, quand il s'agissait de l'affinité : « *Pri-« vignus etiam is est, qui vulgò conceptus ex ea « natus est, quæ postea mihi nupsit* (2). » Enfin le *contubernium* des esclaves ne peut point être assimilé au *concubinat*, et néanmoins le jurisconsulte Paul dit formellement que l'affinité naît de ce commerce, « *œque nec matrem ejus, quam quis in servitute « uxorem habuit, quasi socrum uxorem ducere alicet* » et qu'elle est un empêchement au mariage. « *Certius est et modestius, hujus modi nuptiis « abstinere.* »

N° 464. Est-il certain, en droit français, que l'on ne doive pas admettre des exceptions au principe, que l'affinité ne provient que d'une alliance légitime, et l'honnêteté publique n'exige-t-elle point que l'on regarde comme empêchant le mariage, l'affinité qui dérive d'un commerce illicite ? Eh quoi ! la fille d'une concubine pourra épouser l'amant de sa mère, et tandis que par la reconnaissance légale de la mère, elle était sœur naturelle de l'enfant naturel, elle deviendra, par le mariage, belle-mère de son frère ou de sa sœur ; quoi de plus contraire à la raison et à la morale ? Comme l'ont très bien exprimé les jurisconsultes romains, pour la question des empêchements au mariage, il ne faut pas considérer seulement la loi civile et la parenté qui en découle ; c'est surtout la pudeur naturelle qu'il convient de prendre pour règle. « *In contrahendis matrimoniis naturale jus et pu-« dor inspiciendus est* (3).

N° 465. Le texte de la loi n'est pas d'ailleurs rebelle à l'interprétation que nous lui donnons, le lé-

---

(1) *Vinnius, in titulo De Nuptiis.* (Voy. aussi *Cujas*, sur la loi citée.
(2) Cette loi est, il est vrai, dans l'hypothèse du mariage du bâtard avec le conjoint de sa mère naturelle.
(3) L. 14 , *ff. De ritu Nuptiar.*

gislateur n'a pas défini ce qu'il entendait par alliance. Bien plus, on pourrait supposer qu'il a prétendu embrasser dans la même prohibition, et les alliés naturels et les alliés légitimes; de même qu'il y comprend, à la fois, les ascendants et les descendants légitimes et naturels (1); c'est le système qui paraît avoir été adopté par la Cour royale de Nîmes, dans son arrêt, déjà cité, du 3 décembre 1811. « Considérant que, « l'art. 161 du Code civil, qui prohibe le mariage « entre les ascendants et les descendants légitimes ou « naturels, doit être entendu, tant à l'égard des « ascendants et descendants et alliés naturels, qu'à « l'égard des légitimes, d'une affinité ou d'une « parenté déjà constante et légalement établie, à « l'époque où l'empêchement est opposé, genre de « preuve qui n'existe point dans l'espèce de la cause. » Cet arrêt a donc implicitement consacré l'interprétation que nous donnons à l'art. 161 ; il reconnaît que l'alliance ou affinité naturelle est un empêchement au mariage, aussi bien que l'alliance légitime qui est produite par le mariage; seulement, il veut que cette affinité soit légalement établie. Ces mots ont jeté M. Duranton dans une grave erreur : cet estimable jurisconsulte, se fondant sur cet arrêt, pense que l'affinité ne peut être établie que par le mariage; l'arrêt de la Cour de Nîmes, entendu dans ce sens, serait absurde et inconséquent dans ses motifs; car, si l'affinité ne peut être prouvée que par le mariage, à quoi bon se servir, dans la question présente, de cette expression *alliés naturels* (2)? L'alliance (3) est établie légalement lorsqu'un enfant naturel a été reconnu par un homme et par une femme, dans les formes prescrites par l'art. 334, ou bien lorsqu'une condamnation

(1) Delvincourt, tom. I, pag. 66, n. 9.

(2) Il est évident, d'après l'ordre des idées, qu'il ne s'agit point ici de l'alliance naturelle, telle que dans notre n° 456.

(3) Il s'agit de l'alliance seulement dans ses effets relativement au mariage; dans tous les autres cas, un commerce illicite ne saurait établir aucune affinité.

d'adultère a été prononcée, ou lorsqu'un mariage a été annulé, même quant aux effets civils.

N° 466. M. Duranton comprend tellement la moralité de notre opinion, qu'il se décide, pour un des cas exposés, de la même manière que nous; c'est lorsque le mariage de deux individus a été annulé pour une cause quelconque : « Il pourrait être interdit à l'un « d'eux, dit cet auteur, d'épouser l'enfant de l'autre? » Il en donne pour motif l'honnêteté publique; mais les bonnes mœurs ne sont-elles pas également blessées, dans la circonstance que nous avons présentée plus haut? La décision doit être la même dans tous les cas; il suffit que l'affinité soit fondée sur des preuves légales (1).

N° 467. L'affinité ne peut prendre naissance d'un mariage qui n'a été qu'en projet, et n'a point été célébré selon les lois. Ainsi, un père pourrait épouser la fiancée de son fils, et réciproquement le fils peut épouser la fiancée du père. Jusqu'à ce que le mariage soit consommé par la célébration légale, il n'y a qu'une promesse qui ne lie point les parties, et dont il leur est permis de s'affranchir, sans payer même le dédit stipulé en cas d'inexécution. Il n'en était point ainsi sous la législation romaine, le père ne pouvait épouser la fiancée de son fils, quoique, cependant, la clause pénale attachée à l'inexécution des fiançailles fût nulle et de nul effet (2).

N° 468. L'alliance n'est établie qu'entre chaque époux et les parents de l'autre époux, ainsi les parents de deux époux ne sont point alliés entre eux. Un père peut donc épouser la belle-mère de son fils; un fils peut épouser la belle-fille de son père; deux sœurs peuvent être mariées l'une au père, l'autre au fils, et toutes les deux aux deux frères.

(1) Quelle que soit notre conviction à cet égard, nous sommes d'avis qu'il serait bien plus convenable qu'une loi interprétative vint adopter notre solution.

(2) *Pœnæ metus auffert libertatem eligendi matrimonii*, *loc. cit.* (Voyez l. 6, ff. § 1, l. 8, *De Grad. et Aff.*, l. 12, ff., § 1 et 2. *De ritu Nuptiar.*

N° 469. L'affinité subsiste-t-elle même après la dissolution du mariage, et dans le cas où il n'y a pas d'enfants, de telle sorte, qu'un gendre ne puisse épouser sa belle-mère ni un beau-frère sa belle-sœur ? L'art. 206 sert d'argument dans un sens; lorsqu'il s'agit de la dette alimentaire l'affinité est détruite par la dissolution du mariage, s'il n'y a point d'enfants de ce mariage; mais il est plus conforme à la morale et aux vrais principes du droit, de défendre perpétuellement le mariage entre les alliés au degré prohibé. Il est évident que l'art. 206 règle un cas tout-à-fait exceptionnel et qui n'est pas susceptible d'extension.

ARTICLE 162.

En ligne collatérale, le mariage est prohibé entre le frère et la sœur légitimes ou naturels, et les alliés au même degré,

COMMENTAIRE.

Nº 470. La défense du mariage du frère et de la sœur n'est point de droit naturel primitif, tout au plus est-elle de droit naturel secondaire? Aussi voyons-nous plusieurs peuples le permettre et même l'encourager (1) ; et s'il faut en croire les traditions bibliques, qui ne sont autre chose que les traditions du genre humain, dans les premiers temps de l'humanité, ces mariages étaient fréquents (2).

Nº 471. La principale raison de cette défense est dans la crainte, que l'espérance du mariage entre deux individus destinés à vivre sous le même toit, ne donne lieu à de graves désordres et à de criminelles pensées. Or, ces raisons ne se présentaient pas dans toute leur force à l'origine des sociétés humaines, lorsque les mœurs étaient encore innocentes, avant que le souffle corrupteur de la civilisation en eût terni la pureté.

Mais, lorsque les sociétés humaines sont arrivées à un certain degré de développement, les mœurs tendent à se relâcher de plus en plus, et les lois doivent réprimer cette tendance. Presque tous les législateurs ont senti la nécessité de défendre le mariage du frère et de la sœur, à cause de l'intimité de leurs relations et de la facilité qu'ils auraient eue dans leurs passions. Ce n'est pas que le mariage soit une mauvaise chose en soi, mais il n'eût été, le plus souvent, entre le frère et la sœur, que la légitimation de liens déjà formés dans l'ombre, et en supposant plusieurs frères pour une seule sœur, que de rivalités! Plusieurs sœurs pour un seul frère, que de basses jalousies, de semences de haine et de désordres.

___

(1) Les Perses et les Egyptiens.

(2) Quelques théologiens ont soutenu que cet exemple ne prouvait rien, que la prohibition du mariage du frère et de la sœur est de droit naturel, et que c'est par nécessité qu'il a été permis dans l'origine. Ce raisonnement est absurde ; si les alliances dont il s'agit eussent été criminelles, Dieu n'eût-il pas créé deux familles. (Nous avons vu, depuis la rédaction de cette note, que Puffendorf partage notre avis en se fondant sur les mêmes motifs.)

N° 472. L'intérêt bien entendu d'une sage politique commande aussi cette prohibition; la tolérance du mariage des frères et des sœurs aurait pour effet l'isolement des familles, ce qui est directement contraire au système d'un état bien réglé, qui consiste dans l'union et l'alliance des familles entre elles. Imaginez-vous que, par un rare et singulier hasard, une famille ait pu se suffire à elle-même, et ne contracter aucune alliance avec des étrangers; on ne peut rien concevoir de plus pernicieux au bien général; ce serait, en quelque sorte. un état dans l'état. Cette fiction a son côté vrai, il est utile que les intérêts se confondent, que l'individualité s'étende de plus en plus et agrandisse sa sphère d'égoïsme; la politique comme la morale réclame donc impérieusement que le frère ne puisse s'unir à sa sœur.

N° 473. Le droit romain et le droit canonique, sont aussi d'accord sur ce point et proscrivent ces mariages.

N° 474. Mais, longtemps, à Rome, le mariage entre beaux-frères et belles-sœurs fut permis, et la prohibition des mariages entre alliés n'eut lieu qu'en ligne directe (1). Dans la suite, on prohiba, en termes explicites et formels, les unions entre alliés au second degré : *Fratris uxorem ducendi, vel duabus sororibus conjungendi penitus licentiam summovemus* (2).

N° 475. La loi du 10 septembre 1792, permit le mariage du beau-frère et de la belle-sœur, et, lors de la rédaction du Code civil, quelques membres du conseil d'état, et la commission de législation elle-même furent d'avis de ne point interdire le mariage, ni aux beaux-frères et aux belles-sœurs, ni à l'oncle et à la nièce, ni au neveu et à la tante. Cette opinion ne prévalut pas, et, par l'art. 162, le Code décide que l'alliance empêche le mariage, même au second degré.

(1) Loi 17. *Cod. De Nuptiis.*
(2) L. 5, *Cod. De injustis Nupt.*

Nº 476. Il est indifférent que la parenté d'où vient l'alliance soit naturelle simple, adultérine ou incestueuse : *Ubi lex non distinguit nec nos distinguere debemus.*

Nº 477. La reconnaissance légale de l'enfant naturel, empêchera le mariage de celui-ci avec la fille légitime ou naturelle de son père.

Nº 478. La reconnaissance par acte sous seing-privé aurait-elle le même effet? On dit pour la négative que la défense du mariage entre le frère et la sœur est de pur droit civil (1), qu'il n'y a ici à considérer que la seule parenté civile.

Nº 479. Il résulte clairement des dispositions de l'art. 162 du Code, que nos législateurs ont considéré le mariage du frère et de la sœur comme contraire au droit naturel, et la presque universalité des institutions des différents peuples, ont été, à leurs yeux, le *criterium* infaillible de cette opposition au droit naturel. En partant de ces principes, et en suivant, ainsi que faire se doit, l'esprit de la loi, il

(1) On ne nous pardonnera pas de soutenir que la prohibition de l'union du frère et de la sœur est de droit positif, nous avons dû néanmoins dire notre pensée tout entière, fort de notre conscience et de notre amour pour la vérité ; la séduction et les désordres entre les membres d'une même famille sont plus criminels, sans doute, que lors qu'ils ont lieu entre étrangers, parce que les premiers ont plus d'influence pour corrompre les mœurs. Mais le mariage du frère et de la sœur n'est point défendu par le droit naturel (et ici, par droit naturel, nous n'entendons pas ce droit résultant de notre organisation physique et qui nous est commun avec les animaux ; nous entendons par là la collection de ces principes éternellement vrais et indépendants de l'homme dont ils régissent la pensée et les actions) ; il n'y a pas les mêmes motifs de décider que pour le mariage des parents et de leurs enfants. Ces derniers mariages sont directement opposés au vœu de la nature, et sont le bouleversement de toutes les lois. Dans l'union des frères et sœurs, les âges ne sont point nécessairement inégaux, et le frère protecteur-né de sa sœur, exercerait sur cette même sœur, devenue sa femme, l'autorité qui lui appartenait déjà à un autre titre. L'horreur de l'inceste des parents et des enfants est bien plus grande que celle de l'inceste du frère et de la sœur, quoique celui-ci soit, pour le moins, tout aussi funeste aux bonnes mœurs. Les liaisons criminelles du frère et de la sœur sont peut-être même plus fréquentes qu'on ne le pense généralement. La facilité de leurs relations et l'absence des soupçons en sont les principales causes.

faut appliquer à l'art. 162 du Code, les solutions des n. 448, 449 et 450.

N° 480. Il en serait de même des n. 464, 465 et suiv. (Bruxelles, 1er août 1808). Il a été jugé par cet arrêt, que l'alliance n'est point entièrement effacée par l'annulation du mariage, et que, malgré cette nullité prononcée par le jugement, les liens d'affinité subsistent entre le mari prétendu et la sœur de la prétendue épouse.

N° 481. M. Duranton pose la question suivante : « Une fille naturelle, non reconnue, épouse Paul qui, « âgé de plus de vingt-cinq ans, s'est marié sans le « consentement de son père, et après lui avoir fait « signifier les actes respectueux requis ; le père recon- « naît ensuite comme sa fille naturelle celle qui est « maintenant sa bru, le mariage doit-il être annulé? »

Nous pensons qu'en principe le mariage serait nul ; mais toute personne intéressée à ce que le mariage soit déclaré valable, pourrait critiquer la reconnais-sance comme frauduleuse. (Voyez cependant M. Du-ranton, tom. II, p. 127.)

N° 482. Si un frère épouse sciemment sa sœur na-turelle, et qu'ensuite la reconnaissance du père vienne à être annulée pour fraude, et parce qu'on a fourni en justice des preuves irrécusables qui établissent qu'il n'a pu en être le père, la nullité de là reconnais-sance qui ne subsiste pas même comme fait, profitera aux époux, malgré leur mauvaise foi, et ici la force même des choses a plus d'effets que n'en aurait eu la bonne foi des parties.

ARTICLE 163.

Le mariage est encore prohibé entre l'oncle et la nièce, la tante et le neveu.

COMMENTAIRE.

N° 483. *Droit naturel.*
484. *Pourquoi le mariage de l'oncle et de la nièce, de la tante et du neveu, est-il plus contraire au droit naturel que celui des frères et des sœurs?*
485. *Ici se présentent les mêmes raisons que contre le mariage des descendants et des ascendants.*
486. *Autorité de l'oncle et de la tante assimilée à la puissance paternelle.*
487. *Cette idée a son origine dans les rapports primitifs de la famille.—Pourquoi cette raison n'a-t-elle plus autant de force dans les temps modernes?*
488. *Différence entre le mariage de l'oncle et de la nièce du neveu et de la tante.*
489. *Dispositions du Code.—Les tantes et les oncles naturels ne sont pas compris dans la prohibition ;*
490. *Ni les alliés au même degré.—Comparaison des articles 161 et 162, avec l'art. 163.*
491. *Droit romain.*
492. *La solution du droit romain, relativement au mariage des grands oncles et des grandes tantes, doit être appliquée dans notre Code.—Décret du 7 mai 1808.*

N° 483. La défense du mariage de l'oncle et de la nièce, de la tante et du neveu, tient plus étroitement au droit naturel que celle du mariage des frères et des sœurs.

N° 484. Dans les premiers temps du monde, les individus d'une même famille vivaient sous le même toit; à la mort du chef, le frère le plus proche du défunt par son âge, succédait à son droit de souveraineté et de direction, et si le mariage entre frères et sœurs et entre cousins-germains a dû être le plus fréquent, le plus commun par la difficulté de trouver ailleurs de bons partis, à cause de la haine et de la division de la plupart des familles entre elles, et de ces idées de mésalliance résultat inévitable de la distinction générale et primitive des sexes (1); il n'en a point été ainsi du mariage du neveu avec la tante ou de la mère avec l'oncle.

N° 485. Les raisons qui nous ont conduit à regarder comme tirant son origine du droit naturel, la défense du mariage du père et de la fille, de la mère et du fils se présentent ici, mais à un moindre degré d'évidence et de nécessité; on comprend que nous voulons parler de la différence des âges et de la confusion des pouvoirs.

N° 486. Quant à l'autorité des oncles et des tantes sur leurs neveux et sur leurs nièces, presque tous les peuples l'ont assimilée à la puissance paternelle.

N° 487. Cette idée, qui se retrouve dans beaucoup de législations, tient aux rapports primitifs de la famille, et ne subsiste plus dans toute sa force depuis l'établissement des sociétés. La concentration des intérêts privés et leur tendance vers un intérêt général, ont rompu l'unité de la famille, et il n'y a plus la même union entre les membres de degrés éloignés.

N° 488. Sous les deux points de vue que nous avons analysés, le mariage de l'oncle et de la nièce est plus conforme au droit naturel que celui de la tante et du neveu. Cela, je pense, n'a pas besoin d'explication.

N° 489. Le mariage entre parents au troisième degré de la ligne collatérale est prohibé par nos lois, et, par conséquent, ces unions sont réputées incestueuses,

---

(1) L'origine de la distinction des familles est peut-être dans la distinction même des sexes : car la distinction des familles suppose des idées d'infériorité et de supériorité appliquées par l'homme à l'homme lui-même; or, cette idée de supériorité d'une créature humaine sur une créature humaine est la suite probable de la faiblesse de la femme et de la force physique de l'homme; aussi voyons-nous, par l'étude de l'antiquité, soit les peuples vaincus, soit les classes inférieures d'une même nation assimilées aux femmes dans leur symbole représentatif.

mais la prohibition n'est point étendue aux tantes et aux oncles naturels; ce n'est pas, comme nous l'avons vu, que le mariage de l'oncle et de la mère, de la tante et du neveu, soit moins contraire au droit de nature, que le mariage du frère et de la sœur, c'est que ce dernier est beaucoup plus opposé à la morale et à l'ordre public.

N° 490. La défense n'a point lieu non plus entre alliés au même degré ; ces deux conséquences sont tirées de la comparaison des art. 161, 162 avec l'art. 163. Les art. 161 et 162, relatifs à la défense du mariage en ligne directe, et au deuxième degré en ligne collatérale, ont bien soin de dire, « que la défense « s'étendra aux ascendants et descendants, aux frères « et sœurs naturels, et *aux alliés au même degré.* » Les mêmes termes n'ont point été répétés dans l'art. 163. *Inclusio unius alterius est exclusio.*

N° 491. En droit romain on prohibait indéfiniment, en ligne collatérale, le mariage de tous ceux qui avaient entre eux les rapports de père et de fils (1). *Intereos qui referunt imaginem parentum et liberorum.* Cela avait lieu toutes les fois que l'un des parents collatéraux, était à un degré seulement de la souche commune, et celui qu'il se proposait d'épouser à deux ou à un plus grand nombre de degrés de cette même souche. Ainsi, un oncle ne pouvait épouser sa petite-nièce, ni son arrière-petite-nièce etc.

N° 492. Cette solution doit être suivie dans notre Code, malgré le silence de la loi ; il faut se décider par une raison *a fortiori;* la différence d'âge étant plus de règle ici que pour le cas expressément prévu par l'art. 163. *ubi eadem ratio ibi idem jus statuendum* (2). Pour trancher toutes les difficultés qui naîtraient à ce sujet, le conseil d'état, par un avis approuvé à la date du 7 mai 1808, a déclaré que l'art. 163,

---

(1) L. 39, *ff. De ritu Nuptiar.*
(2) Voyez Stéphan de Fédéricis, *De leg. interpr.* § 4, n. 7, 8, 9 et suiv., et le Traité de M. Mailher de Chassat, § 131 et suiv.

s'appliquait au grand-oncle et à la grande-tante. Du reste, ces derniers jouiront aussi du bénéfice de l'art. 164, parce qu'il est de principe que ceux qui, par extension, sont compris dans une prohibition, peuvent réclamer les droits qui mitigent cette prohibition.

APPENDICE.

Autres empéchements abrogés à notre Code.

COMMENTAIRE.

N° 493. *Mariages des cousins-germains.—Droit romain.*
494. *Empéchement de droit canonique.*
495. *Les empéchements de droit canonique étaient autrefois empéchements civils.*
496. *Alliance spirituelle.*
497. *Anciens arréts.*
498. *Conclusion.*

N° 493. Le mariage fut prohibé entre cousins-germains chez presque tous les peuples, où l'usage des frères était d'habiter ensemble; et cela venait aussi de cette idée que l'oncle et la tante tiennent lieu de père et de mère, les enfants des frères, furent regardés eux-même comme frères. Ainsi, plus l'état originel de la famille se maintint, plus les lois positives durent prohiber le mariage entre cousins-germains : chez les

Romains, il fut défendu par une loi d'Arcadius et d'Honorius (1), loi qui ne fut pas de longue durée (2).

N° 494. Le droit canonique étendit plus loin la prohibition, et même quelques théologiens pensèrent, d'après le chapitre 15, vers. 6, au Lévitique, que le mariage devait être défendu entre parents, à quelque degré que ce fût. Enfin, les conciles de Latran et le célèbre concile de Trente, déclarèrent qu'il n'y avait empêchement au mariage en ligne collatérale, que jusque au quatrième degré canonique, qui est le huitième degré civil (3).

N° 495. Le concile de Trente étant, sur ce point, la règle de l'Église, il en résultait que, dans l'ancien droit français, les empêchements qui dérivaient de ce concile, étaient empêchements civils.

N° 496. Les lois canoniques admettaient un autre empêchement, résultant de l'alliance spirituelle produite entre le parrain et la marraine, entre ceux-ci et l'enfant baptisé et son père et sa mère.

N° 497. Même dans l'ancienne jurisprudence française, cet empêchement ne fut point considéré comme dirimant. Ainsi le décidèrent deux arrêts, l'un du 27 avril 1638, le second du 18 mars 1644 (4).

N° 498. Du reste, tous les empêchements qui ne se trouvent pas textuellement exprimés dans notre Code sont abrogés, et la loi ecclésiastique ne peut, en cette matière, avoir aucune influence sur la loi civile, car, d'après la constitution de 1791, le mariage n'est plus considéré par nos lois que comme contrat civil, et il vaut ainsi indépendamment de tont lien religieux (5).

(1) L. 3. *Cod. De incest. Nupt.*
(2) L. 19. *Cod. De Nupt.*
(3) Concile de Trente, canon 3.
(4) *Cod. matrimonial*, pag. 508, édition de 1770.
(5) Voyez le n. 8 de notre Traité.

✳

ARTICLE 348.

*Le mariage est prohibé entre l'adoptant, l'adopté
et ses descendants, entre les enfants adoptifs
du même individu, entre l'adopté et les enfants
qui pourraient survenir à l'adoptant, entre l'a-
dopté et le conjoint de l'adoptant, et, réciproquement, entre l'adoptant et le conjoint de
l'adopté.*

COMMENTAIRE.

N° 499. *La parenté qui dérive de l'adoption est purement civile.*
5oo. *Effets quant au mariage.*
5o1. *Suite.*
5o2. *Raisons de l'article 348.*
5o3. *L'empêchement au mariage n'a lieu que quand l'adoption
est consommée par l'inscription.*
5o4. *Une fois l'inscription prise, le contrat est irrévocable.—
Pourquoi ?*
5o5. *Suite.*
5o6. *Raisons morales de l'irrévocabilité de l'adoption.—Application à l'art. 348.*
5o7. *En tout cas, le principe de l'irrévocabilité devrait être
maintenu, du moins quant aux effets de l'adoption relatifs
au mariage.*
5o8. *L'art. 348 est limitatif.*
5o9. *Peut-on adopter deux époux ?*
51o. *Peut-on adopter son gendre ou sa belle-fille ?*
511. *Quid, si l'inscription de l'adoption a été faite sur feuille
volante ?*
512. *Le mariage contracté au mépris de l'art. 348 est nul.*
513. *L'enfant naturel provenant de l'union des personnes comprises dans l'art. 348 est incestueux.*
514. *L'art. 348 s'applique à l'adoption rémunératoire ;*
515. *Mais non à la simple tutelle officieuse.*

✳

N° 499. La parenté qui dérive de l'adoption, est purement civile, elle n'est qu'une fiction; mais ici la fiction légale équivaut à la vérité. L'adoption ne peut avoir lieu qu'entre personnes qui pourraient être l'une à l'égard de l'autre, au degré d'ascendant et de descendant; et l'adopté a sur la succession de son père adoptif, les droits d'un enfant légitime.

N° 5oo. On a dû aussi, en ce qui touche le mariage, donner à l'adoption les mêmes effets qu'à la paternité réelle, et interdire l'union de l'adoptant avec l'adopté.

N° 5o1. Il semblerait que là pourrait s'arrêter la prévoyance de la loi, puisque l'adoption n'est relative qu'à l'adoptant et à l'adopté; et qu'ainsi le mariage entre l'adopté et l'enfant de l'adoptant, et entre les enfants adoptifs du même individu, ne devrait point être défendu. Mais, de puissantes raisons ont fait étendre la prohibition à ces derniers.

N° 5o2. L'adopté peut-être en rapport direct et immédiat, soit avec le conjoint de l'adoptant, soit avec les enfants naturels ou adoptifs de celui-ci. Laisser à ces individus destinés à vivre ensemble, l'espérance de contracter un jour mariage entre eux, c'eût été donner une libre carrière à une foule de passions mauvaises, d'intrigues et de jalousies contraires à l'ordre intérieur des familles. L'adoption, il est vrai, n'accorde de droits de parenté que de l'adoptant à l'adopté, et ce dernier n'a aucun droit à la succession des parents de l'adoptant. Mais, par rapport au mariage seulement, et pour des motifs particuliers, les effets de l'adoption se sont étendus à d'autres personnes.

N° 5o3. Tant que l'adoption n'est pas consommée, et n'est encore qu'en projet, le mariage est permis, même entre les parties contractantes : ainsi, jusqu'à ce que l'inscription soit faite sur les registres de l'état-civil, conformément aux règles prescrites par l'art. 359, le contrat d'adoption peut être annulé par la volonté contraire des deux parties; et celles-ci jouis-

encore de la liberté de contracter mariage ensemble.

N° 504. Mais l'inscription une fois prise, le contrat est-il irrévocable, et toute espérance de mariage détruite entre les personnes comprises dans la prohibition de l'art. 348? Nulle part, le Code ne prononce formellement cette irrévocabilité, mais il est évident que tel a été l'esprit de la loi; l'inscription prise sur le registre de l'état-civil, a pour effet de rendre l'état partie dans le contrat; et cette inscription ne peut pas plus être annulée par la volonté de l'adoptant et de l'adopté, que la reconnaissance d'un enfant, faite par acte authentique, ne pourrait l'être du consentement du père et de l'enfant.

N° 505. L'irrévocabilité de l'adoption est donc dans les principes du droit, et si on avait voulu que l'adoption fût révocable, il eût fallu l'exprimer formellement. Le silence, à cet égard, est interprété en faveur de l'irrévocabilité.

N° 506. C'est surtout dans l'application de l'art. 348 du Code, que ce principe peut être mis dans tout son jour. Quels scandales! Quels abus! Si l'adoption eut pu être révoquée, au gré des parties, elle serait devenue un moyen presque certain de corruption; trompée par les promesses mensongères, et par l'astuce profonde d'un vieillard éhonté, la jeune fille eût trouvé un séducteur dans son père adoptif, et les tendres caresses du père eussent servi de voile et de prétexte aux désirs de l'amant. La prohibition de l'art. 348, fondée sur les motifs les plus impérieux de morale et d'ordre public, serait illusoire, sans le principe d'irrévocabilité de l'adoption.

Par une révocation de l'adoption, comme cela se pratiquait en droit romain, le père eût voulu sauver l'honneur de sa fille, et rendre le mariage de celle-ci, possible avec le fils adoptif. Alors plus de devoirs ou plus de frein; le contrat le plus saint, puisqu'il a pour objet d'imiter la paternité, aurait été employé pour les trames les plus odieuses. Que de choses hon-

teuses se seraient souvent passées sous le toit paternel ?

N.° 5o7. Si, dans la suite des temps, la législation
sur cette matière venait à changer , si on donnait à
l'adoption un caractère de révocabilité analogue à
celui qu'elle avait à Rome, et qu'elle a encore en
Prusse , il serait de la sagesse et de la prudence des
réformateurs , de rendre l'empêchement du mariage
perpétuel , l'adoption n'aurait-elle duré que pendant
un temps très court.

N° 5o8. L'art. 348, établissant des incapacités est
essentiellement limitatif ; il en résulte que l'enfant
adoptif peut se marier avec l'ascendant de l'adoptant,
et devenir, par cette alliance, le beau-père ou la belle-
mère du père adoptif.

N° 5o9. Sur l'art. 348, on peut proposer deux
questions qui se résolvent par les mêmes principes.
La première est celle de savoir, s'il est permis d'a-
dopter deux époux. On trouve dans ce que nous avons
déjà dit plus haut, tous les éléments de solution. Nous
venons de voir que la fiction de parenté résultant de
l'adoption , n'a lieu qu'entre l'adoptant et l'adopté,
que celui-ci n'est point parent de ceux de l'adoptant,
que ce qui a fait défendre le mariage entre l'adopté
et l'enfant qui pourrait survenir au père adoptif, ce
sont des raisons tirées des bonnes mœurs et de la
tranquillité des familles. Ces raisons peuvent-elles
avoir ici quelque force ? Les séductions qui précèdent
le mariage, ont dû faire horreur dans le sanctuaire de
la famille , mais le mariage n'est point en lui-même
une corruption. Dans les unions illégitimes, l'amour
est violent, les désirs vifs et multipliés ; le mariage
est le creuset où l'amour se purifie et devient une
douce et sainte affection fondée sur l'estime réciproque
des deux conjoints, et sur les convenances de leur
caractère et de leur esprit. Aucune considération
morale ni légale, ne saurait donc empêcher l'adoption
de deux époux par la même personne.

N° 5io. Nous déciderons de même, qu'il est permis d'adopter son gendre et sa belle-fille (1).

N° 5ii. Le père adoptif pourrait-il se marier avec sa fille adoptive, si l'inscription de l'arrêt qui permet l'adoption, avait été faite sur une feuille volante et comme telle nulle? Nous ne lui donnerons pas cette faculté; ce serait introduire dans notre législation les abus dont nous parlions tout-à-l'heure : dans le désir et le but prochain de séduire une jeune fille, le père adoptif pourrait s'entendre avec l'officier de l'état-civil, et faire inscrire l'acte d'adoption sur une feuille volante. Trompée par cette ombre d'irrévocabilité, la jeune fille irait sans défiance dans la demeure du père, et quand celui-ci aurait, à loisir, usé de son adresse pour faire consentir sa fille adoptive à son projet, il pourrait se prévaloir de la nullité de l'inscription, et éluder ainsi la prohibition de la loi !! Il est hors de doute que l'opposition au mariage projeté, fondée sur ce motif que la nullité de l'acte résulte du fait du père, serait prise en considération par les tribunaux.

N° 5i2. Le mariage contracté au mépris de la prohibition de l'art. 348, est nul, car l'art. 348, est une loi d'ordre public, et ce mariage est un véritable inceste. En effet, il y a inceste non-seulement quand il y a violation d'une loi sur un empêchement de droit naturel, mais encore lorsque l'empêchement tire son origine du droit positif. Ainsi, l'union de l'oncle et de la nièce, de la tante et du neveu, du beau-frère et de la belle-sœur est incestueuse, aussi bien que celle du père et de la fille, de la mère et du fils, du frère et de la sœur.

N° 5i3. L'union des personnes comprises dans l'art. 348, étant incestueuse, les enfants naturels qui naî-

---

(1) La question peut s'élever, par rapport au gendre et à la belle-fille naturels, ou bien au gendre et à la belle-fille légitimes à la mort du conjoint qui produisait l'alliance, ou encore au gendre et à la belle-fille adoptifs.

traient d'elles, ne pourraient être (art 335) reconnus et toute reconnaissance excepté celle qui dérive de la force des chose, ne donnerait aux enfants aucun droit à des aliments (1).

N° 514. Quoique les mêmes raisons d'âges ne se rencontrent pas nécessairement dans le cas de l'adoption rémunératoire, il faut néanmoins appliquer l'art. 348, car la loi ne distingue pas.

N° 515. Mais l'art. 348 étant limitatif, le tuteur officieux n'est pas compris dans la prohibition, à moins que la tutelle officieuse n'ait été suivie d'une adoption dans la forme légale.

ARTICLE 164.

Néanmoins, il est loisible au roi de lever, pour des causes graves, les prohibitions portées par l'art. 162 aux mariages entre beaux-frères et belles-sœurs, et par l'article 163 aux mariages entre l'oncle et la nièce, la tante et le neveu.

COMMENTAIRE.

(1) Voyez la note du n. 409. Cette dernière question est controversée.

❋

N° 516. L'usage des dispenses a son origine dans le droit romain et dans le droit canonique. *Arcadius et Honorius*, en maintenant la loi de Théodose sur la défense du mariage entre cousins-germains, se réservèrent la faculté de dispenser de cet empêchement ceux qui le leur demanderaient.

N° 517. Les dispenses furent aussi permises par l'Église et cela était nécessaire, car le mariage étant prohibé, entre parents au quatrième degré canonique, qui est le huitième degré civil, il était souvent difficile de trouver un bon parti, sans être dans les termes de la prohibition. Les protestants contestèrent à l'Église, le pouvoir de déclarer d'autres empêchements au mariage que ceux qui se trouvent formellement énoncés dans le Lévitique : cette opinion nous paraît fausse, les lois sur les empêchements de parenté, doivent varier selon les circonstances du temps et des lieux, et les dispositions du Lévitique, suffisantes pour les Juifs, pouvaient ne plus l'être pour les peuples chrétiens.

N° 518. Les protestants refusèrent aussi à l'Église, la liberté d'accorder des dispenses aux empêchements créés par les lois canoniques. Ou les unions prohibées par l'Église sont réellement criminelles, ou elles ne le sont pas, disaient-ils : si elles sont criminelles, des dispenses peuvent-elles les rendre légitimes ? si elles ne sont pas criminelles, pourquoi les avoir défendues ? N'est-ce pas pour avoir l'occasion d'exiger de fortes sommes de ceux qui réclament des dispenses ?

N° 519. L'erreur des protestants est ici trop manifeste, pour que nous prenions, à les réfuter, une peine sérieuse; il est évident, d'abord, que les mariages dont il s'agit, ne sont point criminels par droit divin, que la corruption seule des mœurs, a été la cause principale de l'établissement de ces empêchements; et puisque les lois ecclésiastiques ont créé ces empêchements guidés par des considérations morales et religieuses; il est tout naturel de permettre au Pape, chef suprême de l'Église, de donner des dispenses après avoir pris connaissance des motifs sur lesquels la demande est fondée. *Nihil tam naturale est quam eo genere quidque dissolvere quo colligatum est.*

N° 520. Quant au reproche d'argent qui est une de ces banalités les plus ridicules et les plus absurdes qu'on ait employées contre le catholicisme, il ne peut pas même être invoqué ici, car le concile de Trente décide, en termes explicites, que toutes les dispenses seront gratuites (1); toute coutume contraire est un abus : or, peut-on se prévaloir d'un tel abus contre la religion même? ce serait faire preuve d'un esprit étroit et mesquin. La querelle entre deux religions, ne doit point être dirigée sur leurs abus, car les meilleures choses ont leurs abus, mais sur le

---

(1) *In contrahendis matrimoniis, vel nulla omnino detur dispensatio, vel rara idque ex causa et gratis concedatur.* (Décret, *De reformat. matrim,, cap. Ⅴ*). Voyez aussi session 25, chap. XVIII.

dogme seul. C'est là le véritable théâtre du combat, c'est là que doivent tendre les efforts des assaillants et ceux des défenseurs.

N° 521. Les dispenses en faveur de l'oncle et de la nièce, de la tante et du neveu, n'étaient point d'usage à Rome; l'empereur Zénon défendit de demander de telles dispenses (1). En droit canonique, il faut faire une distinction entre le mariage de la tante et du neveu, et celui de la nièce et de l'oncle : l'union de la tante et du neveu est, ainsi qu'il a été exposé déjà, beaucoup plus contraire à la nature que celle de l'oncle et de la nièce, et le Lévitique, qui défendait la première, autorisait la seconde par son silence. Aussi, nous avons des exemples de dispenses accordées pour le mariage de la nièce et de l'oncle, et non pas pour le mariage de la tante et du neveu (2).

N° 522. Le Code civil ne fait aucune distinction, et les dispenses peuvent être accordées à la tante et au neveu, qui, pour des motifs graves, veulent contracter mariage.

N° 523. Quant au mariage du beau-frère et de la belle-sœur, il était permis chez les anciens Juifs ; à la mort de l'époux, le plus âgé de ses frères devait épouser sa veuve (3), et le Lévitique, qui défend d'épouser à la fois les deux sœurs, ne défend pas le mariage successif (4). *Qui negat de uno permittit de altero*. Par ces motifs, Jules II, et le pape Innocent X, accordèrent des dispenses au mariage des beaux-frères et des belles-sœurs (5).

N° 524. Le Code civil ne donne pas la faculté d'ob-

(1) *Precandi quoque in posterum super tali conjugio, imo potius contagio cunctis licentiam delegamus.*
(2) Voyez Pothier, *Traité du Contrat de Mariage*, nᵒˢ 267 et 268.
(3) *Genèse*, chap. XXXVIII v. 8.
(4) *Levit.*, chap. XVIII, v. 18.
(5) Pothier, *Traité du Mariage*, n. 270. Il cite la dispense accordée par Jules II à Henri VIII, roi d'Angleterre, pour épouser Catherine d'Aragon, veuve de son frère Arthur, et celle qui fut accordée par le pape Innocent X à Casimir, roi de Pologne, pour épouser Marie de Gonzague, veuve de son frère Uladislas.

tenir des dispenses pour ces mariages. A plusieurs reprises, des pétitions furent adressées aux chambres, à ce sujet, mais elles furent repoussées; ce n'est qu'en 1832 que la législation fut changée et les dispenses permises.

N° 525. De la faculté d'obtenir des dispenses, il n'est pas logique de conclure que l'union de la nièce et de l'oncle, de la tante et du neveu, de la belle-sœur et du beau-frère ne soit pas incestueuse dans la force même du terme.

N° 526. Ainsi, les enfants naturels nés de parents qui ne peuvent se marier entre eux qu'avec dispenses, ne seraient point valablement reconnus par leur père et par leur mère; cette reconnaissance serait nulle et de nul effet.

N° 527. Si donc un homme voulait reconnaître un enfant déjà reconnu par sa belle-sœur, ou par sa nièce ou par sa tante, il devrait d'abord contester la reconnaissance antérieure, et la faire annuler.

N° 528. Mais, du moins, la reconnaissance dans l'acte de mariage, d'enfants nés à une époque où les parents n'avaient point encore obtenu de dispenses, aurait-elle pour effet de légitimer les enfants?

N° 529. Cette question, quoique grave et importante, ne serait point placée dans cet ouvrage, sous une forme dubitative, si, dernièrement, à la Chambre des Députés, M. Dupin n'eut soutenu une opinion contraire à la nôtre. Cette importante autorité nous oblige à discuter longuement le principe de non-légitimation que, sans cela, nous n'aurions fait qu'énoncer.

N° 530. Nous prouverons notre thèse : 1° par des considérations tirées de la loi; 2° par des raisons de morale et d'ordre public.

N° 531. Il est de principe qu'en aucun cas, un enfant incestueux ne peut être légitimé; le véritable point de la difficulté, est donc de savoir ce qu'il faut entendre par ce mot inceste ? l'inceste peut être défini, l'union de deux parents au degré prohibé par la loi naturelle et par la loi positive ; et si l'exactitude de notre définition était contestée, la disposition formelle de l'art. 331 du Code viendrait dissiper tous les doutes. D'après cet article, l'enfant incestueux ne peut être légitimé par mariage subséquent ; donc l'inceste se dit aussi d'une union de personnes, qui, au moyen de dispenses, peuvent se marier entre elles ; autrement à quoi bon déclarer que l'enfant incestueux ne pourrait être légitimé par mariage subséquent ? Cela résulterait de la force même des choses, si l'on ne comprenait dans cette expression *inceste* que l'union de la mère et du fils, du père et de la fille, de la sœur et du frère ; car ces personnes ne peuvent, en aucun cas, contracter un mariage valable. Dira-t-on que l'art. 331 s'applique à l'hypothèse d'un mariage qui, attendu la bonne foi des époux, produit les effets civils : mais il n'est pas douteux que le mariage putatif ne légitime l'enfant. L'art. 331 résout donc implicitement la question, et il est étonnant que dans le cours de la discussion, aux Chambres, on n'ait point insisté sur cet argument péremptoire qui aurait pu réduire au silence l'illustre président (1).

N° 332. Si, du domaine de la loi, nous passons à l'ordre intérieur des familles, à la nécessité du maintien des mœurs privées, nous trouvons que la solution du Code est conforme à la morale et à l'ordre public, et qu'il serait dangereux de donner aux enfants incestueux le bénéfice de la légitimation par mariage subséquent (2): tant que des dispenses ne sont pas venues lever les obstacles qui s'opposaient à l'union des parents, cette union est criminelle et incestueuse. Les deux parties intéressées ne doivent pas être jugées dans leur propre cause ; ce n'est pas à elles qu'il

____

(1) M. Dupin, ou n'avait point présentes à l'esprit toutes les conséquences de l'art. 331, ou les a dissimulées avec prudence et adresse.

(2) Le ministre de la justice a fort bien développé ces idées dans sa réponse à M. Dupin ; nous y renvoyons nos lecteurs.

appartient de décider si les motifs pour lesquels elles demanderaient des dispenses, sont recevables. Les enfants qui naissent de leur commerce sont incestueux, et la tache originelle de leur naissance ne saurait être effacée.

N° 533. La faculté d'obtenir des dispenses est déjà un abus; le mariage entre parents en ligne collatérale au troisième degré, est opposé au droit naturel; celui du beau-frère et de la belle-sœur est funeste aux bonnes mœurs. Il ne convient donc pas de donner aux dispenses de parenté un effet extensif (1).

N° 534. D'où vient qu'un aussi grand jurisconsulte que M. Dupin ait commis une erreur si grave, une violation si manifeste de nos lois? Les plus beaux génies ont leurs moments d'écart et de sommeil : *Et quandoque bonus dormitat Homerus*. Peut - être aussi a-t-il pris en considération l'intérêt des enfants, et la position fâcheuse et exceptionnelle dans laquelle ils sont placés. Eh quoi! les vrais coupables verraient légitimer leurs nœuds, et les enfants seraient condamnés à une éternelle bâtardise!

N° 535. Pour prévenir ces difficultés, et éviter cette injustice, nous croyons qu'il serait moral de défendre, par une loi, d'accorder des dispenses, toutes les fois que les futurs époux auraient eu précédemment des enfants l'un de l'autre, et même toutes les fois qu'ils auraient vécu dans un commerce criminel. Si de grandes convenances de famille et d'autres graves motifs qu'il serait trop long d'énumérer, sont suffisants pour justifier l'exercice du droit de dispenses, la permission du mariage ne doit jamais être la récompense du crime. Une simple notoriété publique sur l'existence d'enfants incestueux, ou sur une union

(1) Nous avons en notre faveur M. Merlin, v° *Légitimation*, section II, § 2, n. 9. Delvincourt, pag. 91, n. 4. Proudhon, pag. 109, tom. II. Voyez cependant M. Toullier, n. 933; cet auteur, ordinairement si judicieux, est tombé dans l'erreur que nous avons combattue.

préexistante devrait empêcher de délivrer des dispenses.

N° 536. Nous allons encore plus loin, et nous estimons que dans l'état de la législation actuelle, une dispense qui légitimerait expressément les enfants incestueux, ne produirait aucun effet, par rapport à cette clause de légitimation; car l'art. 331 ne peut être abrogé par une loi contraire, et il n'y a de loi que par le concours des trois pouvoirs.

N° 537. Les motifs des dispenses ne sont point spécifiés, l'appréciation en appartient au roi. Autrefois les différentes causes de dispenses étaient rangées en classes, en catégories. L'énumération en sera peut-être utile en l'absence de toute loi positive; mais beaucoup de ces motifs ne seraient plus reçus aujourd'hui; il faut, en tout, tenir compte de la différence des mœurs :

1° La première cause de dispense s'appelait *ob angustiam loci*. Une fille expose, que si l'on ne lui permet pas d'épouser son parent, elle ne pourra trouver un mari dans le lieu de sa demeure.

2° La seconde cause peut être appelée *ob hæreticorum* (1) *timorem*. Une fille expose que, si elle ne prenait pour époux son parent dont l'orthodoxie lui est connue, elle courrait le risque d'épouser un hérétique caché ;

3° La troisième cause peut être confondue avec la seconde ; c'est la dispense *ob malorum timorem*. Les futurs époux exposaient que, si on leur refusait la permission de se marier ensemble, ils ne trouveraient à épouser que des personnes de mauvaises mœurs.

4° La quatrième cause qu'on nomme *indotata* pouvait être proposée par une jeune fille, sous le prétexte que le défaut absolu de dot, ne lui ferait trouver aucun mari hors de sa famille (2).

___

(1) Il est évident qu'on n'admettrait pas ce motif de dispense.
(2) Cette cause pourrait encore, à la rigueur, être prise en considération.

5° *Ob incompetentiam dotis.* Pour l'exiguité de la dot ; cette espèce peut être aussi confondue avec la quatrième.

6° *Pro vidua filiis gravida.* Une veuve expose qu'elle a dessein de donner à ses enfants un protecteur qui remplace leur père, et que c'est dans la tendresse d'un parent, que ceux-ci trouveront une consolation à leur malheur; qu'il importe qu'ils ne soient pas livrés aux soins d'un beau-père étranger (1).

7° *Pro oratrice excedente vigesimum quartum annum.* Lorsqu'une fille, déjà âgée de vingt-quatre ans, demande à se marier avec son parent, sur le motif qu'en laissant échapper cette occasion, elle ne pourrait plus peut-être trouver d'autres partis (2).

ARTICLE 228.

La femme ne peut contracter un nouveau mariage qu'après les dix mois révolus, depuis la dissolution du mariage précédent.

COMMENTAIRE.

(1) C'est là un motif grave dans le sens de l'art. 164.
(2) Ce dernier motif pourrait encore être admis selon les circonstances.

N° 538. S'il était permis à la femme de se remarier aussitôt après la mort de son époux, on ne saurait à qui, du premier ou du second mari, attribuer l'enfant, dont elle viendrait à accoucher dans les dix mois, depuis la dissolution du premier mariage; c'est par cette raison que l'art. 228 interdit à la veuve de convoler à de secondes noces avant un délai de dix mois, depuis la dissolution du mariage par la mort naturelle ou civile de son mari (1).

N° 539. Mais, l'empêchement de l'art. 228 est-il prohibitif ou dirimant? Grande controverse entre les auteurs. Deux jurisconsultes recommandables (2) ont soutenu que l'empêchement est dirimant, en se fondant sur l'axiôme bien connu de Dumoulin : *Negativa præposita verbo potest, tollit potentiam juris et facti et inducit necessitatem præcisam.* La prohibition de l'art. 228 est d'ordre public, et sa violation doit entraîner la nullité du mariage.

N° 540. D'autres auteurs plus nombreux pensent que l'empêchement est purement prohibitif ; la nullité n'est prononcée dans aucune partie du Code civil. Quant à la sentence générale de Dumoulin, elle n'est point absolue, ce jurisconsulte la modifie par ces mots : *Secundum subjectam materiam*, et d'ailleurs les rédacteurs du Code l'ont-ils toujours eue présente à l'esprit, avec l'intention de s'y conformer dans toutes les circonstances (3)? Loin que cette intention soit déclarée, M. Locré (4), affirme que le Conseil d'état a pensé qu'annuler le mariage, c'eût été trop sévère pour la contravention à une simple loi de précaution. La sanction de la loi est dans la peine infligée à l'officier de l'état-civil, qui aurait reçu l'acte de célébration du mariage, sans s'assurer que le délai prescrit fût réelle-

(1) Autrefois le délai était d'un an , qui était appelé *an de deuil*.
(2) Proudhon, tom. I, pag. 231. Voyez aussi Delvincourt.
(3) Toullier, tom. II, pag. 35. Duranton, tom. II, pag. 151. Vazeille, tom. I, pag. 118, n. 100.
(4) *Esprit du Code Civil*, tom. II, pag. 379.

ment écoulé (1); la jurisprudence s'est prononcée dans ce dernier sens (2).

N° 541. Un troisième système peut être proposé sur cet article 228. Par quelle raison péremptoire est-on conduit à prononcer la nullité du mariage? Par la crainte de confusion de *part*; mais après quatre mois, depuis la dissolution du mariage, la confusion de *part* ne peut avoir lieu : il conviendrait donc, en se décidant d'après les motifs probables du législateur, de partager le délai de dix mois en deux parties, l'une embrassant les quatre premiers mois, l'autre les six derniers ; le mariage contracté dans la première période serait nul, il n'en serait pas de même de celui qui n'aurait eu lieu que dans la seconde.

N° 542. Ce dernier système est ingénieux et paraît assez raisonnable ; mais établir cette distinction, c'est, en quelque sorte, créer la loi ; et nous croyons que, d'après le texte du Code, il faut, ou prononcer la nullité du mariage, ou ne voir dans l'art. 228 qu'un empêchement prohibitif; le second parti est, selon nous le meilleur.

N° 543. A qui donc appartiendrait l'enfant qui naîtrait dans les sept mois, depuis le nouveau mariage et avant les dix mois, depuis la dissolution du premier? L'on devrait se décider d'après les circonstances. Bouvot, Despeisses et Rousseau de la Combe pensaient, dans l'ancien droit, que l'on devrait plutôt présumer que l'enfant est au second mari qu'au premier, et ces auteurs tirent leur argument d'une loi romaine (3); mais on ne peut point donner là-dessus de règles certaines; l'appréciation des faits appartiendrait aux tribunaux.

N° 544. Si un mariage est annulé, comme contracté

----

(1) Voyez Merlin, v° *Noces*, § II, n. 1.
(2) Arrêt de la Cour royale de Dijon, du 3 juillet 1807, confirmé par arrêt de la Cour de cassation, du 29 octobre 1811 ; arrêt de la Cour de Colmar, du 7 juillet 1807.
(3) L. 51, *ff. Pro Socio.*

au mépris d'un empêchement dirimant, la femme ne pourra pas se marier avant l'expiration du délai de six mois; car il y a aussi à craindre, dans cette espèce la confusion de *part*, et les raisons sont, de part et d'autre, identiques. C'est ce qu'a jugé avec raison la Cour de Trèves, par son arrêt du 30 avril 1806.

✳

ARTICLE 298.

Dans le cas de divorce admis en justice, pour cause d'adultère, l'époux coupable ne pourra jamais se marier avec son complice.

ARTICLE 295.

Les époux qui divorceront, pour quelque cause que ce soit, ne pourront plus se réunir.

COMMENTAIRE.

N° 545. Les lois romaines défendent à la femme adultère de contracter mariage avec son complice (1). Justinien s'exprime ainsi dans sa novelle : « *Si quis* « *accusatus de adulterio, per proditionem judicum,* « *aut alio quolibet modo a legibus pœnas effugerit,* « *et post hoc inveniatur cum muliere de qua accu-* « *satus est turpiter conversatus et in matrimonium* « *accipere eam, et hoc fiat vivente marito aut post* « *ejus mortem, neque matrimonium valere cense-* « *mus.* » Cette novelle prononçait même, comme on voit, la nullité du mariage ; elle faisait de l'adultère un empêchement dirimant.

N° 546. Les lois canoniques prononcèrent d'abord la nullité (2), conformément à la novelle de Justinien. Mais cette discipline parut trop sévère, et nous voyons, d'après le soixante-neuvième canon du concile de Meaux, que l'empêchement n'était dirimant qu'autant que l'adultère avait été suivi de circonstances aggravantes : « *Nisi forte idem aut mulier virum qui* « *mortuus fuerat, occidisse notentur.... Quod si* « *probatum fuerit sine ulla spe conjugii, cum pœni-* « *tentia perpetuo permaneant* (3). Enfin, on détermina deux circonstances qui, se joignant à l'adultère, en feraient un empêchement dirimant : 1° le

____

(1) L. 40, *ff*, *De Adult.* L. 11, § 11 et 13. *Eod. tit.* Saint Augustin. *De Nupt. et Concub*, lib. I, cap. x.
(2) Pothier, *Traité du Contrat de Mariage*, n. 232.
(3) Conc. Labbe, tom. VII pag. 1839.

meurtre de l'époux ; 2° une promesse de mariage entre la femme et son complice (1).

N° 547. L'art. 298 du Code civil a reproduit cet empêchement, sans distinguer entre les cas ordinaires et ceux du meurtre de l'époux et de la promesse de mariage ; mais, d'après les termes de l'art. 298, il semble que cette décision ne s'applique qu'au cas où l'adultère a donné lieu au divorce.

N° 548. Doit-on donner la même solution dans l'hypothèse d'un jugement de séparation de corps, d'un adultère déclaré par jugement ? La question est grave et peut être sérieusement controversée.

N° 549. L'art. 298, dit-on, ne s'applique qu'au cas de divorce, et, en matière d'incapacité et de prohibition, on ne peut point donner à la loi une interprétation extensive ; il a été jugé, plus d'une fois, par la Cour de cassation (2), que les dispositions contenues au titre du divorce, ne peuvent être étendues au titre de la séparation de corps, y aurait-il identité de raisons (3), et dans la question présente, peut-on se prévaloir d'une pareille identité ? Non, sans doute. Il était moral, quand il s'agissait du divorce pour cause d'adultère, de défendre le mariage de la femme et de son complice. Sans cette précaution, une femme aurait eu, dans son crime avec son amant, un moyen sûr et prompt d'obtenir la rupture d'un hymen odieux ; elle eût été débarrassée des longues et ennuyeuses formes de la procédure du divorce par consentement mutuel, et elle aurait pu se marier avec son complice ; mais il s'agit ici du mariage de la femme après la mort naturelle de l'époux. Cette mort est un fait fortuit, indépendant de la volonté de la femme. Par son adultère

______

(1) Décrétale d'Innocent III, commençant par ces mots : *significasti...*
(2) 17 Juillet 1822 ; 19 août 1823. Il s'agissait de savoir si la séparation de corps, pour cause d'adultère, révoque les donations entre époux ainsi que le divorce. Nous examinerons dans notre traité sur la séparation de corps cette importante question.
(3) Duranton, n. 179, tom. II, pag. 133.

elle obtient bien actuellement la séparation de corps, mais non pas la légitimation de ses nœuds coupables. Enfin, l'art. 331 dispose qu'un enfant adultérin ne peut point être légitimé par le mariage subséquent de son père et de sa mère, il suppose donc que le mariage est possible entre la femme adultère et le complice de son crime.

N° 550. Nous répondons que l'empêchement qui provient de l'adultère est fondé sur la morale et sur l'ordre public, et les lois qui intéressent les bonnes mœurs, doivent être facilement étendues aux cas semblables (1). Loin de ne pas trouver ici les mêmes raisons pour appliquer l'art. 298, que dans le cas du divorce, nous soutenons qu'il y a, au contraire, un *a fortiori* manifeste. Quand la femme a obtenu le divorce, elle est arrivée aux termes de ses désirs, et peut épouser l'objet de son penchant ; c'est là qu'elle s'arrête dans la route du crime, parce que là est la borne de ses intérêts ; les nœuds sont-ils seulement relâchés et non rompus ; il est à craindre que cette femme qui, pour assouvir ses passions, n'a point respecté ses devoirs d'épouse et de mère peut-être, ne recule pas devant un nouveau crime qui lui donnerait la liberté, et les moyens d'être tout entière à celui qui a captivé son cœur. N'est-il pas de l'office de bonnes lois, non point seulement de punir sévèrement les crimes, mais de ne pas en inspirer la pensée ? Il vaut mieux prévenir le mal que de lui porter remède ensuite. Quant à l'art. 331, il n'est point concluant, il peut se dire du cas où un enfant déjà reconnu adultérin par le désaveu du père, serait, à son tour, reconnu dans un acte antérieur au mariage par le second mari de la femme adultère. Une telle reconnaissance n'aurait pas pour effet de légitimer l'enfant ; mais cet art. ne dit point que le complice

---

(1) Voyez le *Traité de l'interprétation des Lois*, par M. Mailher de Chassa.

de la femme adultère, puisse, en aucun cas, contracter mariage avec elle.

N° 551. Malgré ces raisons qui nous semblent péremptoires, nous avouons qu'il vaudrait beaucoup mieux, qu'une loi interprétative, vînt lever les doutes à cet égard (1).

N° 552. Ainsi, nous pensons qu'on pourrait former opposition au mariage, en représentant un jugement qui constate l'adultère, mais on ne serait point admis à demander à faire preuve de l'adultère ; il faut qu'il soit légalement constaté.

N° 553. Si le mariage avait été contracté sans opposition, serait-on admis, *ex post facto*, à en demander la nullité ? En d'autres termes, l'empêchement de l'art. 298, est-il dirimant ou simplement prohibitif ?

N° 554. Il est prohibitif, dit-on, le Code garde le silence, au chapitre des nullités, sur les personnes qui auraient le droit de demander la nullité du mariage dont il s'agit. Ce silence doit être interprété en faveur de la validité du contrat.

N° 555. Ces motifs ne sont pas irréprochables; nulle part, le Code ne dit, par qui pourra être demandée la nullité du mariage contracté malgré la prohibition de l'art. 348, et au mépris de la parenté civile, qui résulte de l'adoption; serait-il raisonnable de prétendre, avec quelques auteurs, que l'empêchement de l'art.

---

(1) Nous ne sommes pas d'ailleurs isolé dans notre opinion, et M. Nougarède avait, avant nous, adopté cette solution. « L'interprétation qui n'admettrait la preuve de l'adultère que par un jugement « en divorce, aurait été odieuse avant la loi qui a rétabli l'indissolubi- « lité du mariage ; car, au terme de l'article 310 du Code civil, l'époux, « que sa croyance avait obligé à préférer la séparation de corps, aurait « été contraint, dans les trois ans, de se réunir à l'épouse adultère, « ou de lui laisser épouser son complice. Mais, depuis la loi qui « a proscrit le divorce, cette interprétation est bien moins admissible. « Comment, en effet, supposer au législateur l'intention d'exiger, pour « constater l'adultère, une action qu'il a proscrite, ou l'intention, moins « vraisemblable encore, d'abolir un empêchement favorable aux mœurs, « par l'effet d'une loi dont l'objet était de les protéger. » *Jurisprudence du Mariage*, liv. V. chap. XXI, pag. 123.

348 , ne soit pas dirimant ? Il y a dans le mariage de l'adultère avec son complice un scandale public, une violation d'une loi qui intéresse les bonnes mœurs; la nullité pourra donc être demandée.

N° 556. On réplique que les nullités ne sont pas favorables, que puisque le mariage est consommé, il ne faut point troubler deux époux qui, peut-être, par leur bonne union, rachètent leur faute passée; qu'il ne faut pas donner un nouveau scandale en rappelant le souvenir d'un crime depuis longtemps oublié.

N° 557. Il y a une difficulté dans ce dernier système, que nous croyons vrai, cependant; c'est que l'art. 298 n'a point de sanction, la loi ne prononçant pas de peine contre l'officier de l'état-civil, et cette peine ne pouvant être suppléée par voie d'analogie.

N° 558. Mais si l'officier de l'état-civil avait célébré le mariage, sans tenir compte d'une opposition, il serait condamné à des dommages-intérêts envers l'opposant, et à une amende de 300 fr. (Art. 68.)

N° 559. Quant à l'empêchement de l'art. 295, par lequel les époux divorcés ne pouvaient plus se réunir, nous estimons qu'il ne peut survivre à l'abolition du divorce : *Cessante causa cessat effectus*, et que la loi de 1816, l'a implicitement abrogé. Ainsi, deux époux divorcés avant la loi de 1816, pourraient se remarier aujourd'hui. Cette solution est plus morale. La réunion des époux est favorable, depuis l'abolition du divorce, et conforme à l'esprit général de la loi.

N° 560. Du reste, si l'on se décidait pour l'admission de cet empêchement, il est évident qu'il serait purement prohibitif, et ne pourrait, en aucun cas, fonder une action en nullité.

※

RÉSUMÉ

DE LA

PARTIE RÉFORMATRICE

DE CET OUVRAGE.

INTRODUCTION.

ARTICLE I.

Pour arrêter, si faire se peut, la contagion de l'a-
dultère, il faudrait : 1° Punir la femme adultère, par
une peine plus forte que celle qui est prononcée par
le Code de 1810. 2° Le séducteur étant plus coupable
que la personne séduite, il serait juste, autant que
moral, de proportionner la peine au délit, et de ne
pas mettre sur la même ligne, la femme adultère et
son complice ?

ARTICLE II.

Déclarer que les donations faites entre concubins
sont nulles.

ARTICLE III.

Admettre la recherche de la paternité, pour priver un enfant naturel ou adultérin, d'un legs qui lui a été fait par son père (1).

ARTICLE IV.

1° Défendre l'adoption des enfants naturels. 2° Déclarer qu'un enfant adultérin ou incestueux, reconnu par un acte que la loi annule, ne pourrait pas cependant devenir fils adoptif de celui qui l'a reconnu. 3° Qu'à défaut de reconnaissance formelle, des actes privés émanés du père, suffiraient pour empêcher l'adoption. 4° Défendre l'adoption à celui qui est resté célibataire.

ARTICLE V.

Prohiber tout legs fait sous-la condition que le légataire prendra le nom du donateur ; et ne point

(1) Nous avons une trop haute opinion de nos lecteurs pour supposer qu'ils nous fassent cette objection banale qui se formule ainsi. « Vous dé-« fendez la recherche de la paternité contre le père qui est le vrai coupable, « et vous la permettez contre les enfants ; n'est-ce pas le comble de l'in-« justice ? » Ce n'est pas parce que la recherche de la paternité est dirigée contre le père que nous la proscrivons, mais parce qu'elle peut blesser les droits des héritiers légitimes. Nous la permettons dans la deuxième hypothèse par la raison qu'elle serait en faveur des héritiers de la loi, contre les enfants du crime. Allègue-t-on le scandale auquel cette recherche donnerait lieu, nous répondons que le scandale est plus grand encore et que la morale publique est bien plus pervertie, quand l'on voit ceux qui, de notoriété publique, passent pour les enfants naturels ou adultérins du testateur, jouir en paix de biens injustement usurpés et dont ils ont dépouillé les héritiers légitimes.

permettre à l'enfant naturel légalement reconnu,
de porter le nom de son père et de sa mère.

Sur l'article 156.

ARTICLE VI.

Annuler les promesses de mariage, et déclarer nul
le dédit attaché à l'inexécution de la promesse.

ARTICLE VII.

Dire que les conditions de se marier avec telle
personne, de ne pas se marier, de ne pas se remarier,
de ne pas se marier avec telle personne, sont nulles
et considérées comme non écrites dans les donations
et testaments.

Sur l'article 147.

ARTICLE VIII.

Ne pas dissoudre nécessairement le mariage par la
mort civile; mais laisser au conjoint du condamné,
l'option de continuer à vivre avec le mort civil ou
de demander la nullité du mariage.

ARTICLE IX.

Défendre formellement le mariage aux prêtres, et
faire de cette défense un empêchement dirimant.

Sur l'article 149.

ARTICLE X.

La mère remariée et non maintenue dans la tutelle, ne pourra pas s'opposer indéfiniment au mariage des enfants du premier lit, et quand bien même elle aurait donné son consentement, l'opposition du conseil de famille pourra, en certains cas, être admise.

Sur l'article 150.

ARTICLE XI.

Le consentement d'une aïeule ne pourra, en aucun cas, suffire au petit-fils.

Sur l'article 154.

ARTICLE XII.

Exiger la présence de l'enfant à la notification de l'acte respectueux.

Sur l'article 156.

ARTICLE XIII.

L'action du ministère public contre l'officier de l'état-civil, sera prescrite par le laps de trois ans.

Sur l'article 158.

ARTICLE XIV.

Les enfants adultérins ou incestueux n'auront pas besoin d'obtenir le consentement de leur père et de leur mère, mais celui d'un tuteur *ad hoc*.

Sur l'article 161.

ARTICLE XV.

Admettre l'empêchement fondé sur l'affinité provenant d'un commerce illicite.

Sur l'article 164.

ARTICLE XVI.

Aucune dispense ne sera accordée, toutes les fois que les futurs époux auront eu précédemment des enfants l'un de l'autre, ou même auront vécu dans une union criminelle.

Sur l'article 298.

ARTICLE XVII.

La femme adultère ne pourra jamais se marier avec son complice, pourvu que l'adultère soit légalement constaté

*

TABLE.

SOMMAIRE.

SECONDE PARTIE.

ARTICLE 144.

*L'homme, avant dix-huit ans révolus, la femme, avant quinze
ans révolus, ne peuvent contracter mariage* 58

COMMENTAIRE.

ARTICLE 145.

COMMENTAIRE.

ARTICLE 146.

COMMENTAIRE.

ARTICLE 147.

*On ne peut contracter un second mariage avant la dissolution
du premier* 165

COMMENTAIRE.

ARTICLE 148.

*Le fils qui n'a pas atteint l'âge de vingt-cinq ans accomplis; la
fille qui n'a pas atteint l'âge de vingt-un ans accomplis, ne
peuvent contracter mariage sans le consentement de leurs père
et mère. En cas de dissentiment, le consentement du père suffit.* 192

COMMENTAIRE.

ARTICLE 149.

Si l'un des deux est mort, ou s'il est dans l'impossibilité de manifester sa volonté, le consentement de l'autre suffit 108

COMMENTAIRE.

ARTICLE 150.

Si le père et la mère sont morts, ou s'ils sont dans l'impossibi-
lité de manifester leur volonté, les aïeuls et aïeules les rem-
placent; s'il y a dissentiment entre l'aïeul et l'aïeule de la
même ligne, il suffit du consentement de l'aïeul. S'il y a dis-
sentiment entre les deux lignes, ce partage emportera con-
sentement . . . . Id.

COMMENTAIRE.

341

ARTICLE 151.

Les enfants de famille, ayant atteint leur majorité, fixée par l'art. 148, sont tenus, avant de contracter mariage, de demander, par un acte respectueux et formel, le conseil de leur père et de leur mère, ou celui de leurs aïeuls ou aïeules, lorsque leur père ou leur mère sont décédés, ou dans l'impossibilité de manifester leur volonté 224

COMMENTAIRE.

ARTICLE 152.

Depuis la majorité fixée par l'art. 148 jusqu'à l'âge de trente ans accomplis pour les fils, et jusqu'à l'âge de vingt-cinq ans accomplis pour les filles; l'acte respectueux prescrit par l'article précédent et sur lequel il n'y aurait pas de consentement au mariage, sera renouvelé deux autres fois, de mois en mois, et un mois après le troisième acte, il pourra être passé outre à la célébration du mariage 229

ARTICLE 153.

Après l'âge de trente ans, il pourra être, à défaut de consentement sur un acte respectueux, passé outre, un mois après, à la célébration du mariage . . . . Id.

COMMENTAIRE.

ARTICLE 154.

*L'acte respectueux sera notifié à celui ou à ceux des ascendants
désignés en l'art. 151, par deux notaires, ou par un notaire
et deux témoins, et, dans le procès-verbal qui doit en être
dressé, il sera fait mention de la réponse* 234

COMMENTAIRE.

ARTICLE 155.

En cas de l'absence de l'ascendant auquel eût dû être fait l'acte respectueux, il sera passé outre à la célébration du mariage, en représentant le jugement, qui aurait été rendu pour déclarer l'adultère, ou, à défaut de jugement, celui qui aurait ordonné l'enquête, ou, s'il n'y a point encore eu de jugement, un acte de notoriété délivré par le juge de paix du lieu où l'ascendant a eu son dernier domicile connu. Cet acte contiendra la déclaration de quatre témoins appelés d'office par le juge de paix . . . . . Id.

COMMENTAIRE.

ARTICLE 156.

Les officiers de l'état-civil qui auraient procédé à la célébra-
tion des mariages contractés par des fils n'ayant pas atteint
l'âge de vingt-cinq ans accomplis, sans que le consentement
des père et mère, celui des aïeuls et aïeules et celui de la fa-
mille, dans le cas où ils sont requis, soient énoncés dans
l'acte de mariage, seront, à la diligence des parties intéres-
sées et du procureur du roi près le Tribunal de première in-
stance du lieu où le mariage aura été célébré, condamnés à
l'amende portée par l'article 192 (de 16 à 300 fr.), et en outre
à un emprisonnement dont la durée ne peut être moindre de six
mois (et dont le maximum est un an) 253

COMMENTAIRE

ARTICLE 157.

Lorsqu'il n'y aura pas eu d'actes respectueux, dans le cas où ils
sont prescrits, l'officier de l'état-civil qui aurait célébré le ma-
riage, sera condamné à la même amende (de 16 à 300 fr.), et
à un emprisonnement qui ne pourra être moindre d'un mois . 259

COMMENTAIRE.

ARTICLE 158.

ARTICLE 159.

ARTICLE 160.

S'il n'y a ni père ni mère, ni aïeuls ni aïeules, ou s'ils se trouvent tous dans l'impossibilité de manifester leur volonté, les fils ou filles mineurs de vingt-un ans, ne peuvent contracter mariage sans le consentement du conseil de famille.

COMMENTAIRE.

ARTICLE 161.

En ligne directe, le mariage est prohibé entre tous les ascen-
dants et descendants légitimes ou naturels et les alliés, dans
la même ligne .... Id.

COMMENTAIRE.

ARTICLE 162.

En ligne collatérale, le mariage est prohibé entre le frère et la sœur légitimes ou naturels, et les alliés au même degré..... Id.

COMMENTAIRE.

ARTICLE 163.

Le mariage est encore prohibé entre l'oncle et la nièce, la tante et le neveu 297

COMMENTAIRE.

ARTICLE 164

ARTICLE 228.

ARTICLE 298.

*Dans le cas de divorce admis en justice, pour cause d'adultère,
l'époux coupable ne pourra jamais se marier avec son complice.* 3i8

ARTICLE 294.

*Les époux qui divorceront, pour quelque cause que ce soit, ne
pourront plus se réunir* . . . . Id.

COMMENTAIRE.

❊

ERRATA.

Pag. 31 lign. 5 à l'ardeur qui le dévore, *lisez :* l'ardeur qui le dévore.

52   4 l'art. 325, *lisez :* l'art. 335.

55   26 *avant ces mots* et cependant, *lisez :* parag. 26.

71   9 l'incapacitée, *lisez :* l'incapacité.

74   26 l'étranger impubère, d'après les lois françaises, *lisez :* l'étranger, impubère d'après les lois françaises.

137   3 plus on aime avec excès, *lisez :* plus on loue avec excès.

151   18 goupable, *lisez :* coupable.

158   11 Laotsen, *lisez :* Laoïseu.

162   4 *note* 1ʳᵉ, et pæferre filio odiosæ, *lisez :* et præferre filio odiosæ.

179   4 *à la note,* imo pro nepotalis, *lisez :* imo pro nepotulis.

195   35 en permettant seulement au père de s'opposer au mariage de ses enfants avec telle ou telle personne, *lisez :* en permettant au père de s'opposer au mariage de ses enfants seulement avec telle ou telle personne.

198   4 *note* 5, la sanction de loi, *lisez :* la sanction de la loi.

207   23 ni l'émancipation, tacite, *lisez :* ni l'émancipation tacite.

245   27 æqui paratur, *lisez :* æquiparatur.

267   *à la note,* dans le sens où elle aura plus d'effets, *lisez :* le plus d'effets.

310   2 *note* 1, cunctis licentiam delegamus, *lisez :* denegamus.

311   28 cette importante autorité, *lisez :* cette imposante autorité.